카운슬러의 어머니
최을경 선생님의

자가진단법

나는 누구인가? 나를 진단한다

자가진단법
나는 누구인가? 나를 진단한다

최을경 지음

한솜미디어

자가진단법 나는 누구인가? 나를 진단한다

초판 1쇄 인쇄 2010년 11월 5일
초판 1쇄 발행 2010년 11월 10일

지은이 l 최을경
펴낸이 l 金泰奉
펴낸곳 l 한솜미디어
등 록 l 제5-213호

편 집 l 박창서, 김주영, 김미란, 이혜정
마케팅 l 김영길, 김명준
홍 보 l 장승윤

주 소 l (우143-200) 서울시 광진구 구의동 243-22
전 화 l (02)454-0492(代)
팩 스 l (02)454-0493
이메일 hansom@hansom.co.kr
홈페이지 www.hansom.co.kr

값 15,000원
ISBN 978-89-5959-249-4 (03180)

*잘못 만들어진 책은 구입하신 서점에서 친절하게 바꿔드립니다

책을 펴내며

"소녀의 꿈이 피기도 전에 황혼빛이 먼저 내리네"

다음과 같은 편지를 받았다.

저는 잠시 학업을 중단하고 군복무 중인 사람으로 이름은 이병현이라고 합니다. 할머니께서 애써 지으신 한 권의 책을 읽고 많은 느낌을 얻게 되어 작은 감사의 뜻을 전하고자 몇 자 적으려 합니다.

저는 아직 많은 변함은 없습니다만, 인생의 의미를 알고 싶어 하고 그리고 가끔은 회의적인 느낌을 갖게 되는 젊은이입니다.

제가 하는 생각이란, 이제 군복무를 마치고 다시 학업을 이으면 결국 전 어찌해서 대학을 졸업할 거고, 또 취직이나 대학원 진학을 놓고 고심하다가 어느 한 길로 나아가면 후에는 안정된 직장과 또 아내를 얻고, 자식을 낳고 키우는 그런 뻔히 보이는 미래를 살게 될 거란 생각에 답답한 마음이 듭니다.

주위 선배나 벗들은 삶이란 다 그런 거고 또 그 순간순간에서 행복을 얻는다고들 합니다만, 그런 말을 들으면 들을수록 삶이란 무엇일까 하는 생각이 더 들더군요.

그때 <군중문고>들 틈에 끼어있는 '소녀의 꿈이 피기도 전에 황혼빛이 내리네'를 읽었습니다.

아직은 확연한 느낌은 없습니다만 그래도 먼 훗날 제가 그 인생의 길을 다 걸어간 후에 방황하는 젊은이에게 꿈을 심어준다는 건 '인생의 행복'일 거란 막연한 생각을 건졌습니다. 그래도 그건 제겐 큰 수확이었죠.

그리고 또 저는 너무나 제 시야가 미래로 돌려져 있다는 것을 알았습니다. 제가 선 현재에 더 많은 비중을 두어야 한다는 걸 깨달은 겁니다. 화려한 미래는 다져진 현재에 의해서만 가능하다는 진리를 깨닫기 전에는 그건 그저 일편의 경구에 지나지 않았거든요.

누구나 무어라 얘기는 안했습니다만, 전 훗날 이 나라의 일꾼이 되어 모든 이가 행복할 수 있는 사회를 만드는 것이 꿈입니다. 모든 이의 꿈이 통일과 또 반목과 질시로 가득 찬 이 세상을 웃으며 돕고 사는 사회로 만드는 것이 제 소망입니다.

그래서 저는 큰 사업가가 되기로 했었고, 또 그 사업이 다져지는 날, 이 나라의 통치자가 되어 보리라 하는 꿈을 키우며 살고 있습니다.

그간 이런 꿈을 키우며 살아가는 동안, 전 현재보다는 미래를 더 중요하게 생각하는 사람이 되어 가고 있었던 겁니다. 그건 제 큰 문제였죠.

훗날 있을 화려한 미래가 확정되어 있는 것처럼 생각하고, 현재 그러니까 미래에서 비친 현재의 그 초라한 제 자신을 조금씩 부정하고 있었던 것입니다.

그래서 전 늘 꿈속에서 사는 삶이 되어 가고 있었던 거구요.

현실은 무척이나 중요한 겁니다. 그죠? 그 현실의 다져짐이 미래의 기둥을 세우는 바탕이니까요.

이렇게 제 자신을 깨우칠 수 있도록 한 건, 할머니가 지으신 책이었기에 고마운 맘을 전하고 싶었던 겁니다.

제 미래에 대한 확신도 믿고 싶었구요. 시간이 허락하신다면 제가 목표로 삼고 매진하는 그 일이 성사될 수 있다는 믿음을, 그 믿음의 말을 전해 주시겠습니까? 그러면 저는 아마도 많은 힘을 얻게 될 겁니다.

언제까지나 건강하십시오.

또 언제나처럼 행복하십시오.

<연천군 신서면 도신 4리 본부 포대 이 일병의 편지>

대부분의 늙은 노인들은 모두 삶의 산행을 경험한 경험자들이다. 앞선 경험자에게 귀를 기울인 젊은이만이 훗날 다음 세대 젊은이에게서 도리어 격려 어린 감사를 받는다.

　처음부터 끝까지 품격을 갖추어 씌어진 편지 내용을 읽으면서 이 편지가 군복무 중에 막사에서 쓰여졌다는 것을 생각하면 나는 젊은 병사에게서 앙상한 마른 나무에 단비 맞은 마음이 되어졌다.

　이 책을 잘 읽으면 나는 누구이며, 나는 어디쯤에서 무엇을 하고 있는가를 깨닫게 될 것이다. 특히 젊은 청소년들이 자신을 진단해서 자신을 뜨겁게 사랑하는 자각으로 나의 역할, 나의 입장을 정직하게 만날 수 있을 것이다. 진실된 자기사랑은 자신을 정확하게 알고, 지족안분(知足安分)을 자기 것으로 할 때만이 행동력 있는 뜨거운 열정의 자생력이 되어짐을 믿어도 될 것이다.

지은이 최을경

차례

책을 펴내며 ………………………………………………………… 4

제1부 인생론 - 이제야 새로워지는 나의 삶, 나의 인생

1. 아버지와 딸 - 객관적 자기관찰
훤버선 ……………………………………………………………… 15
새벽 3시 30분과 버리고 온 자식 ……………………………… 19
잃어버린 차표 …………………………………………………… 22
한자를 배우다 …………………………………………………… 25
보슬비 안개 저쪽 저 멀리에 …………………………………… 28
아버지같이 살렵니다 …………………………………………… 30

2. 소녀의 꿈이 피기도 전에 황혼빛이 먼저 내리네
여행이 끝나는 자리 ……………………………………………… 35
세월 저쪽의 순간들 ……………………………………………… 38
서로의 처지를 바꾸어 생각하자 ……………………………… 43
친구가 없으세요? ………………………………………………… 47
날 받아 놓은 사람 ……………………………………………… 50
교양은 없고 지식만 남아 ……………………………………… 54
댁의 아기는 누가 키우나요? ………………………………… 57

3. 꽃잎 떨어지듯 떨구는 목숨이고파
팔월 한가위에 달을 쳐다보며 ………………………………… 62
죽음은 꽃잎이 떨어지듯 미련없이 …………………………… 67
신 삼종지도론(新 三從之道論) ………………………………… 70
여자가 독립한다는 것은 ………………………………………… 74
여자의 일생 ……………………………………………………… 77

4. '나는 한다'와 '나도 한다'
　　기도를 하시나요? ·· 80
　　누가 윗물이고 누가 아랫물인가 ···························· 84
　　나도 생과자 줘요 ·· 87
　　노인의 진단서 ·· 90
　　개탕(開鐋)과 인간조건 ·· 94

제2부 경험론 - 의지와 행동은 인간이 하지만 결과는 자연이 정한다

1. 이상은 의자가 아니다
　　이상은 의자가 아니다 ·· 99
　　귀수불심(鬼手佛心), 이상은 누가 심는가 ············ 103
　　이상과 준비 ·· 105
　　무엇을 만날까 ·· 109
2. 능력이 맥박
　　앉을 자리 있을 자리 ·· 112
　　화병에 걸릴 이유 없다 ·· 116
3. 기회와 준비
　　운명(運命), 자기 자신을 어디로 끌고 갈 것인가 ···· 122
　　내리사랑 치사랑 ·· 125
　　자가 혈청(血淸) 방법 ·· 129
4. 열린 시각을 위하여
　　시각(視覺) 형성 ·· 133
　　가치 기준은 누가 형성시키나 ···························· 139
　　가치 기준의 자가 진단 ·· 142
　　경이원지(敬而遠之) ·· 145
　　사람은 어차피 혼자? ·· 148
　　여자는 강하다. 그리고 어머니는 더욱 강하다 ···· 152
　　경험의 인연, 경험의 문양(紋樣) ·························· 156
　　잘 늙은 약은 사랑이라는 편지 ·························· 159

제3부 자연은 신의 교과서

1. 자연은 누구나 읽을 수 있는 생명의 교과서
- 운명이란 두 글자 ·· 165
- 경험과 자산 ·· 167
- 협력 가옥 ·· 170
- 12지의 협력관계도 ··· 172

2. 인간의 삶에도 사계절이 있다
- 운기(運氣)의 춘하추동(春夏秋冬) ······························ 186
- 자연과 생명체와 관리 관계 ····································· 193
- 60갑자와 운기 진행표 ·· 194
- 기운(氣運)과 진퇴(進退) ······································· 196

3. 자연을 가슴으로 떠안으면
- 편한 만남, 편치 못한 만남 ····································· 202

4. 태어난 해가 다르면 무엇이 다를까?
- 12지에 부여된 소명 천성 ······································ 209
- 원망하는 사이와 비판하는 사이 ································ 215
- 상호도(相好圖) ·· 219
- 내실관리 능력과 대외섭외 능력 ································ 221
- 목적사를 말하지 않는 섭외팀 ·································· 228
- 오목형인가 볼록형인가 ··· 231
- 당신의 기는 +인가, -인가? ···································· 234
- 외강(外剛)과 외유(外柔) ······································· 237
- 진단 카드를 이용한다 ·· 239
- 현실긍정 기질팀 '애정 신뢰' ··································· 241
- 현실부정 기질팀 '불신' ·· 244
- 현실거부 기질팀 ··· 248
- 심산유곡(深山幽谷)의 은어(銀魚)같이 맑다 ···················· 250
- 가족 구성 ·· 252

제4부 인간론 - 인간, 아니 '나'는 누구인가?

1. 내가 만난 사람들

- 사례1 - 암 치료 중에 만난 다른 암환자 ············· 261
- 사례2 - 후두암 환자 ·· 263
- 사례3 - 자궁암 환자 ·· 265
- 사례4 - 싸움에는 말리는 사람이 있어야 한다 ······· 267
- 사례5 - 1학년 어린이들 ·· 269
- 사례6 - 어느 작가의 절필 선언 ······························ 271
- 사례7 - 프롤레타리아 운동하는 인텔리겐치아 ····· 273

2. 이 세상에 '나' 말고도 존재하는 '남', 그 신비한 존재

- 내 인생 이게 아니었는데… ····································· 276
- 오 상무의 낭패 ·· 278
- 서점 주인의 질문 ·· 280
- 자연인 ··· 282
- 우정 ··· 285
- 뒷모습이 고와야 ·· 288
- 국회의원 사위가 되다 ··· 290
- 구세군 사관이 된 김양 ·· 292
- 허풍으로 상한 아가씨 ··· 295

제5부 절대소여(絶對所與)와 지족안분(知足安分) 그 원리

- 황박사의 진단, 사명당 수양 ·································· 299
- 병력과 심성 성장 ·· 302
- 소여(所與)를 아시나요 ·· 305
- 청소년의 자율의 눈 ·· 307
- 나는 누구인가 자가진단법 ···································· 312
- 생년, 월, 일은 빈그릇 ··· 315
- 절대소여(絶對所與) 데이터 ··································· 318
- 완벽주의 전위팀에 보내는 편지 ···························· 322

제6부 상담교실

"최을경 할머니와 논의하세요" - 한국일보지상 상담사례 335
이한아 양의 편지 374
양현주 양의 편지 379
아들이 너무 친구들 비위만 맞추려해서 안타까운 어머니에게 383
제대를 앞두고 앞날을 고민하는 군인에게 387
좋아하는 친구 앞에만 서면 말 못하는 여고생에게 389
결혼이란 중대한 선택을 앞두고 고민하는 두 젊은이들에게 391
남자친구에 대한 고민 394

글을 마치며 397

제1부
인생론

이제야 새로워지는
나의 삶, 나의 인생

〈긍정적 M팀의 성장 事例〉

1. 아버지와 딸
-객관적 자기 관찰

흰 버선

'귀수불심(鬼手佛心)'이라고 굵은 붓으로 씌어진 현판을 환자 대기실에 걸어 둔 병원의 원장 선생님이 심한 몸살감기로 자리에 누우셨다. 병원 직원들과 집안 어른들의 근심스런 얼굴로 집안이 우울했으나 올망졸망 연년생인 어린 자녀들은 즐겁기만 하다.

사랑에 오시는 손님들로부터 부모 섬기기에 그 효심을 따르기 어렵고, 자녀 사랑은 공자님이라는 감탄의 평을 받는 원장 아버지였다. 그런 터라서 어린 자녀들은 늘 왕진과 외래 환자 진찰에다 입원실의 환자를 걱정하는 인자한 미소는 대할 수 있어도, 아버지를 차지하는 기회는 식사 때 뿐이다.

그래서 때때로 지나치다가 "이 놈의 자식이 왜 이리 수척하노. 어디 아픈 거 아닌가?"라든가, "사이좋게 잘 놀아라"든가 하는 말을 듣거나, 머리만 한 번 만지고 쓰다듬어 주어도 의기양양해졌다. 그래서 "아버지가 내 머리 만졌다!" 하고 뽐낼 정도로 어린 자녀들에게 인기가 높은 아버지셨다.

 그런 자상한 아버지가 원장 선생님이 아닌 환자로 자리에 누워있다는 것에는 알 바 없이 서로 아버지 곁에 누가 더 접근할 수 있는가 시샘들을 하면서 '내가 먼저' 싸움을 하고 있다. 감기가 옮는다고 접근 면회가 금지되었던 것이 해제되니, 꺄꺄 떠들고 요란하게 아버지 만지기 경쟁이다.

 어린 동생이 잠이 들고 학생인 자녀들만 남았다.

 "아부지요, 옛날이야기 해 주이소 엉? 아부지요."

 애교 많은 토끼띠 둘째딸이 응석을 부린다.

 지금도 자식들 모두에게 기억되고 있는 아버지 특유의 만족한 듯이 빙긋이 웃는 미소가 만면에 떠올랐다는 것은, 어린 마음에도 "오냐, 오냐"로 해석되어 "아부지가 옛날이야기 해주신다아…" 하고 환성부터 지른다.

 원장 아버지의 옛날이야기는, 3·1만세가 있던 고종 인산(因山:왕의 장례식)화보를 아버지의 서울의학전문학교(현 서울대 의대 전신) 졸업 사진첩에서 볼 수 있는 만큼 어린이들은 늘 숙연하게 교훈을 얻을 수 있는 분위기가 되어 자세를 고쳐 귀를 기울이고 있다.

 "옛날에 너희들 할아버지께서 바다에서 어장을 하는 사람에게 돈을 대주신 것이 잘못돼서 집안이 가난해져 버렸단다. 부자로 큰 지주 집안에서 곱게 자라신 너희들 할머니께서는 딸 하나, 아들 넷을 낳으셨지. 할머니는 나이도 두 살 적은 할아버지께서 파산을 하시어 집안이 먹고 살기가 어려웠는데도, 늘 꼿꼿하시며 의연하신 할아버지를 참으로 예의바르게 공경하면서 나물죽으로 우리를, 그러니까 너희들의 고모엄마(어린 자녀들은 그리 불렀다)와 큰아버지 그리고 아버지와 큰작은아버지, 끝에 작은아버지를 키우셨단다."

어린 자녀들 눈가에 이슬기가 보인다. 우리가 사랑하는 원장 아버지가 나물죽으로 배고프게 살았다는 것은 몇 차례 들었어도, 들을 때마다 여린 어린 마음에는 아픈 것이다. 어린 동생을 잠재우고 어머니도 들어왔다.

"또 그 가난 냄새 이야기 하는가?"

모두들 같은 표정이다.

"너희들 할머니가 바느질하실 때면 아버지는 할머니 옆에서 솜을 가지고 놀았다고 할머니께서 옛이야기 하시지? 아버지는 할머니를 너무나 사랑하고 공경했기 때문에 꼭 성공해서 할머니를 편안하게 해 드리고 싶다는 마음이 늘상 있었단다. 그래서 할머니 곁에서 자주 놀고 있었던 거지. 집안이 어려워서 공부를 더하려고 해도 돈이 없어 더 높은 학교에 갈 수가 없어서 고민하고 있을 때, 서울의학전문학교에 들어갈 수 있다는 것을 알았다. 그래서 아버지는 교통이 많이 불편한 그때 대구에서 서울로 올라갔었지. 솜바지 저고리에 두루마기를 입고 허리춤에 '흰 버선' 한 켤레를 끼우고는 서울의학전문학교 교장 사택을 찾아갔었단다.

교장 선생님 댁에 가서 현관에서 집에 들어오라는 일본인 교장 선생님 댁 사모님의 예의 바르고 공손하며 다소곳하게 웃는 얼굴을 마주 대하는 순간 아버지는 아버지 발을 내려다보았단다. 그런데 아버지 흰 버선이 먼지와 때로 시커먼 버선이 되어 있겠지? 아버지는 너무나 당황해서 사모님에게 양해를 얻고 허리춤에서 흰 버선을 꺼내 가지고 깨끗하게 갈아 신었단다."

어린 자녀들의 눈에 안도의 빛이 보이더니 저마다 심호흡을 하고 있다. 가슴을 조이면서 열심히들 듣고 있다. 그래서 어떻게 되었는가 다음이 답답하다.

17

"깨끗한 하얀 버선발로 교장 선생님 앞에서 큰 절을 하고 나서 '저에게 장학생 특별대우로 입학을 허가해 주십시오' 하는 간절한 청을 드렸지. 그러자 교장 선생님께서 흰 버선발이 마음에 드셨는지 그 자리에서 장학생으로 입학 허가를 받아 아버지는 서울의전 학생이 될 수 있었지. 장학금을 받아 학교에 다니면서, 교실에서 공부하면서, 하숙집에서 밥을 먹으면서, 사랑하는 너희들 할머니께서 집안 살림을 어떻게 꾸려가시는가 그 걱정에 머리가 늘 너무 아팠다. 가난한 장학생으로 졸업식에서도 교복 한번 못 입어보고 이렇게 졸업 사진첩에도 흰 두루마기에 흰 버선을 신고 있는 거란다."

졸업 후 장학생 의무로 도립병원에서 2년의 근무 연한을 채우고 종합병원 관리방식을 본따서 개업한 곳에서는 타진(打診)으로 명의라는 신망이 높았던 원장 아버지는 62세 되는 해의 초에 많은 환자들의 안타까운 존경을 받으면서 영원으로 이별해 떠났다.

공자님이라고 사랑손님들의 감탄을 받을 만큼 자식에게 지극했을 뿐 아니라, 부모 섬기기에 눈물겨운 효심을 보고 자란 그때의 어린 자녀들은 누구도 아버지만한 자식이 되지 못한 채, 가슴 깊은 곳에 아버지를 부르면서 아버지를 욕되지 않게 사는 것으로 겨우 감내하는 것이다.

지금도 아버지와 흰 버선을 잊어버리지 않으려고 열심히 각자의 길을 걷고 있다.

새벽 3시 30분과 버리고 온 자식

안타깝게도 장티푸스의 고열로 인해 중이염을 앓고 난 후, 난청의 귀 어두운 어린이가 되어 눈만 커다란 겁이 많은 딸은 겨우 네 살짜리이다. 쇠약해진 탓에 도무지 밥을 씹을 기력도 없다. 젊은 남편과 아내는 멀쩡한 첫딸을 귀머거리가 되게 한 것도 괴로운 터에 어린것이 뼈만 남아 눈이 더욱 커진 것이 서러웠다. 궁리 끝에 소꿉도구를 사가지고 와서 어린이가 보는 앞에서 계란에 구멍을 뚫어서 내용물을 뽑아내고 불린 쌀을 넣어서 소꿉밥을 짓는다. 엄마와 아빠가 다 늦은 소꿉장난을 하여서 딸에게 겨우 밥을 먹이는 것이다.

그렇게 키워진 딸이 밑으로 연년생의 동생들을 두고 열셋의 졸업반 여학생이 되었다. 지금은 새벽 3시 30분 차를 타고 졸업을 앞둔 수학여행을 떠나려는 새벽거리이다. 종로 4거리에는 이른 새벽의 적막과 어둠의 그늘에 안개처럼 내려진 냉기가 가득하다.

차가운 냉기에 감기라도 들까 해서 입혀진 감색 새루치마에 저고리는 비단 빠레스 백색, 엷게 솜을 놓아 차렵저고리를 만들어 촉감이 보드랍다. 늘 입고 통학하던 감색사지 세라복을 벗고 갈아입은 야들야들 보드라운 저고리의 감촉이 어둠에 깔린 새벽 거리에서 보오얀 백색으로 안개 같은 냉기를 훑어 버리고 떠오른다. 잠자리에서 대충 주워입고 거리까지 따라나온 부모님의 주위가 추워 보였던 것이 기억되고 있다.

그로부터 2년 후, 부산 부두의 여름밤은 대혼잡이다. 여름 방학이 끝나고 학교로 돌아가야 하는 학생들이 몰려와서 8월말에는 연락선이 만원이다. 열다섯 여중 2학년생은 만원으로 밤배를 탈 수 없으니 큰일 났다고 생각되어 답답한 마음에서 부두에 있는 시외전화로 집에 알렸다. 막차는 이미 끊어지고 새벽 첫차로 달려온 원장 아버지를 만났을 때, 여학생은 큰 잘못을 깨달았다. 보통여자학교는 귀가 잘 들리지 않는 난청이라 하더라도 참고서의 고마운 도움으로 좋은 성적으로 졸업은 했으나, 청력 검사에서 진학은 어디에서도 허가되지 못했었다.

딸이 청력을 잃어버린 결과로 진학의 길이 막히자 병원 간판이 내려졌다. 깊은 신뢰와 존경으로 의지하고 있었던 일본인 환자들이 모여 의논한 결과 유학길이 트이게 되었다. 그러나 '이국땅에 누가 데리고 가는가'라는 문제가 생겼다.

"환자를 두고 병원을 비울 수 없다"는 이유로 옥비녀를 꽂은 아내를 대신 보낸 아버지가 부두에 나타났으니, 어젯밤의 시외전화가 온 집안을 근심케 하고, 새벽 첫차로 달려온 원장 아버지가 병원을 비우고 마는 결과를 낳았다. 밤배를 못 타고 눈이 퀭하니 수척한 딸의 손을 꼭 잡고 키가 큰 아버지는 말이 없었다.

"아부지, 밤배 못 탄 사람은 손바닥에 도장을 찍어줬심더."

손을 펴 보이는 불구의 딸의 손에 찍혀진 도장은 준수하고 키가 큰 원장아버지를 슬프게 했을 것이다.
 아침배를 타고 떠나는 딸의 볼에 흐르는 눈물로 인해 "집에 돌아와서 너희 아버지가 우시는 것을 생전 처음 봤다. 자식을 버리고 오는 기분이라고 하시면서 우시더라…"하면서 금년 91세의 어머니는 노령이시라 잊어버릴 만하면 옛날에 영원으로 가신 영감과 딸에 얽힌 이야기를 되풀이 하신다.
 그때의 경험으로 그 후 어려운 일에 처하면 나로 인해 저쪽의 평온에 파문을 일으켜 민망하게 된다는 것을 알고 조심하게 되었다.

잃어버린 차표

   자기 자신을 키우는 의무와 자기 자신을 구제하는 권리 행사에는 주관적이 자기와 객관적인 자기의 자각 노력이 있어야 가능하다.
   자기를 가장 사랑하는 '나'는 가장 무서운 '나'이기도 하다. 자연은 참으로 놀랍게도 인간에게 자기 구제의 자각 교회(教會)를 주고 있음을 알 수 있다. 일인일교회(一人一教會)가 경험과 깨달음을 통해 평온을 가질 수가 있다. 일일삼성(一日三省)의 생활은 수치를 깨닫게 한다.
   일상 눈에 보고 익숙한 조국, 일상 입맛에 익숙한 조국, 일상 귀에 익숙한 말이 있는 조국의 품을 떠난 유학 생활에서 방학을 맞이했다.
   설렘 중에 메신저를 불러 짐을 꾸리게 하고 차표를 구입하니, 일인당 몇 십 킬로그램의 수하물 무료 취급의 혜택을 받고 가슴 벅찬 귀국 길에 올랐다. 달리는 기차의 뎃끼에서 바람도 쏘이고 연락선을 타려고 부두에 올라 차표를 찾았으나 학생증이 든 채로 분실된 것을 뒤늦게 알게 되었다.

열네 살 소녀의 몸이라 눈물부터 났다. 당황하기보다 귀국하지 못할까 그리움에 울기부터 한 것이다.

여행 가방을 들고 울고 있는 아이는 금세 역원들의 주목을 끌어 역장실에 안내되었다. 역장은 친절하게도 이것저것 물었다. 학생증은 분실했으나 우수한 일학기 성적표를 보더니 고향까지 가는 차표를 손에 쥐어 주어 무사히 집에 돌아갈 수 있었다.

유학 후 첫 귀국이라 대단한 환영 속에 매일 매일이 꿈같이 지나가고 차표 분실 사건은 까마득히 잊혀졌다. 집에 돌아가면 부모님을 통해 송금해야 된다는 생각까지는 못했어도 그때 상황의 이야기는 보고 했었어야 했다.

며칠동안 여름 과일 먹는 나날로 지나고 있던 어느 날, 흰 위생 가운을 입으신 아버지 앞에 정식으로 무릎을 꿇고 정좌한 채 질문을 받았다.

"일본서 올 때 시모노세키 부두에서 어떤 일이 있었느냐?"

그때서야 만감에 잘못까지 깨닫고 두려움과 죄책감에 떨게 된 것이다. 울먹이면서 상황을 보고하는 딸을 조용히 지켜보고 나서 아버지는 아무 말씀도, 진정 아무 말씀도 없이 일어나서 나가셨다. 그리고 나서도 그 후 그 일에 대한 거론도 전혀 없었다. 단지 어른들이 나누시는 말에서 알게 되기를 고향 박물관 관장이 동경에 다녀오는 길에 역장과는 잦은 출입으로 구면이라 인사 차 들린 길에, 시모노세키 부두 역장에게서 우연히 듣고 와서 최씨와 동성인 관장이 찾아오셔서 집안 어른들이 알게 된 경위만 어렴풋이 들은 후, 사후 처리에 대한 것도 모른 채 방학을 마치고 학교로 돌아가서 2학기가 시작되었다.

후일 정중한 감사와 선처가 있었다는 것을 알게 되었으나 그것은 무거운 수치감으로, 내 자신의 죄책감에 생각하면 식은땀이 등에 흐르는 기분을 때때로 느끼는 아픈 추억이 되어 남았다.

  2학기가 시작된 내 책상 위에는 우편 봉투가 배달되어 나를 기다리고 있었다. 개봉한 순간, 나는 어린 소녀였지만 감동과 수치심으로 크게 성장하는 경험을 하게 되었다. 그 우편에는 열차가 달리는 철로에 떨어진 학생증과 차표가 있었으며, 차표는 할인 반금(反金)한다는 내용과 상당히 많은 금액의 우편 송금표가 들어 있었다.

  14세의 여름 방학 동안에 겪은 경험, 딸에 대한 상황 질문 외에는 어떤 책망도 없는 아버지의 진단과 처방에서 사랑은 제일 큰 수치심을 깨닫게 하는 결과가 나왔다.

  반금되어 온 사회질서의 정직한 도덕성에 지금도 선망어린 경탄심을 가지게 되었고, 그 나라를 보는 마음은 민주 사회의 시민은 질서 있는 사회에 살 수 있는 권리가 있는 것이 아닌가 하는 반문이 있는 것이다.

한자를 배우다

　시대적 요청에 따라 요즈음 학생들이 한자 공부에 고민을 많이 하고 있는 것을 볼 수 있다. 너무나 생활 리듬이 빨라져서 공부가 광범위하다 보니 한문자의 획의 순서를 조리있게 지도를 받지 못해 미술 시간에 그림 그리듯이 글씨를 만들고 있는 학생들이 많이 있다.
　큰 붓으로 '귀수불심(鬼手佛心)'이라고 쓰여진 현판(보는 사람마다 믿음직한 달필(達筆)의 서체라고 감탄했다)이 걸려있던 병원집에서는 어린이의 한문 교육은 기초가 정성스레 다져 있었다. 벼루에 먹을 갈아 부모가 번갈아 시간 나는 대로 어린이의 손을 잡고 한 획 한 획 순서를 엄격하게 반복하여 연습하니, 신문지를 접어 끈으로 맨 두터운 연습장이 만들기가 바쁘게 먹물로 검게 물들었다.
　한문자 사용에 대한 시비가 많이 일고 있다. 주체성을 강조하는 소리도 높다. 말이 의미전달에 본 뜻이 있다면 우리들이 사용하는 말의 많은 부분이 의미로 읽을 수 있는 한문(漢文)이다.
　주체성에 대해 생각을 해보게 된다.

가정을 종합적으로 관리하다 보면 생활 전반에 스며 있는 서양문화에 감명이 깊다. 가족이 편리하게 사용하는 입식 부엌의 싱크대로부터 수세식 변소, 냉장고, 전기밥솥, 선풍기 등등의 일체 가전제품 외 세탁기, 재봉틀 모두가 서양 쪽의 백인 남자가 여자와 어린이를 위해 연구, 개량한 생활용품이며 생활방식이다. 아마도 문화란 보편성이 있는 한 있는 곳에서 없는 곳으로 스며 퍼지는 것이라고 이해가 된다. 그런다고 눈에 익숙하고, 입에 익숙하고, 귀에 익숙해서 형성되는 '민족'은 보는 경험, 먹는 경험, 듣는 경험의 차이가 있는 한 문화로서 민족의 주체가 변할 수는 없다.

개인에게 천기진운(天氣進運)의 주기가 있듯이 1990년 현재 세계 진운의 주기는 지금 아세아에 머물고 있다. 중국 대륙을 지나 서구로 이동하기에는 시간이 걸릴 것이다. 한문권에서 머물고 있음을 알 수가 있다. 일본의 신간선(新幹線)을 타보고 나서 묻는 소감에 등소평 주석은 "빨라서 좋다. 그러나 그리 빨리 달려서 어디로 가려고 하느냐?"고 했다는 기사가 보도되었다. 바로 중국인의 유유자적을 읽을 수 있었다. 주체성을 내세워 한글 전용을 주장한 시비의 결과는 한문권의 일본과 중국의 우호관계만 거리를 좁힌 결과를 낳았다. 서구의 알파벳 언어 문화는 민족 주체를 위협하였는가? 민족은 의식주의 차에서 눈에 익숙하고, 입에 익숙하고, 귀에 익숙한 경험 차의 주체성으로 공동 경험의 추억이 역사로 이어지고 있는 것을 알 수가 있다.

병원집 딸이 아홉 살의 어린 나이에 보통학교 2학년 교과서에서 한문을 만난 것은 이러하다.

"여보세요. 계십니까?" 하는 인기척에

"누구십니까?" 하고 주인이 묻는다.

"나는 빈핍(貧乏, 가난)입니다."

주인은 문을 열지 않았다. 다음 집에 간다.
"실례합니다. 계십니까?"
"누구십니까?"
"나는 빈핍(가난)입니다."
"어서 들어오세요."
"고맙습니다. 나는 행복이올시다."
　이 추상적인 빈핍(貧乏)과 행복(幸福)이라는 한문자와의 만남은 긴 여운으로 한문자 습득의 기점으로 기억되고 있다.
　정치적 외교 로비스트의 대륙 우호 진출에 앞서 한문자가 그림으로 그려지기보다 정확한 한 획 한 획 알뜰히 상용되는 것이 양국민의 가장 빠른 우호방책이라고 믿어진다. 서구 알파벳은 사무용에 그치나 한문자는 예술적 문화 가치로서의 접근 가능성이 있어 더욱 그러하다.

보슬비 안개 저쪽 저 멀리에

　아버지 정, 어머니 정을 모르고 자란 그 언니는 술 한잔 거나하면 시비를 건다.
　"그래, 너는 좋겠다. 아버지 정 많이 받았지. 내가 다아 알고 있다구. 옛날 엽서에 써 보낸 거 말이다. 그거 말이지. 외워 볼까? '보슬비 안개 저쪽 저 멀리에 쫓느니 환상이어라. 부모님의 얼굴'이라고 그렇게 써 보냈지. 그렇지? 내가 다 외우고 있다. 엽서를 받은 아버지는 그것을 들고 어쩔 줄을 몰라하시면서 이놈의 자식이, 이놈의 자식이 하시드라구."
　"어머, 언니 그게 언제 일인데 그런 거를 다 외우고 있어요?"
　"내가 외우는 거 또 있다. 일본 오오이따현(縣) 나까쯔시(市) 센죠오고오또오조각꼬(扇城高等女學校). 어때 맞지? 나는 여학교를 못 가서 그거나마 외우고 있었다."
　서로 결혼해서 아이들이 몇이나 태어나고 서로 중년에 들어 술 한잔에 산다는 시름을 달래는 날이 왔을 때, 그 언니의 취중 진담에 콧등이 시큰했다.
　유학 생활 4년에 참으로 많은 편지와 엽서를 썼다. 그리고 받았다. 그

곳 학교의 기숙사에는 편지 수취부(受取簿)가 있어서 매일 편지가 오는 대로 일단 기록하고 각 방에 배달이 되기 때문에, 누가 어디서 온 편지를 받고 있는가 한눈에 알 수가 있었다. 어느 날 빠지는 날 없을 만큼 편지와 엽서를 받았다. 지금 생각하면 그 바쁜 왕진과 외래 환자 진료와 입원 환자들로 시간에 쫓기는 생활에, 어떻게 그 많은 서신을 쓰셨을까 짐작도 안 갈만큼 매일같이 봉함 편지와 엽서를 받았다. 아버지와 딸일 때도 있고 시대적 고민의 상담 관계일 때는 우정 있는 스승과 제자 관계였다. 방학 때 돌아오면 반일(反日) 토론으로 아버지를 몰아가는 사상 충돌도 교환되었다. 이광수 작 '돌베개'가 방에 있는 것을 보기도 했다.

부모 곁을 떠나 있는 교육 공백이 그 많은 편지 쓰기로 메워져 있었다. 유학 간 그 곳에서는 1학년과 3학년 학생들이 같은 교동(教棟)에 배치되고, 2학년과 4학년이 가까운 배치를 받은 관계도 있고, 1학년으로 입학을 하면 하복 상의가 3학년 양재 교재로 제작되어 제작자의 이름이 붙은 채 1학년에게 배분되기 때문에 상급생과 하급생간에 문통(文通)이 많아 편지 쓰기와 필체 상달(上達)에 경쟁이 붙을 지경이었다. 그러나 외국인으로서 편지 보낼 상급생이 없어 늘상 하늘 저 멀리 내 나라에 편지를 끝없이 써 보냈다.

그러는 사이에 사춘기는 지나가고 사랑하는 대상이 그리운 부모가 계시는 나의 조국과 우리 겨레가 되어 가는 것을 느낄 수 있었다. 그런 것이 매일 쓰는 편지가 방학이면 대상이 없어지는 것이었다.

청소년들에게 사랑하는 대상에게 편지를 많이 쓰게 하면 누구나 자신의 사랑의 대상을 발견할 수가 있을 것이다.

아버지같이 살렵니다

    죽음이라는 것이 사랑하는 그리운 사람의 음성을 들을 수 없는 것이라고 깨달은 것은 어른이 되고도 한참 뒤의 일이다.
    사랑하는 사람의 그리운 모습은 마음에 담을 수가 있다. 산소에 가서 절을 한다고 돌아가신 분과 만날 수는 없다. 깊이 마음에 남고 담아서 늘상 괴로워도 즐거워도 가슴 깊이 간직할 수 있어서 죽음의 이별의 애석함을 달랠 수는 있으나, 그리운 목소리, 사랑하는 목소리를 영원히 들을 수 없어서 사별은 서러운 것이다.
    글을 쓰는 여대생이 찾아와서 아버님이 앞으로 투병 중이라면서 아버지를 애틋하게 여기는 마음을 글에 담았다고 읽어보라고 한다. 글 저변에 적막함이 무겁게 가라앉아 있었으나 아직은 살아 있는 아버지였다.
    "아직은 살아 계시는 아버지에 대한 애석함이니 그래도 다행이에요. 음성을 들을 수 없을 때의 허망함은 허우적대는 자신을 진정키 어려웠지요."
    여대생의 눈에 금세 눈물이 핑 돌았다.
    암 투병에 자식으로서 아무 도움도 될 수 없는 자신의 무력을 거부하면서도 돌아선 뒷모습에 아버지를 잃을까봐 허무에 가까운 고통을 참느라고 전신으로 울고 있는 여대생, 졸업하고 지방으로 내려간 뒤에도 그녀의 모습은 마음의 기억첩에 자리잡고 있다.

중간 고사나 학기말 고사의 문제로 출제되어 심어진 애별리고(愛別離苦)나 애별리고(哀別離苦)는 인지상정이라는 말이 성인이 된 나의 앞을 가로지난 것은 6·25사변의 전세가 한참 역변(逆変)할 때였다.

지방에서 공산당 세력이 등세(登勢)해서 병원 관리가 어렵게 되자 서울에서 개업해 보겠다고 상경했으나, 20개 개업 의약실을 합쳐도 내 병원 약실이 되기 어렵다고 실망하고 도로 지방으로 하향한 것이 바로 6·25사변 3개월 전이었다.

"선생님께 진찰 한번 받아 보고 죽으면 여한이 없다"고 반기는 환자가 많았다. 되돌아 내려온 병원이 6·25사변으로 공산계 청년들의 행패가 없어서 재개업은 그런대로 왕진과 외래 진찰로 바빴다. 서울 개업 의약실 20개 합쳐도 내 약실이 되기 어렵다는 것은 1년의 약 주문으로 빨간 모자의 철도역의 운송원이 춘추로 야유비를 얻어갈 만큼 출입이 잦은 약실과 약창고가 준비되어 있었다.

그 병원 원장 선생님은 간경화증으로 6개월 시한을 스스로 내리고 매일 복수를 한 대야씩 뽑던 것이 글피가 마지막 시한이라는 날이 왔다. 자신의 죽음의 순간을 알고 기다리고 있을 것이라고는 어느 누구도 눈치 못 채는 조용한 병상 생활이었다.

밤 막차로 왔다가 새벽이면 첫 차로 달려가서 어린 외손자, 외손녀를 돌보는 딸이 오늘따라 오후 차로 떠나려고 짐을 챙기는 오후 3시. 그때 집안 식구들은 모두 어디 갔었을까? 조용한 방에는 환자 아버지와 딸뿐이었다.

"오늘 가면 언제 올려노?"

짐을 꾸리는 딸 등뒤에서 들려오는 힘없는 말소리에 뒤돌아본다. 언제 일어나셨을꼬… 그렇게도 증세가 심한 중환자가 반신을 일으켜 앉으셨다.

"예, 모레 아이들 모두 데리고 올렵니다."

"꼭 모레까지는 아이들 데리고 오너라."

"예. 아부지 꼭 오겠심더."

이런 어이없는 무심한 대답이 있었다. 짐을 꾸리고 돌아앉았을 때 환자 아버지는 우정마저 통하는 딸에게 말했다.

"너는 나같이 살지 마라."

"왜요? 저는 꼭 아버지같이 살렵니다."

"어떻게?"

"열 번 남에게 속아도 또다시 남을 믿는 아버지같이 살렵니다."

순간에 무기력으로 무표정해져 버린 환자 아버지 표정에 순간의 상기 같은 것이 지나갔다.

"네가 그렇게 생각한다면 그렇게 살아라."

그리고 대구행 기차를 탔고 모레가 되는 날 오후 2시에 집에 들어섰을 때, "애가 왔나, 애가 왔나"라고 하시며 애타게 기다렸다는 목소리가 낮 12시에 뚝 끊어지고 그날 저녁에 영원으로 떠나가셨다.

자신이 맥을 짚고 스스로의 종신(終身)을 미리 깨달은 심정에 한치도 가까이 못가 본 무심은 애별리고(愛別離苦)는 인지상정이라고 배운 언어에서 달랠 길이 없었다. 말이 없는 것이, 대답이 없는 것이 영원의 이별이라는 것이라고 그때 깨달을 수 있었다.

20대 젊은 청년 시절 민족적 자존심과 예의로써 갈아 신은 흰 버선을 기억하고, 존경과 신뢰로써 깊은 사랑으로 애정 어린 아버지와 딸의 관계이며 마음의 의지였던 부정(父情)을 잃어버리고 나서야 많은 시간이 흐른 뒤, 내면의 심성이 성숙함에 따라 잃어버린 음성이 들려오는 것을 느꼈다.

2. 소녀의 꿈이 피기도 전에 황혼빛이 먼저 내리네

-인간조건 <A팀의 시각 사례>

여행이 끝나는 자리

현해탄을 건너 큰 가방을 끌고 유학하던 시절. 방학 때면 집이 있는 조국으로 돌아 왔다.

열여섯 살이 되던 겨울 방학 때였다. 밤늦게 떠나는 연락선을 기다리는 동안 시모노세끼(下關) 부두 옆의 백화점 6층 식당에서 식사를 마치고 백화점 내를 두루 돌아보고 있는데 가지고 싶은 물건이 하나 눈에 띄었다.

그러나 그것을 사기에는 지갑에 남아 있는 돈이 모자랐기 때문에 단념을 할 수밖에 없었다. 그런데 그때 같이 있던 1년 선배가 교복 주머니에서 빨간 지갑을 꺼내는 거였다.

지금도 눈앞에 생생하게 기억되는 그때의 광경은 잊을 수가 없다. 그 선배의 빨간 지갑은 노란 금색의 쇠장식이 달려 있었다. 희고 긴 선배의 손가락이 빨간 지갑의 노란 쇠장식을 열고 지갑 속으로 쏙 들어가는가 했더니 곧이어 8절로 접혀진 지폐가 나타났다. 5원짜리였다. 그리고는 내가 가지고 싶은 그 물건을 사는 거였다.

그때 나는 깊이 깨달았다. 평소에 많은 학비를 송금 받은 나는 '여행이 끝나가는 지금 여기에 와서' 지갑에 남은 여유가 1원 50전뿐인데, 저 선배는 모자라는 듯한 송금을 받고서도 '여행이 끝나가는 지금 여기에 와서' 5원이나 가지고 있다는 것이 어찌나 충격적이었는지….

그 후 오랜 세월 가정을 관리하는 과정에서 늘 '여행이 끝나가는 시점'에 대해 생각하고 준비를 하였으나, 나의 노년 앞에는 "이럴 참이 아니었다"는 결과가 현실 자연현상으로 가로막았다. 의연하고 우수한 것을 지향하는 훤칠한 노년을 맞으려고 했으나 임파암에 쓰러져 환자로서 노년을 맞이하게 되었던 것이다.

그래도 다행인 것은 걸어다닐 수가 있고 육체는 노쇠했으나, 지성이 아직 멀쩡해서 "이럴 참이 아니었다"는 항복(降伏)을 하고 싶지 않은 것이다. 이것은 은행에서 본 광경 때문에 더욱 그렇다.

은행에 용무가 있어 간 적이 있었다. 아마도 그 노인은 지난 날 상당한 지위에서 많은 일을 하신 분 같았다. 노인의 몸에 풍기는 기품은 늠름했고 자신을 깊이 사랑하는 지성스런 모습이었으나 거동하기는 힘든지 지팡이에 의지하고 있었다. 대단히 거동이 어려워 보였지만 함부로 도움을 주기엔 그 기품이 놀라워 멀리서 보고 있었다. 은행 창구에서 용무를 보기 위해 노인은 지팡이를 옆에 세워두고 자신의 몸은 창구 사무대에 고정시켜 의지하며 단정하게 수순을 밟고 있었다.

"아아, 노년의 앞에는 무엇이 가로막고 있는가. 자산에 여유가 있어도, 거동이 불편해져도, 신뢰하고 의지할 곳은 오로지 자기 자신뿐일 경우도 있구나. 저 기품 늠름한 분에게는 은행창구에 대신 보낼 사람이 없다는 것이리라."

노년의 상황은 아무도 예측할 수가 없다. 만인에게 보편적 경험이 될 노인 생활은 시대가 갈수록 점점 길어지고 있다. 누구도 자신의 노년을 확실하게 전망할 수도 기대할 수도 없다는 자각으로 "이럴 참이 아니었다"는 마음이 되려하는 자신에게 격려와 위로를 하는 노력을 지속해야 할 것이다.

세월 저쪽의 순간들
－정치 주먹 유지광씨와의 만남

　자녀들의 독립으로 노년을 스스로 관리해야 하기에 노인들은 오늘과 내일의 자기 관리에 애를 써야 한다. 느닷없이 시대적인 물결이 되어 버린 핵가족 풍조로 인해 사랑하고 그리운 가족과 떨어져 살고 있는 오늘의 노인들은 자신들의 황량하고 적막한 늙음을 인정하기에는 너무나 안타깝고 당황스럽기조차 할 것이다. 그러기에 나는 지난 날의 추상(追想)보다는 오늘과 내일에 대한 스스로의 관리에 힘겹지만 노력하고 있다.
　그러나 때때로 보도되는 지난 젊은 시절과 연관된 뉴스에 접하면 시간과 세월을 뛰어넘어 아득한 순간들과 만난다.
　저녁 뉴스 시간에 정치가와 종로통에서 주먹으로 조직을 좌우했던 유지광씨의 급사 소식이 보도되고 있을 때, 나도 모르게 서른 나이의 젊었던 내 자신과 만났다. 그 젊은 시절 나는 유지광씨를 면담했다. 45년 전 정식으로 그에게 면담 신청을 하게 된 사유는 이러하다.

6·25사변으로 1950년 피난 생활이 시작되고 정부 환도에 따라 상경해 왔을 때, 이미 거처는 파괴되어 하는 수 없이 복덕방을 앞세워 마련했던 빨간 벽돌 건물에는 무려 8세대가 입주하고 있었다. 우리는 지금은 여관이 되어 있는 큰 건물 2층의 방 두 개를 얻어들었다. 8첩과 6첩 다다미방 앞에는 길게 낭하(廊下)가 있어 돌아앉은 별채 같아 마음에 들었다.

  환도하는 피난민에게는 그것도 반가웠던 것이다. 흔쾌히 계약을 하려는데 건물주는 장기 출타 중이어서 계약을 위해 그 건물을 위탁받은 여러 사람이 모여들었다.

  건물주 대리로 계약서 작성을 누가 할 것인가 물었을 때 서로 눈치만 보고 섭적 나서는 사람이 없었다. 그때 뒤에서 멀거니 구경하고 서 있던 스무 살쯤 보이는 청년이 자기가 쓰겠다고 나서는 거였다.

  많은 눈이 지켜보는 가운데 그 청년은 놀랍게도 대단한 달필로 계약서를 작성했다. 소리 없는 탄성이 이를 지켜보고 있었다.

  약속된 날 우리는 입주를 했고 이미 살고 있던 그 건물 내의 50명이 넘는, 이웃이라기보다는 동거인이라 할 이들을 만났다. 아마도 지금은 모두 대단한 성공들을 했을 것이다. 한결같이 근면했다. 참으로 부지런하였으며 한번도 큰 소리가 나지 않았고 충돌 없이 만난 대견한 경험이었다. 입주 후에야 비로소 그때 계약서를 쓴 청년이 건물 내 입주자가 아니며 건물주 가족과 친분이 있어 수시로 출입을 한다는 사실을 알았다. 이 청년이 바로 유지광씨와의 면담을 요청하게 하는 동기를 가지고 왔다.

  그는 집 가까이에 있는 극장 주변을 세력권으로 하는 주먹 조직의 일원으로 대대로 내려오는 독실한 기독교 신자댁의 막내였다. 그의 부친은 장로였다. 교인들이 탈선 행위로 교회에 나가지 않을 무렵 주일 오후가 되면 죄책감에 고통스럽다던 이야기는 그때 그 청년에게 처음 들었다. 생활관습이라는 것이 사람에게 정신적으로 상당한 영향을 주고 있다고 생각되었다.

여학생 시절에는 딸 많은 집안의 하나뿐인 남동생 문제로 고민하시는 부모님의 괴로움을 안타까운 마음으로 지켜보았고, 15세 때는 학교에서 '창살 없는 감옥'이라는 소년원을 주제로 한 영화를 단체 관람하였으며, 8·15 해방 직후에는 청년 운동에 열정을 쏟은 경험으로 그들의 사정을 알게 된 나이기에 그 청년에 대해 무심할 수 없었다. 모르면 약이라지만 알고부터는 수군수군하는 건물 내 다른 거주자와는 달리 좋은 대우로 출입에 응해 주었다. 보통 달필이 아닌 저 청년이 가야 할 길은 분명 달리 있을 거라는 믿음으로 늘 마음 따뜻하게 대할 수 있었다. 청년에게는 좋은 가정에서 구김살 없이 성장한 것이 느껴졌고, 성가단에서 단련된 좋은 음성도 준비되어 있었다.

한번은 한 집안에 사는 정보장교 중령 부인이 급히 은행에서 돈을 찾아와야 할 텐데 갈 사정이 아니라고 걱정을 해서, 그 청년과 또 한사람 친구가 찾아오게 되었다. 시간이 흐름에 따라 장교 부인이 걱정을 하기 시작했다. 불쾌한 시간이 흘러 웅성웅성하는 찰나 두 사람은 상기된 얼굴로 돌아왔다. 이 날 두 사람의 신뢰를 확인 받은 후 더욱 건물 내 동거인들의 마음이 가까워졌다.

그러던 중 몇 차례 조직 내에서 문책을 당해 안면에 시퍼런 멍이 드는 일이 발생했고, 그 이유가 이쪽 가족들과 친한 탓에 조직 생활을 태만하게 하기 때문이었다는 것이다. 그런 일이 되풀이되면서 대화 중에 조직에서 빠져 나오려면 '절차'가 있음을 알았다. 본인의 힘으로는 빠져나오기 어려운 절차였다.

　벌써 그 사이 세월이 흘러 1955년 가을이 깊어 가는 어느 날, 청년들의 안내로 종로 5가에 있던 '백화'라는 다방으로 유지광씨를 만나러 갔었다. 그러나 이미 그가 다녀간 이후라서 메모판에 메모를 꽂아두고 돌아왔다. 짧지만 정중하게 면담할 수 있는 시간과 장소를 배려바란다는 내용이었다.

　회답은 즉시 왔다.

　정해진 날 아침, 개점 전 깨끗이 청소된 양과자점 넓은 점포 내에는 조직원이 총집합하고 있었다. 문을 열고 들어섰을 때 전원이 입구 쪽을 향해 정좌하고 앞좌석에 간격을 두고 중간 보스들이 진을 치듯 앉아 있는 것이 보였다. 그리고 입구 왼쪽 점포 깊숙한 곳에 따로 자리를 잡고 그들의 대부가 앉아 있었다. 그는 생각보다 '부드러운 보통 사람'이었다. 문을 열고 들어섰을 때 총세력원의 정좌는 의외였으나 대한청년단과 민족청년단 운동을 후원한 경험으로 청년들에 대한 애정은 남달랐다.

　정중하고도 상대를 존중하는 성심어린 면담이었다. 나는 그 청년의 일을 유지광씨에게 말했다. 그러자 "부모에게로 돌아가도 좋다"는 말이 떨어졌다. 그때 그의 눈에 기대 이상의 호의를 감지하고 염치없으나 청년에게 수학의 길을 열어주기를 청했다. 순간 어이없이 당했다는 표정이 스쳐지나가는 듯하였으나 자신이 관계한 대학에 다닐 수 있도록 협조해 주겠다는 언약을 얻어낼 수 있었다. 면담 시간은 극히 짧았지만 등뒤에는 사람이 없는 듯 고요했다. 기침소리 하나 없이 우리들을 지켜보았다. 백 마디의 말보다 몸과 마음으로 상호 존중된 예의 속에 이루어진 이 면담을 끝마치고 돌아서 나올 때, 처음에는 앉아서 맞이하던 전원이 대부의 기립 인사에 따라 말없이 기립으로 우리들을 보내주었다.

이른 아침 양과자점 점포 안팎으로 뿌려진 물만큼이나 산뜻한 마음이 되기에는 그가 너무나 뜻밖에도 '부드럽고 정중한 보통 사람'이어서 나는 착잡해졌고, 밝을 수 없는 감정에 휩싸였다. 인의로 맺은 부하 가족의 결혼식 주례가 그에게는 순수할 수 있는 마지막 시간이었으리라 믿어지며, 순수한 안온 속에 이별을 하고 가는 행운을 그때 그 경험으로 나는 깊이 인정이 된 것이다.

심호흡을 한번 하고 세월 저쪽에서 한 순간 다시 노인이 된 자리에 돌아와서 이해와 인정이 신뢰와 결과한 그때의 고마운 마음이 그의 죽음 앞에 드는 것을 느낀다.

서로의 처지를 바꾸어 생각하자

 '역지사지(易地思之 : 서로의 처지를 바꾸어 다른 이의 고통을 생각해 보는 것)'라고 종합대학부속병원의 암센터에서 방사선 치료를 기다리는 환자 중에 어린 유아나 소녀들을 만나는 심정은 참으로 착잡하다.
 항암제 치료로 약물 주사를 맞아 보지 못한 사람이 어찌 '역지사지(易地思之)'라고 하는 남의 처지를 알 수 있을까. 아마도 투약을 하는 의료진들도 도저히 그 불쾌한 후유증의 경지를 안다고 할 수는 없을 것이다. 오랜 간호원 생활을 하는 사이 많은 환자를 간호해 온 여성이 자기 자신이 유방 수술을 받아보고 나서야 그것이 처절하리만큼 통증이 심하다는 것에 놀랐다는 경험담을 들은 일이 있다.
 임파암으로 통원 치료를 하면서 서러우리만큼 무중력 상태의 불쾌감으로 허우적거리는 어른들도 참기 어려운 처참한 경험에 놀라고 있을 때, 빨간 외투, 빨간 양말, 빨간 구두에 빨간 모자를 쓰고 매일같이 젊은 엄마의 손을 꼭 잡고 나타나는 다섯 살짜리 여아를 만난 일이 있다. 치밀어 올라오는 구토증과 가누기 어려운 무기력으로 환자 대기 벤치에

쓰러져 있을 때, 시야에 그 빨간색 일색의 여자 어린이가 들어오면 자각의 눈이 번쩍 정신을 차리게 한다. 그 처참한 고통을 딛고 어린 생명력이 오늘도 엄마의 손을 잡고 걸어오면 언제나 스스로 반문하는 마음이 일었다. "저 아이의 고통은 종교 이전의 것이 아닌가. 누가 저 아이의 처지를 알고 대신한다는 것인가?" 하는 마음이 거기 있었다.

인간 교육을 한다는 교장(敎場)에서 맹자의 어머니가 자식을 위해 세 번 거처를 옮긴 예를 들면서 "사람은 만남에서 자란다"며 만남의 인연을 소중히 해야 한다는 강의가 있었다.

살인죄로 사형 선고를 받은 아들을 잡고서 "아이고, 이 내 자식아!" 하고 우는 모친을 아들이 뿌리쳤다. 놀란 어머니가 "애야, 왜 그러니? 내가 뭐 잘못 했느냐!"고 말했을 때, 사형 선고를 받은 아들이 "초등학교 5학년 때, 교실에서 양복 겉저고리를 주워 왔을 당시 왜 도로 그곳에 갖다두라고 하지 않았어요"라고 말하더라는 것이다. 맹자와 맹모의 만남에서는 좋은 자람이 있었다. 사형 선고를 받은 모자의 만남도 그 만남에 따른 현실적 자연 현상이 남는다. 누가 남의 처지를 안다고 할 수 있을까.

아버지의 후광으로 정치적인 배려를 받아 많은 특혜를 업고 크게 성공한 기업주가 화려한 각광을 받을 수 있는 데에는 정확한 정보를 작성하여 제공해 준 기획, 관리, 생산진의 노고가 있을 테지만, 그 노고를 얼마나 역지사지로 이해, 인정한다고 말할 수 있는가.

성인들이 교육적인 진리를 탐구, 사색하고 정리하여 수양서를 남길 수는 있어도 역지사지를 이해, 인정할 수 있다고는 믿어지지 않는다. 생각과 행동은 개인의 것이고 사람의 것이나 결과는 자연의 소관이라, 현실적 자연 현상의 결과에 역지사지라는 남의 처지가 되어 보는 감수성은 훈련으로 되는 것이 아니라, 지성의 마음만이 그 경지에 들어가 볼 수 있음을 믿게 된다. 지성으로 사람과 사람 사이의 처지를 이해하기 위해서는 정직한 자기 정보를 제시해야만 한다. 나만 정직하면 손해라는 견해도 있으나 정직한 입장을 제시하여 상대의 오판만 없다면 그 선택의 결과는 분명 아름다울 것이다.

경험해 보지 않으면 그 처지를 결코 알 수 없는 절대적 경지가 많이 있다. '배고파 보아야 음식 맛을 안다'는 가난한 처지의 경험을 쉽게 말하기에는 그것이 너무 처절하며, 병의 고통도 참으로 다양해서 치료진도 환자의 호소를 듣고 상식으로 알뿐이다. 눈에 보이는 가난과 병고는 가시적이라 확실한 처지에 대한 이해에는 도달하지 못해도 동정적으로 이해할 수 있다. 그러나 눈짐작으로도 알기 불가능한 능력 차의 고민, 당해 보지 않고는 느끼기 어려운 고부간의 심리적 불쾌지수, 같은 저울에 올라앉아서 '네가 잘났네, 내가 잘났네' 하기에는 절대로 자기 긍지가 허락지 않은 선주(先走) 세대인의 자기불쾌의 세대차에도 눈에 보이지 않는 고통이라고 할 것이다.

역부족을 느끼기에 인간은 신이 아닌 것이겠다. 인간이 인간다워 좋다는 문학적 시각으로 방관적이기보다는 고통에 우정어린 관심을 보이는 지성이 있을 때, 이러한 것을 어리석은 사람은 자기 경험으로만 깨달을 수 있지만, 현명한 시각을 가진 사람은 타인의 경험으로부터 깨달음을 얻을 수 있을 것이다.

이런 편지를 받은 적이 있었다.

"할머니 저는 열일곱 살의 소녀입니다. 부모가 너무 가난해서 학교도 못 다니고 남의집살이를 하고 있습니다. 제가 받는 월급으로 동생들 학비를 보냅니다. 그런데 너무 얼굴이 못 생겨서 저는 주인집 아이들에게 (초등학교 4학년 딸에게) 매일 놀림을 받고 웁니다."

이 짧은 글을 읽고 얼굴이 못 생겨 우는 사춘기 소녀의 심리 고통이 자기 가슴에 깊이 와 닿을 수 있다면 그것은 분명히 감수성 강한 사람일 것이다.

첫째, 열일곱 살이라는 나이에 부모에게서 독립해 자기 자신의 의식주를 해결하는 이 소녀에게 가난은 더 이상 부끄러운 것이 아니라 자기 개발의 동력이라는 시각을 가져야 한다. 그리고 이러한 준비를 통해 상대적으로 우뚝 서는 자세는 효심과 독립심, 우애와 대견한 자기 발견으로 소녀의 얼굴에 자신도 모르는 사이에 '의젓함'이라는 아름다움이 심어진 것을 발견할 수 있을 것이라고 대답해 주었다.

그 소녀에게서 "할머니의 우정을 믿고 오늘부터 다시는 울지 않을 것이다"라는 회답이 왔을 때, 질문에 대한 대답의 결과를 기다리던 나는 깊은 안도의 한숨을 쉴 수 있었다.

잊을 수 없는 기억으로 남은 이 소녀는 벌써 스물셋이 되었을 것이다. 얼굴이 못 생겨서 매일 운다는 그 소녀의 고민을 같이 고통스러워하는 경험을 겪고 난 뒤 푸른 하늘을 쳐다보고 혼자 늘 생각하는 것은, 그 소녀가 남의 집 부엌일을 하던 중 젖은 손으로 신문을 들고 "최일경 할머니와 논의 하세요"라는 칼럼을 읽었고, 그런 활자와의 순간적인 절묘한 만남으로 다행히도 자신의 고민을 해결할 방법을 선택할 수 있었다는 것이다.

그로부터 2년 후에 받은 사려 깊은 편지로 보아 그 소녀가 훌륭한 숙녀로 성장되어 가는 것을 느낄 수 있었다.

역지사지라고 타인의 처지에 설 수 있는 마음의 지성이 있는 곳에 깊은 우정이 있을 수 있다. 이해하고 인정하는 일이 그리 어려운 먼 것은 아닐 것이다.

친구가 없으세요?

친구가 많이 있다는 것은 크나큰 자산이다. 훗날 무엇인가 이상을 성취하려거든 준비를 해야 한다. 한 우물을 파야 한다. 내적 자산이라는 배낭은 내용물이 무거워야 하고 질이 좋아야 한다는 말을 젊은 청년들에게 한다. 이렇게 말하면 젊은이들은 "할머니의 준비론"이 또 시작된다며 깔깔거린다.

언젠가 신문에 공자가 소관직에 등용 못한 이유가 소인배들 때문이라고 나온 적이 있었다.

어느 고관 재상이 친구를 보고 등용할 인물의 추천을 청탁했다.

"훌륭한 인물이 없을까?"

청을 받은 재상의 친구가 공자를 추천하였다.

며칠 후 재상이 공자를 만나고 와서 말했다.

"공자를 만나고 나니 자네도 소인으로 보이네."

기분이 상해진 재상의 친구가 말했다.

"그래? 그럼 자네는 공자를 상감에게 추천할 것인가?"
"하고 말고."
"상감이 공자를 만나고 나면 상감 눈에 자네는 소인으로 보일 것인데 말인가?" 이 말을 듣고 고관 재상은 공자를 추천하는 것을 중단해 버렸다는 것이다. 소인배 때문에 임관 기회를 놓친 것이 아니라 참다운 공자의 친구가 없었다는 해석이 맞을 것이다. 친구를 인정하고 추천할 수 있는 참다운 친구가 내적 자신인 자기 배낭에 들어 있어야 할 것이다.

내가 친구와의 불화로 고민하는 것을 보고 있던 앞 집 교수댁 어머니가 우정 어린 말을 했다.

"너무 괴로워 마세요. 친구 교제에는 중용이 좋습니다."

순간 깨달음을 얻은 나는 씻은 듯이 고민스런 마음이 깨끗해졌다. 이 분은 참다운 친구로 내 마음에 새겨져 있다.

연대 보증 사건으로 매일 백척간두에 서 있는 상황에서 혈색까지 변해 있을 때 그 교수댁 어머니는 이런 말로 나를 놀라게 했다.

"고민으로 피부가 생기를 잃어버리면 복이 저만치 오다가도 돌아간다고 해요." 그 후 어떤 극한 상황에 도달해도 고통 대신 그 말이 귓전에서 울렸고, 어려운 일을 간발의 차도 없이 대처하게 해주었다.

40년간 귀가 어두웠던 세월을 적막하게 살아오다가 마흔넷에 귀 수술을 받고 비로소 청각을 찾아 사람이 싫지 않은 날이 찾아왔다. 늘 큰 보따리에 물건을 이고 오는 바로 아래 여동생의 동창이 말했다.

"언니요, 언니는 참 복이 많심더. 어려서는 귀가 어두워져서 교만하지 않게 자랄 수 있었고, 중년에는 귀가 들리게 돼서 감사하는 마음으로 생활을 하게 되었으니 얼마나 복이 많으십니꺼."

자기 자신에게 교만하지 않고 감사할 줄 아는 사람만이 할 수 있는 말일 것이다.

'친구(親舊)'라는 한문자가 늘 이런 친구의 얼굴이 되어 앞에서 웃고 있다. 불구자가 되었기에 교만하지 않은 성장을 할 수 있었다는 생각은 해 본 일이 없었다. 현실적 가시 의미만을 볼 것이 아니라 어떠한 경험이라도 내면에는 보이지 않는 이상적 의미가 그 뒤쪽에 있다는 것을 깨달을 수 있었다. 자신이 의도한 바는 없었지만 자기의 말로 인해 보이지 않는 자각까지 느끼게 되어 그 영향이 널리 파급해 가는 것도 사람 사는 의미가 될 수 있으리라.

높은 학력은 없어도 솜씨가 찬찬해 고추장을 잘 담그는 한 친구는 호랑이띠였고 정기가 플러스(+), 볼록(凸)형이었다. 어느 날 친구의 집안 상황이 나빠지게 되어 은행 융자가 필요하게 되었다. 불쑥 하는 말이 걸작이었다.

"친구는 어차피 누군가를 도와야 살맛이 나는 것이 아닌가. 이번에는 나를 도와줘."

주어진 환경에서 정신적 독립도 미숙할 때였다. 이 말의 효과는 놀라웠다.

"어머, 저 친구가 나를 보고 누군가를 도와야 살맛이 난다고 했는데 그간 나의 주변에 일어나는 문제 해결을 그런 시각으로 보고 있었단 말인가."

산이 있어서 오른다고 하듯이 문제가 내 앞에 있어서 거기 있으니 해결한 것이라고 생각해 온 자신을 돌아보았다.

친구는 인생 도처에서 무한하게 우리를 기다리고 있다. 단지 가슴을 열고 귀를 기울이며 우정 어린 눈빛이 오갈 때 친구 관계는 성립되고 지속이 가능하다.

날 받아 놓은 사람.

이웃집 80세 노인인 정씨 댁 할머니는 흔히 보는 할머니가 아니다. 노인성 푸념이 전혀 없다. 장시간을 같이 앉아 있어도 며느리 이야기나 영감 타령도 없이 귀염스런(?) 동골동골한 성품이다.

와서 이야기하다 보니 마침 점심시간이라 담소를 하는 중간중간 슬그머니 몇 번 들락날락해서 밭에서 오이를 따다 냉면을 말아 드렸다. 노인에게 계란 삶은 것이 탑탑할 것 같아서 계란을 풀어서 두툼하게 프라이팬에 살짝 구워 작은 마름모꼴로 썰어 적당히 맛을 내어 넣어 드렸다.

국물까지 맛있게 드시고 나서는 "날까지 받아 놨다는 사람이 참으로 솜씨가 아깝다"며 눈시울을 적시는 거였다.

"최을경 할머니는 날까지 받아 놓은 사람"이라는 이웃의 속삭임을 들은 것이리라.

며칠 후 이웃분들이 모인 자리에서 할머니의 소감을 이야기 하니, 그 날 받아놓았다는 말의 발상자가 "당신이 날 받아 놓은 사람 아니냐"며

정색으로 말하는 것이다. 암환자의 사망률이 높은 것이 상식으로 된 사회에서 그런 말은 당연하리라.

그러나 지금 그 할머니는 암이라는 병이 쉽게 죽는 병이 아니며, 투병 정신에 의해 환자의 내면에 뜨거운 기가 솟아나면 암세포는 세력을 펴지 못한다는 쪽으로 반신반의하면서 장미골 166호댁 할머니인 나를 지켜보고 있다.

오늘까지만 가고 내일은 그만 두자는 마음으로 떨어지지 않는 발걸음을 매일 장장 8시간씩 내딛으며 치료를 받을 무렵, 처참한 항암제의 후유 증세와 기약없는 인내에 지쳐 자기 모멸심에 빠진 나는 매일 자살의 유혹으로 집안에 상비된 농약 파라티온의 시커먼 액체를 상상하며 안락사로의 초조한 독촉을 받기도 했다.

서울에서 치료를 받고 돌아오는 오후 시간에 맞추어 매일같이 아이들의 외삼촌인 내 동생이 병원 집에서 자라난 탓에 특기가 된 주사를 놓아주려고 청주에서 넓은 초원길을 걸어와 나타날 즈음이면 개들은 요란하게 짖어 그 시간을 알렸다. 항암제 후유증에 지친 끝에 통원 의지가 희박해져 가는 누님을 살려 보려고 날이면 날마다 청주에서 안성 대림동산까지 오는 것이다.

고단위 단백질 주사약에 바늘을 꽂아 두고 기다리는 3시간 동안에 읽으라고 서울까지 가서 구입해 와 권한 것이 바로 '축소지향의 일본인'이었다. 체질이 냉한 탓에 평균 체온 35도 8분이 보통이라 암세포가 한창 기세를 부렸을 즈음이다.

'축소지향의 일본인'을 읽으면서 체내의 혈액이 뜨겁게 몸 구석구석으로 한바퀴 순환하는 기분을 느꼈다. 피가 끓는다는 말을 혈조가 춤춘다고 표현하기도 한다. 이 독서 중에 생긴 현상으로 인해 "암은 열에 약하

51

므로 무엇인가 뜨거운 관심으로 체내가 더워진다면 암에 이길 수 있다"
는 자가 진단을 하게 되었다.

'축소지향의 일본인'으로 동기가 유발되어 일본 교육현장에서 느꼈던 일본인이 교육되는 과정과 그들의 시각이 다테마에(建前, 명분)와 혼네(本音, 본심)라는 이중 시각으로 형성된다는 보고 형식의 글을 일간지에 띄우기도 했다.

안성 고속 터미널에서 서울행 버스를 기다리는 동안 터미널 구내에서 구두 닦는 광경을 보게 되었다. 소아마비로 불구가 된 28세의 청년에게 그의 아버지가 구두를 닦을 수 있도록 했다는 것이다. 양손은 늘 떨리고 있었고 왼쪽 팔은 뒤틀린 상태였으며 절며절며 걸음을 걸었다.

떨려서 흔들리는 왼쪽 손가락 끝에 겨우 구두를 걸고 오른손에는 솔을 들고 신을 닦던 청년이 무엇엔가 후다닥 놀라 일어섰다. 뒤뚝거리면서 겨우 발걸음을 옮겨가는 쪽을 보니 저만치 서울서 차가 도착하려고 서서히 가까워지고 있었다. 묘한 기성을 지르며 손과 발을 사용해서 운전기사에게 무언가 뜻을 전하려고 했다. 이쪽에 차가 한 대 있으니 바로 들어오지 말고 앞으로 쑥 나가서 뒷바퀴로 후진해 들어오라는 전달이었다. 운전기사는 차내에서 진지하게 불구의 청년이 보내는 기성과 몸짓을 내려다보고 그가 원하는 순서로 후진을 해서 꼭 맞는 자리에 정차했다. 힘에 부친 노력으로 끝마무리를 지켜보던 그 청년이 제자리에 돌아와서 구두를 계속 닦는 것을 보고 나는 차에 올랐다.

이후 어느 날 어떤 고통이 있을지라도 오늘 목격한 감동과 슬픈 사연을 잊을 날은 없을 것이라고 생각하며, 인간은 참으로 감동과 연민을 함께 주고받으면서 여기 이렇게 살아가는 것이라는 마음이 들었다.

자살 유혹은 저 멀리 끈이 끊어진 연처럼 흔적 없이 날아갔고 안성 4

거리에 있는 광신 백화점에서 "어머, 저 할머니 아직 살아 계시네!" 하며 TV화면에서 나를 보았다는 젊은 어머니들이 어린이 손을 잡고 아는 체를 하였다.

그래요 암환자는 아직 살아 있어요. 날을 받아 놓았다고들 하는데도 아직 살아 있어요.

영국의 〈피파의 노래〉 시인인 로버트 브라우닝은 "왜 글을 쓰느냐고 나에게 묻는다면, 눈에 보이지 않는 영향을 주기 원해서"라고 답했다고 한다.

암환자가 통원 치료 기간에 지친 몸을 그때그때 회복하고 뜨거운 신진대사로 암과 싸워 이기며, 고통은 나만의 것이 아니기에 긍지가 상할 수 없다는 자각으로 자살 유혹을 극복하고, 자기 연민에서 자기 사랑의 생명을 연장하는 과정에서 위와 같은 보이지 않는 다른 이로부터 받은 지성과 영향이 후에 의미를 품고 이 한 생명을 구하고 있는 것이다.

교양은 없고 지식만 남아

은행에 가려고 평택행 버스를 기다리던 참이었다. 겨울 날씨는 강풍을 동반해 체감온도가 급강하하고 있었다. 기다리는 버스는 오지 않고 택시가 내 앞에 섰다.

"어디 가세요?"

운전기사 옆 좌석에 앉아 있는 청년이 물었다.

"평택이요."

"타세요."

내가 뒷좌석에 올라타자 차는 곧 도로를 달렸고 기사와 청년은 뒷좌석에 탄 나는 안중에도 없다는 듯 고성방담을 시작했다. 기사와 청년은 친구간으로 아마도 또다른 친구의 이사를 도우러 가는 길인 모양이었다.

"할머니 잠깐만요."

청년의 말이 떨어지기가 무섭게 기사는 바로 길 옆 어느 민가 앞에 차를 멈추더니 '빵빵빵' 하고 경음기를 마구 울려 댔다. 몇 박자나 기다렸을까. 운동복 차림의 청년이 문을 열고 나왔다.

"야, 이 자식아. 그걸 입고 가냐?"

"왜 임마, 이게 어때서."

"이 새끼야, 너…"

"이사하는데 뭐, 별 녀석 다봤네."

나는 그 청년이 뒷좌석 안쪽에 앉을 수 있도록 문을 열고 내려서 청년을 안에 들어가게 하고 다시 탔다. 차가 떠나는 순간부터 귀청이 떨어지게 세 청년들은 젊은 혈기를 모두 쏟아부을 듯이 "이 새끼야!", "저 자식이…", "말 마라, 이 새끼 너…" 하며 소리를 질렀다.

그들은 매일매일을 누구누구와 술로 소일한 이야기를 서로 경쟁하듯 자랑삼아 늘어놓은 후 하는 말이 "이젠 속이 나빠져서 큰일 났어. 무슨 약을 먹어도 쓰리고 아파서 외제약을 구했는데(사우디에 취업한 친구가 줬단다) 설명서를 읽을 수가 없다"라고 하였다.

그때 뒷좌석에서 떠들던 청년이 말했다.

"야, 그 약 설명서 내가 해석해 주겠어. 그 까짓 거 내가 해줄게."

나는 옆자리 청년을 새삼 쳐다보았다. 살결이 희고 혈색이 좋아 피부 밑이 불그스레했다.

바로 그때 저만치 인적 없는 도로변에 젊은 여성이 여자 어린이의 손을 잡고 태워달라는 신호를 하고 있었다. 운전기사는 독단으로 노변에 정차를 했다. 나는 말없이 내려서 어린이와 젊은 어머니를 들어가라고 하고 나서 다시 비좁은 차에 올랐다.

6,7세쯤 초등학교 입학이 가까워 보이는 여자 어린이는 청년의 무릎에 앉았다. 차가 멈추는 동안 잠시 조용하던 세 명의 청년들은 또 다시 젊은 아이 엄마도 안중에 없다는 듯 이젠 아주 손을 놓고 떠든다. 서로

질세라 떠드는 바람에 차 지붕이 날아갈 것만 같았다. 옆의 어린이는 청년의 무릎에 앉아 엄마 쪽으로 몸을 돌렸고 불안한 모양인지 모녀가 손을 꼭 잡고 있었다.

젊은 어머니가 어린이를 불안에서 안심시키려고 그랬을 것이다. 꼭 잡은 손의 엄지손가락으로 어린이 손등을 솔솔 쓰다듬고 있는 것이다. 어린이 손가락이 올라와서 "엄마 걱정 마!" 하는 듯 엄마 손등을 쓰다듬는다.

천한 비어의 고성방담은 계속되고 차는 달렸다. 그날따라 평택이 왜 그다지도 멀게 느껴지는지 나의 인내심에 한계가 왔다. 내 자신의 불쾌감을 떨쳐야 했다.

내가 조용히 "어린이를 안고 있을 땐 고운 말을 쓰셔야죠"라고 말하자, 그 순간 차 안에는 놀랍게도 침묵이 찾아들어 왔고, "예!" 하는 유순한 대답이 들렸다. 나는 너무나 유순한 그들의 "예!" 하는 소리에 그만 눈물이 나려고 했다. 연민이 가슴을 아프게 했다.

외제 약품의 사용법을 해석할 수 있는 고등교육을 받은 이 청년들이 지식을 갖추었어도 교양이 뒤따르지 못한 상황은 누구의 탓인가.

자랑스럽게 "그까짓 외제약의 사용설명 해석쯤은 문제없이 내가 해주마"라고 하던 그들은 교만하지 않았다. 거만하지도 않았다.

그들은 단지 상스러운 말을 쓰는 언어 순화가 안돼 있는 자신을 자각하지 못하고 있을 뿐이었다.

이 늙은이가 그 젊은이들에게 알려주고 싶은 말은 "그만한 지식 수준에 건장한 체력까지 갖추었으니 언어만 순화되면 자신의 위치를 얼마든지 이동시킬 수 있을 것이다"라는 것이다.

차 안에는 조용한 말소리가 이어졌다. 나는 말없이 은행 앞에서 먼저 내렸다. "고마웠어요" 하던 버릇도 잊은 채….

댁의 아기는 누가 키우나요?

매일같이 옥상에 아기의 기저귀와 아기 옷가지가 널려 있어 그 가정의 건강한 생기를 보는 듯했다. 그러던 것이 어느 날부터인가 아기의 빨래들이 보이질 않았다.

"저 댁의 아기가 어디 갔나요?" 하고 옆집에 물었다.

"아마 대전의 할머니 댁에 두고 왔나봐요."

생후 한 달도 될까말까 할 때부터 교회다, 야유회다, 친척댁이다 하고 백일 전부터 나들이가 바빴고, 또 부부가 직장 생활을 하기 때문에 아기의 거처가 아침저녁으로 이동되더니, 겨우 생후 5개월 된 아기는 그나마 아침저녁으로 들을 수 있었던 엄마 아빠의 음성을 들을 수 없는 곳에 남겨진 것이다.

사실 그 동안에는 가까운 외가에서 외가 식구들이 차례로 오든가 아기를 맡기든가 했어도 아침저녁으로 엄마 아빠의 말소리를 들을 수 있던 터였다.

아침 일찍 조간신문을 우편함에서 가져오려고 대문 밖으로 나갔을 때 젊은 아기 아빠가 차를 손질하고 있는 모습이 보였다.

나는 퉁명스럽게 말했다.

"아기가 엄마 아빠의 말소리를 들을 수 없는 상황은 그 아이가 고아가 되었다는 거예요."

차를 손질하다 말고 청년 아빠는 의아스런 눈으로 쳐다본다.

"대전에 할머니가 키우는데요."

"그래도 같아요. 고아라는 의미는 엄마 아빠의 말소리를 못 듣는다는 뜻이에요."

8월 한가위에 대전에 간 젊은 내외는 아기를 데리고 와서 이웃 할머니 품에 아무말 없이 안겼다.

"돌아왔니? 그 동안 아무리 귀를 기울여도 엄마 말소리, 아빠 말소리가 들리지 않았지. 어려서 말을 못해 그러지, 거처 이동 때마다 그리움과 서러움을 삭이느라고 보이지 않는 인내가 필요했을 거예요. 잘 왔다. 잘 왔어."

아기는 벙글벙글 빙그레 웃고 또 웃는다.

미국 유학갈 때 생후 2개월 된 어린 딸을 품에 안고 출국했던 내 딸이 3년 6개월 된 그 아이를 데리고 교육학 박사가 되어 돌아왔다. 손녀는 환경 변화에 놀랐는지 엄마 치마폭에 얼굴을 묻고 자지러지게 공포를 느끼듯 울고 있는 것이 비명에 가까웠다. 달랠수록 아이 얼굴은 치마폭에서 떠나기는커녕 치마를 잡은 손이 바르르 떤다.

가만히 지켜보고 있던 나는 이렇게 말했다.

"자식은 남이 사랑해 주도록 키워야 한다. 아무리 부모가 소중히 키워도 남이 무심하면 곱게 대접받을 수가 없다. 자식은 부모만이 키우는 것이 아니잖니. 남이 사랑하도록 키워라."

화가 난 교육학 박사 엄마는 자기 차에 올라 휑 하고 떠나버렸다.

그 후 2개월은 참으로 길었다. 딸이 보고 싶어 전화 다이얼을 돌리려는 마음을 달래며 기다리는 목이 서울 쪽으로 휘어져 갔다. 그러던 어느 날 딸 내외가 손녀를 데리고 응접실에 들어왔다. 말없이 서로를 쳐다보는 시간을 짧았다. 쫄랑쫄랑 앞으로 걸어나온 세 살짜리 어린 외손녀에게 모든 시선이 집중되었다. 그 아이는 몇 걸음 앞으로 나와 단정하게 서서는 외할머니를 쳐다보더니 "할머니 안녕하세요!" 하고 예쁘게도 고개를 숙였다.

나의 눈이 금세 젖었다.

"용하기도 해라. 애를 썼구나. 고맙다."

탄성 같은 칭찬이 쏟아졌다. 이 어린 손녀의 사랑 받을 수 있는 예의 준비는 그 후 눈부신 성장을 하였다. 첫 출발에 심어진 자기 자신을 위한 안보성, 자신에 대한 예의 있음이 점차 격조 높은 가치 기준을 형성하였고 자기 안보의 폭도 그에 따라 훨씬 확장되었다.

큰 아이의 4학년 담임 여선생님이 자모회에 나온 소녀의 어머니를 보고 "따님이 어찌나 단정하고 영리한지 제가 몸가짐을 조심하게 됩니다" 라고 말할 정도였다.

자식은 부모가 사랑해서 키우면 된다고 생각하는 것이 상식이다. 그러나 부모의 사랑하는 방법이 문제가 된다. 엄해야 할 때 눈물을 삼키고 엄할 수 있는가? 자녀가 성장하는 시간을 기약 있는 인내라고 믿고 기다리는 자애의 눈이 있는가? 어린이가 넘어져서 "와아앙!" 하고 울때 웃는 얼굴로 스스로 일어나기를 권유하고 옆에 앉아 기다릴 수 있는 부모는 많지 않다. 오늘의 안쓰러움을 훗날을 위해 엄격한 참을성으로 자신을 기다리게 하는 부모의 현명함이 없을 때, 좋은 부모를 만나서 좋은 자람세를 준비하는 기회를 잃어버리고 놓치는 안타까운 결과를 남긴다.

대림동산에는 어린이날이나 어버이날이 아니더라도 일년 내내 산책객과 야유객이 줄을 잇는다. 그런데 가족 단위로 어린이를 데리고 나온 나들이까지 어른들은 모여서 술 아니면 화투판을 벌이고 있는 일이 많다. 어린이를 위해 하고 싶은 자신의 마음을 견제할 참을성도 없는 것이다.

물을 얻으려고 와서 묻는 말이 "할머니,' 우리 집 아이들은 공부를 안 해요"란다. 나는 퉁명스럽게 대답했다.

"활자를 좋아하고 활자만 보면 읽고 싶게 하려면 엄마가 늘 무엇인가 읽고 있어야 활자와 엄마를 같이 사랑하지요."

"저도 때때로 책은 읽지만 중·고등학교로 올라가면서 많이 변해요. 어쩌면 좋을지 모르겠어요."

"아니 밝은 대낮에 초원에까지 와서 아이들은 버려두고 어른들이 화투짝을 들여다보는데도 공부 잘하는 아이들을 원합니까. 책을 읽어도 책 속의 어떤 인물을 좋아하는 것까지 살펴야 해요. 엉뚱하게도 야한 부분만을 좇을 수도 있어요. 어른들이 자기를 자제하지 못하면 자식들도 화투짝이나 만질 수 있죠. 전 세계인이 웃어요. 사람 죽은 영전에서 화투 치는 민족은 한국뿐이에요. 전 세계 보도진들이 한국인이 왜 사람 죽은 영전에서 화투를 치는가 의아해 하고 있어요."

"그렇군요…."

질문했던 중년 여성이 고개를 끄덕끄덕하긴 했지만 화투짝 만지는 일을 멈출 것 같지는 않았다. 세련된 질서 의식이 준비된 자기 자신 속에서 예의 바른 자람세를 만났을 때, 과연 자신을 키운 사람이 누구인지 궁금하고 또 그분에게 고마운 마음이 든다.

댁의 아이들은 어떤 말을 듣고, 어떤 것을 보고, 어떤 음식 맛으로 키워지고 있는지요? 혹시 부모의 음성을 들을 권리를 잃어버린 고아로 키우고 있는 것은 아닌지요? 댁의 아기들은 누가 키우고 있습니까?

3. 꽃잎 떨어지듯 떨구는 목숨이고파

-사생관(死生觀)

팔월 한가위에 달을 쳐다보며

휘영청 밝은 달밤이다. 텔레비전에서는 법을 지키려는 시민 의식의 결과 고속도로의 질서가 많이 잡혔다고 보도하는 젊은 기자들의 밝은 음성이 들려온다.

일제 왜세를 이 나라에서 물리친 것도 잠시, 6·25사변은 이 나라의 어린이들을 비바람 피할 지붕과 벽 없는 거리에서 헤매게 하는 참상을 빚게 했다. 어른들이야 천재도 인재도 인지상정이라고 처변불경(處變不驚) 시련을 극복할 수 있었다. 거리의 어린이들의 팔에 걸린 깡통을 채워 주는 온정이 있다 해도 외로움과 그리움을 눈물로 콧물로 삼키면서 그날그날을 연명해 가는 상황이 전쟁이었다.

세상에 믿을 것은 자기뿐이었다. 어린이가 의지할 데 없이 어리디 어린 자신만을 믿고 거리를 헤매면서 연명하고 있는 상황을 바라보면서 당대의 기성, 노인 세대가 어린이들에게 비바람을 피하고 따뜻한 음식과 따뜻한 잠자리와 입을 것을 찾아 그들을 보호하는 선택을 급히 했어야 되었던 시대적 환경이 유발한 것이 5·16이다.

무교동에서는 파적을 안주로 술을 마시는 것이 아니라, 모였다 하면 술안주가 "어떻게 해서 빨리 질서를 잡아 어린이를 보호하는가. 누군가가 나와서 빨리 손을 써야지 큰일 났다"였다. 이 민중의 술안주 대화 토론은 5·16을 드디어 올 것이 왔다는 암묵으로 다수의 대중이 이익을 기대하는 침묵으로 수용했다. 등 따스하고 배가 부른 지금 시대의 젊은층은 누구도 거리의 어린이가 지금의 아버지, 어머니들인 것을 이해할 수 없을 것이다.

처참한 가난과 황량한 무지를 함께한 시대인으로서 당대의 노인들은 가슴 아픈 민족 참상의 기억을 안고 현 시대의 풍요에 눈물을 글썽이며 자신들의 대견한 삶을 삼키고 있다. 역부족이었던 민주화의 죄인이 되어 핵가족 시대의 냉소적인 경멸까지 포함해 위로보다는 비난을, 보호보다는 버려진 상태에 놓여 있다.

그렇다고 이 나라의 식민지 치욕을 벗은 서울 올림픽의 피 끓는 가슴 깊은 긍지까지야 어느 누가 탓할 것인가. 우리들은 대견하게 삶을 의미 지었고 대견하게 가르치고 이루어 낸 것이다. 어린이는 비바람을 피할 수 있는 따뜻한 집에 들어가 배불리 먹고 좋은 시설의 학교에서 배우고 있지 않은가. 일본 국회의원단이 재차 이 나라를 방문했을 때 기자들의 방문 소감에 대해 이렇게 말했다 한다.

"두 번째 와서 보니 한국의 어린이가 예뻐졌군요."

기사를 읽으면서 눈시울을 적신 날도 이미 옛 추억이 된 오늘, 창 너머 팔월 한가위의 밝은 달이 상념을 일깨운다.

갑자기 이룬 풍요에 허세가 가세해 나타난 자기 현시욕은 너도나도 차를 갖게 했다. 산유국에 진출해서 늘어난 외화를 거리에 뿌리고 있는 것을 좋다고 인정은 못해도 이해는 할 수 있다. 지난날의 가난과 무지에서 벗어나 번쩍이는 지성과 넉넉한 윤기를 차에 담고 거리에서 활력을 충전하고자 하는 그들의 마음을 알기 때문이다. 그리고 이를 보는 마음에도 지성과 활력으로 찬 이 나라의 윤기를 느끼게 되니 싫을 이유가 없는 것이다.

이제 거리의 위세를 내실로 다독거리는 시간이 온 것인가. 기자의 뉴스는 아직도 "기대해도 될까요?" 하는 의문스런 어간(語間)의 느낌이 담긴 채로 그래도 기쁨과 안도가 한가위 달을 더욱 빛나게 하고 있다.

그런데 허 맥아더는 자살을 하고 말았다. 벽돌을 쌓아올리는 기술에서 외벽의 미장 벽돌공의 기능직에 대한 존경과 인정은 건축장에서는 목수 다음으로 높은 사람이었다. 허 씨는 일류 미장 벽돌 기능 소지자이다. 체격이 맥아더 장군 같아 건축팀에 끼어 우리 집 외벽을 책임지려고 왔을 때 붙인 별명이 허 맥아더였다.

그러나 수십만 매의 미장 벽돌을 시공하면서 허 맥아더는 계속 시름에 잠겨 있었다. 중동의 불타는 사막에서 땀 흘려 송금한 저축이 부인의 관리 차질로 회수 불능 상태라는 비감이 그 커다란 체격에 시리게 심어져 있어 시름스레 보였다. 마침내는 벽돌을 깨는 망치가 손가락을 때려 피를 흘리는 사고가 발생되고 말았다. 치료를 해주고 붕대를 감아 주면서 당시 40대 중년이었던 나는 물었다.

"허 씨 아저씨가 한국과 외국에 건축한 건물이 몇 채나 되나요?"

"수도 없이 많아서 얼마나 되는지도 몰라요."

"그 건물을 쳐다볼 때면 스스로가 대견하시겠어요. 장대한 건물도 많이 있겠네요?"

"내 손으로 쌓아올린 건물은 많으나 그 앞을 지날 때면 지겨웠던 기억밖에 없어요."

"허 씨 아저씨의 삶의 올이 그 벽돌 한 장 한 장에 짜여 있다는 생각은 안 하세요?"

"삶의 올이라고요? 우리 같은 날품팔이는 품삯이나 받고 일이나 하는 거지 삶의 올이 있나요?"

"허 씨 아저씨, 다른 사람은 키도 작고 체력도 달리는데 아저씨는 특별히 허 맥아더라 불리우리만치 좋은 체격에 그렇게 좋은 기술이 주어진 것이 고맙지 않나요?"

"좋은 기술로 외국에 나가 열심히 일해 보았자 사기나 당하고… 살 마음이 없어요. 힘이 빠져서."

"전 세계의 문화재가 모두 허 씨 아저씨 같은 분들의 피와 땀으로 남긴 것이라는 생각을 해보세요. 우주선을 타고 지구 밖으로 나가서 달 쪽에서 지구를 보니까 지구가 우리나라 팔월 한가위의 휘영청 밝은 달의 열여섯 배만큼이나 크게 보인데요. 그리고 그 지구 안에 보이는 것이 중국의 만리장성이랍니다. 그 만리장성은 누가 만들었습니까? 그 당시의 허 씨 아저씨들이 만든 거 아니에요? 내가 만든 건물을 바라보면서 내가 해냈다는 보람을 갖고 스스로를 대견하게 생각하는 마음으로 바꾸세요. 아니면 큰 일 납니다."

그날은 반나절 일했지만 하루 일한 것으로 치고 내일은 그만 쉬도록 하라고 했으나 다음 날도 어김없이 나와서 그 많은 미장 벽돌과 시멘트를 꼭꼭 채워 쌓아서 건물은 아름답고 견고하게 세워졌다. 같이 걱정하던 기술진들도 안도의 눈빛이 되었고 드디어 건물로 향하던 일손을 멈추는 날이 왔다. 지겨운 이별이 아니라 아쉬워하면서 뒤돌아보면서 기술진이 떠난 뒤 2개월 후 들린 허 맥아더의 자살 소식은 그를 아는 모든 이의 숨을 막히게 했다.

근로하는 긍지가 어려서부터 자기 냉소로 심어져 있는 이 나라의 선비

의식은 직업에 귀천을 가리고 있다. 일하는 것이 자랑거리이며 일하지 않는, 땀 흘리지 않는 것은 부끄러운 것이라는 기준이 없이는 자신의 삶의 올을 금전에 두는 결과를 낳을 것이다. 땀을 흘려 인류사회에 기여하는 것 없이 무엇으로 삶의 의미를 찾을 것인가?

33세 된 여성이 땀을 흘리면서 어린이 양육에 골몰하는 이웃을 보고 불쑥 말하기를 "아이고 결혼 안 하기를 잘했지. 저런 지겨운 생활을 왜 하지요?"라고 한다.

"장관을 지내든 중역을 지내든 노년은 길어요. 활력으로 사회에 기여하는 것은 한시적인 겁니다. 늙은 후 남아 있는 궁극적인 삶의 의미는 식물의 씨앗과 같아서 후계자뿐이에요."

젊은 시절에 흘리는 땀의 의미의 가치를 높게 여기는 경우만이 인생을 긍지 있게 사는 것이다.

1990년 8월 15일, 음력 한가위에 배부르고 등 따스해진 이 나라 시민 의식의 준법 정신으로 인한 세련된 질서 유지로 고속도로가 제 구실을 해서 시속 80킬로미터를 유지할 수 있는 가능성이 전망될 것 같다는 젊은 기자들의 보도에 '이제 내실을 기하는 시간이 왔구나' 하고 달을 쳐다보면서, 나는 고속도로를 건설하고 가신 분들과 같은 시대에 살면서 겪었던 우리들의 외롭고 갈등 많았던 시대적 선택이 문득 생각난다.

개인이나 국가나 시대적, 역사적 선택은 하나의 교훈을 남기지만 어느 누구도 그 선택에 대한 비난의 권리는 주어질 수 없다. 그들은 이미 그 시대 상황을 벗어나 있을 뿐 그 시대의 환경에 있지 않으므로 역사에서 교훈의 바톤만을 이어받아 앞을 보고 달려갈 일이다.

건설자는 말이 없이 문화재로 남을 뿐이고 한가위의 달은 유구히 이를 증명할 것이다.

죽음은 꽃잎이 떨어지듯
미련 없이

전화 벨소리에 적막한 전원이 번쩍 생기가 든다. 전화 목소리가 단번에 가까운 이웃이 아닌 멀리 서울에서 들려오는 반가운 사람임을 알렸다.
"웬일이세요?"
반가움은 이런 말이 되고 말았다.
"필동의 이 교수 댁 아버님이 돌아가셨어요."
들뜬 마음이 미안해졌다.
"갑자기 웬일이냐"라고는 했으나 앞서거니 뒤서거니 이미 서로의 죽음을 예견하고 있는 처지인 노인들의 대화는 시무룩했다. 우리는 곧 만날 약속을 했고, 젊은 날에 이웃에서 서로 도와가며 살다가 뿔뿔이 흩어져 버린 옛 친구끼리 모여서 좋은 시간을 가졌다. 문상을 하는 자리라기보다는 서로 어떻게 이별을 곱게 하고 가는가에 대해 얘기를 나누었는데,

삶과 죽음의 과도기에 위치한 듯한 할머니들은 삶과의 이별에 대해 대단히 현실적이며 관조적인 소신을 가지고 있다는 것을 감지할 수 있었다.
 육체는 늙었으나 지성들은 여전히 반짝거려 더욱 애석하였다. 우리 노인들이 살아야만 하는 이유에는 분명히 아직도 자신의 소명이 있음을 믿고 그리고 그것을 위해 노력 중임을 알 수 있었다. 먼저 떠난 남편따라 자신의 자리가 확보되어 있다고 안심들을 하며 짓는, 놀랍게도 환한 미소를 보는 나의 마음에는 연민보다는 숙연한 여운이 길게 남았다.
 시한부 생명의 암투병 환자, 흔히 날 받아 놓은 사람이라고 불리던 나에게 의료진이 내렸던 선고일은 저 멀리 지나갔고 정신력에 대한 감탄사와 위로가 쏟아졌다. "살려고 힘이 많이 들겠다"는 것이었다.
 "살려고 노력하는 것이 아니라, 몸에서 욕심을 빼고 지겨운 이별보다 아쉬운 이별을 하고 싶어 자연에 몸을 맡기고 사는 거지."
 내가 이렇게 말하니 쳐다보는 눈들이 곧 생각 깊은 눈빛이 되었다.
 "상담을 많이 하다보니 늙은 노인이 살아 있는 이유는 '소용 있는' 노인이기 때문이더라"는 말에 "환자도 거기에 드는가?"라고 물었다.
 "환자로 인해 묘하게도 가족 유대가 더 강하게 이어지고 있더라"는 대답에 고개들을 끄덕인다.
 삶은 고산 준령같이 의연하고 수려하게, 죽음은 꽃잎이 떨어지듯 미련 없이 맞이할 수 있도록 최선의 노력을 계속하자며 서로 위로와 격려로써 다짐들을 하는데 불쑥 묻는 말이 있었다.
 "죽든 뒤에 어디로 가시렵니까?"
 "귀가 어두웠던 열세 살 먹은 여학생이 가방을 들고 연락선을 타고 타국으로 공부하러 다니면서 방학 때마다 내려다 본 현해탄, 그 유구한 영원, 나는 거기로 가고 싶어요."

그러자 김 변호사 부인이 대뜸 하는 말, "일본을 경계해서 동해 바다를 지키려는 거지요"라며 웃는다.
 "우리가 사라지고 없는 먼 훗날, 지형적으로 면할 수 없는 반도의 숙명적 위치로 인해 어깨 너머 강대국들의 이익 향방에 따라 어떤 또 다른 흥정이 이루어질지…."
 갈 길이 멀고 멀었던 어려운 시대를 인계받아 장하게도 이만큼 해낸 우리다. 활기찬 풍요 속에서 지성과 윤기를 찾아 어린이를 키우는 여성이 있는 것을 대견한 마음으로 지켜보자면서 옛날에 아름답던 새댁들이 살던 길을 걸어 나왔다.
 여자는 강하다. 어머니는 더욱 강하다. 그리고 모두 참으로 아름답다.

신 삼종지도론(新 三從之道論)

상담을 하려고 와서 생년월일을 기입하려고 하면 생년월일은 아는데 시를 모른다는 사람들이 많이 있다.

"생년월일만 알면 됩니다. 성격 분석을 하려고 기입하라는 것이지 점을 치는 것이 아니에요. 시간은 훗날 자식 운이 되겠지요. 자식이 어떻게 되느냐에 따라서 노인 운이 결정되니까 시간도 중요하지만, 여기서는 찾아온 분의 지금의 고통을 풀어서 마음에 평온을 찾아 불안감을 덜어주는데 목적이 있으니까 생년월일로 성격 분석을 하지요."

현실적 고통을 푸는 데는 '마음의 방향타(方向舵)'의 향방이 문제이다. 시대적 변화에 따라 시각을 바꾸어야 하는 시대적 의식과 발상의 전환이 요구되는 것이다. 왕정(王政)이 시행되던 시대의 철학가는 왕정을 인정하는 바탕 위에서 계몽 철학을 연구했으며, '신하는 두 임금을 섬기지 않는다'는 이유로 목숨을 끊은 것이 역사에 남는 일은 그 시대의 발상이다. 지방이 백정이라고 불리던 쇠고기 파는 직업이나 짚신, 가죽신을 만들어 파는 소위 천직이라고 불려진 일에 종사하던 많은 집안이 바로 고려 시대의 고위층이 보신과 은신을 위한 방법으로 선택한 일이라는 것은 아는 사람은 다 아는 사실이다.

주권재민(主權在民)이라고 우주의 생명체는 모두 평등한 권리를 가지며 국가의 권리는 국민된 자 누구나 평등하게 가질 것을 주장하는 시대에 살고 있다. 우리의 전통 양식인 삼종지도(三從之道)는 누구도 면할 수 없는 우리를 가로막는 자연 관리 제약으로 영향력을 갖고 있었다. 학교에서는 어려서는 부모에게 순종하고, 출가해서는 남편에게 순종하며, 늙어서는 자식을 따라야 한다고 교육했다. 그러나 시대 변화가 주권은 국민에게 있으며, 개체의 자유는 육체적으로나 정신적으로나 누구도 개인을 예속시킬 수 없다는 계몽이 나오자, 이 삼종지도는 휴지쪽같이 흘러간 말이 되고 말았다.

이러한 가치관의 변화에 흘러간 시대의 주인공들은 당황과 갈등으로 더욱 적막한 노년을 맞이하게 되었고, 위로와 감사로써 선시대인을 예우하던 전통적 미풍양속 또한 사라졌다.

그러나 상담을 장기간 하다보면 이 삼종지도가 피할 수 없는 진리로써 인간 사회를 현실 자연 현상으로 관리하고 있음을 알 수 있다. 삼종지도란 정신적 복종을 말하는 것이 아니라 환경적 동선자(同船者)의 상대성 관계를 의미한다는 것을 알 수 있다. 어려서는 원하든 원치 않든 부모와 한 배에 동승한다. 물론 버려진 자식도 있을 것이나 어떤 부모를 만나서 어떤 배에 같이 타고 출발을 하는가에 의미가 있다. 만나면서 자란다는 말은 하면 된다는 말과 같이 개체에게 허용된 한도 내에서 이루어지는 것, 즉 유한적인 것이라는 따뜻한 시각으로 사용되어야 하는 말이겠다. 누구나 만나면서 곱게 자랄 수 없고 누구나 아무것이나 하면 되는 것이 아니라는 배려 있는 발언이어야 한다. 눈도 코도 입도 같이 생겼으나 개인은 모두 연민스런 자기 나름대로의 제약을 받고 있다. 다행히 좋은 환경을 만나 잘 자라서 좋은 결과를 맺게 되는 사람일수록 자기의 성공을 크게 외치기보다는 자신의 뒤에서 자신의 밑에서 자기를 뒷바라지해 준 많은 큰 일꾼들이 있음을 겸손하게 외쳐야 할 것이다.

자라나 출가해서 승선하게 되는 남편 배가 아니라 부부라는 아내와 남편이 같이 만든 새로운 배를 타고 망망대해로 노 저어 가게 되는데, 이때 서로 협조하며 남의 집 보통 남자인 아버지와 보통 여자인 어머니에게서 키워진 상대방을 사랑할 줄 아는가, 사랑을 곱게 받아줄 줄 아는가의 유무에 따라 사회라는 망망대해에 진출한 새로운 배의 항해 진로에 평화가 내릴 수 있을 것이다.

늙어서는 자신들이 생활하는 모습에 의해 키워진 자식들이 과연 무엇을 보고, 무엇을 듣고, 무엇을 먹었는가에 따라 그 결과가 나타나게 된다. 자식에게 공부를 시키거나 자식을 장사 잘 하는, 돈을 잘 버는 사람으로 키우기는 쉽다. 그러나 자식의 안목을 키우기는 참으로 어렵다. 자녀가 가지고 있는 안목의 격조에 따라 이루어지는 자녀들의 배필 선택이 노년의 마지막 삶에 궁극적 의미를 부여한다. 결국 사람 개개인의 삶의 결산은 자식들이 어떤 생활 모범을 보여주느냐에 의해 결정되며, 노년의 늙은 사람이 시야에서 어떻게 삼대(三代)가 준비되는가를 확인하고 가는 것으로써 삼종지도가 이루어지는 것이다. 때에 따라서는 부모 배에서 망망대해의 사회로 버려지는 무책임도 있고, 부부 배에서 낙오되는 이도 있다. 또 자식 배에 타기를 거절당해 일생의 노력에 위로와 감사는커녕 지천을 받을 수도 있을 것이다. 그러나 자연은 일생에 누구나 삼종지도라는 부모 자식간의, 내외간의 세 번의 동승 기회와 동승자를 버리는 어리석음이 있을 뿐이다.

　사람은 좋은 동승 기회를 놓치는 일이 없어야 하겠고, 또 동승자는 좋은 운신으로 사랑과 이해와 협조로 역지사지(易地思之)하는 인내로써 삶의 의미가 아름답게 해석되어야 할 것이다.

　일찍이 망망대해의 사회에서 지천으로 동승을 거부당해 물에 빠질수록, 억울하면 할수록 상담 처방전은 한 가지 약밖에 작성할 수가 없다. 그것은 지천 받은 상처는 만남으로써 얻어진 상처이기에 자기 사랑의 극치로써 뜨겁게 자신을 사랑하는 스스로의 긍지만이 비상의 에너지가 되어 상처로부터 자신을 키워 줄 것이라는 처방이다. 인생은 아름다운 것이라고 말할 수 있는 자기 연민으로 자신을 위로하고 자신을 격려한다면 의연하고 대견한 '나'를 발견할 수 있을 것이다. 나에게 상담 편지를 보낸 후 자기를 키워서 현재의 대견한 자신을 보아 달라고 뽐내는 남녀 청년들이 많아서 늙은 나는 이러한 자기 처방전에 점차 자신을 느낀다. 삼종지도에서는 이해 협조의 벨런스만이 배의 항로를 쾌적하게 하고 풍랑을 극복할 수 있는 처방이다.

　요즈음에는 사랑하는 방법과 사랑받는 방법의 세련된 생활모범이 없는 것 같아 안타깝기 그지없지만, 그래도 나는 뜨겁게 그리고 엄격하게 자신을 사랑하라고 권고하고 싶다.

여자가 독립한다는 것은

    자신이 문중 종가의 맏며느리라는 것을 늘 의식하고 그로 인한 만족감을 뽐내며 생활하는 여인이 있다. 평소에는 며느리 자리의 어려움을 늘 어놓으면서 시댁 가족에 대한 불평을 하는 것 같지만 잘 관찰해 보면 뱀띠 특유의 뽐내는 자세라는 것을 알 수 있다. 허영 외화 즉, 자랑하고 싶은 내심 작용으로 대가족 상황을 현실감 있게 뽐내는 것이다. 무엇인가 상대 빈곤감에 빠져 늘 뽐내야 하는 뱀띠의 에너지원이 이 여인의 경우는 변함없는 종가 맏며느리라는 자부심(?)이었다.

    어느덧 세월이 흘러 부부간에 문제가 발생하게 되었는데 이때 주변의 시선 앞에 그녀의 놀라운 태도가 관찰된 것이다.

    남편과 자신 그리고 제3의 인물 사이에 얽힌 문제의 진실을 피해 그 문제의 소용돌이 속으로 주변 가족을 몰아넣으면서도 당자간의 유대는 그대로 유지하려고 노력하는 것이었다. 그리고 반동적으로 시댁 가족에게, 특히 시어머니에게 그 문제에 대한 모든 불만의 화살을 전가하며 문제의 근원이 표출된 경로만을 비난하고 증오하는 모습을 보았다.

문제가 된 고통의 핵심을 비껴 언제나 자기 합리화를 위해 진실 외의 반동적 비난, 증오 대상에 책임을 전가하려는 의식을 가진 사람의 경우 정신적인 개체 독립은 어렵다.

문제의 근원을 자신에게서 자각, 발견하는 의식의 방향타를 수립할 때만이 진실은 가장 빨리 해결되어 고통을 풀 수가 있다. 문제를 늘 자기 합리화로써 변명할 경우 결국 정신적 독립이 어렵게 되고, 이러한 유형과는 상담을 할 수조차 없다. 입으로는 정신적 독립이 되어 있다고 하면서도 상담 내용에 있어서는 사고가 늘 자기변명과 자기 합리화로 책임을 타인에게로 돌리며 문제의 핵심에서 도피하는 것이다. 책임을 전가하며 자기를 합리화하는 의식으로 자신을 평안하게 하는, 진정 자신을 사랑할 줄 모르는 자기 사랑 부재는 잘못 준비된 자기 안보형으로 만들기 때문에 살아가는 세월만큼이나 인생 말년에 신뢰와 존경을 잃어버리게 되고 심신에는 상처가 남게 된다.

21세기의 정보화 시대를 맞아 더욱 정확한 정보를 상호 교환해서 정직한 역지사지(易地思之)로 설득, 접근하지 못한다면 선택은 언제나 외각에서 어긋나기 마련이다.

어려서 어머니를 잃어버린 우울증으로 늘 괴로워하는 상담자와 만났다. 정신과 치료도 많이 받았으나 아무 소용이 없고 남편과의 부부 생활도 정상적으로 이루어지지 않아 돌아누운 남편 등을 볼 때마다 더욱 우울하고 서럽다고 한다.

"생년월일이 어떻게 되지요?"

대답으로 나온 기록은 닭띠 소명으로 생월에는 사(巳)가, 생일에는 술(戌)이 나왔다. 유(酉) 사(巳), 술(戌)이다.

"닭띠 특유의 영리하고 자존심이 강한 천성입니다. 한데 일찍이 어머니를 여의는 바람에 어려서는 학교에서 공부 잘하는 자랑으로 그 자존심을 채웠지요. 영문학 출신이니 자기 교육으로 자신을 자부할 만했어요. 그리고 결혼 후에는 남편과 자녀로서 자존심을 만족시키려 하고 있습니다. 생월에 외화 내빈이 들어서 상대성 빈곤감이 자기를 우울하게 하고 있습니다. 남편과 자식은 내 것이 될 수가 없지요. 남편은 남편 자신이고 자식들도 자식들 자신입니다. 부인은 자기를 키워서 자기 자신을 뽐내고 자존심을 찾으셔야지요. 아마도 생일에 기술성이 들었으니 닭띠의 지렛대적 성취가 중년의 성숙을 도울 수 있을 겁니다."

1990년 연말 크리스마스에 전화로 상담한 이 여성은 "크리스마스에 큰 선물을 받았어요. 하시고자 하는 말씀의 뜻을 알았습니다"는 감사의 말을 전했고, 곧 성인 교육 현장인 학원 영어 강사로 나가 자신의 우울증을 병원행이 아닌 자기 내면의 성숙으로 치료해 나갔다. 자신의 자존심을 남편과 자녀에게서가 아닌 자기 내면의 자각 성취로 채우려는 이 여성의 모습을 지켜보면 그녀의 밝은 앞날을 믿고 기대하는 마음이다.

1991년은 닭띠 위에 행운의 별이 찬란하게 번쩍이고 있다. 준비된 만큼 준비된 방향으로 자신을 PR하면 자기 자신에 대한 정확한 정보를 알 수 있을 것이다.

'너 자신을 알라'는 자기 확인은 자신의 준비에 따른 운신으로 만나는 경험 현장에서 자기 PR을 하는 스스로를 대견하게 여기고, 또 보람을 느낄 수 있을 때 비로소 가능하다.

여자의 일생

　고부간의 갈등으로 얼굴의 인상까지 험해진 이웃 할머니는 며느리 푸념이 대단하지만 영리한 닭띠 유년생이라서 말귀의 이해가 빠르다. 대를 이어 깊은 종교 생활을 하는 이 할머니는 괴로울 때면 주님이 자신을 데려가는 날을 기다린다. 이런 깊은 종교 생활자에게는 부탁 받은 일 없이 이쪽에서 먼저 상담 제의를 할 수가 없다.
　우연한 기회에 이웃과 음식을 먹으면서 이야기를 나누던 중 이웃의 호랑이띠 시어머니가 자녀들을 대하는 특성이 화제가 되었다.
　"그 분은 자녀들에게 매월 생활비를 받고 있는데, 하루는 두 노부부가 몸살감기를 앓고 있는 자리에 큰 아들이 문병 온 것을 '얘야 너의 아버지도 나도 보약을 한 제씩 먹어야겠다'고 했대요. 그런데 그 장남 되는 사람이 들은 척도 하지 않고 돌아갔답니다. 며칠 뒤에 며느리에게 전화로 시어머니는 '아범이 아무말 않더냐? 며칠 전에 아버지와 내가 보약을 한 제씩 먹어야겠다고 했더니 들었다는 기색이 없더라'고 했지요. 그런데도 별

달리 알았다는 말이 없는 며느리에게 수일 후, 할머니가 다시 전화로 한 말인 즉 '호미로 막을 일을 가래로 막을 참이냐'라고 했대요. 그랬더니 다음날 약값 20만원이 며느리 손에서 시어머니 손으로 전달되었답니다."

인년생 호랑이띠 시어머니의 리더십이 약동하는 이야기였다. 이때 동석 중인 영리한 닭띠 할머니의 얼굴에 생기가 떠올랐다. 기회라고 생각한 순간 나의 입에서는 이런 말이 나왔다.

"상담을 많이 하면서 관찰하고 연구해보니 여자의 일생은 대를 이은 품질 개량역인 것 같아요. 예를 들어 저기 계시는 할머니의 경우를 보면 어려서 애국심이 강한 독립투사 아버지 덕에 80고령에도 국가적 관심이 많으시고, 또 그에 따라 자녀들을 성공적으로 독립시키셨지요. 다음 바톤을 이어받은 할머니 댁 며느리 되시는 분은 대학 수석 졸업자로 대단히 머리가 좋은 술년생 개띠라, 아이들을 기술적으로 아카데믹하리만치 키운 덕에 예술적 분위기의 가족사진이 할머니를 중심으로 벽에 걸려 있습니다. 제가 연구한 바로는 여자 일생의 성공적인 삶은 품질 개량의 바톤 인수자가 누구인가 하는 데 있습니다. 호미로 막으려고 약값을 들고 오는 며느리나 영리한 할머니 댁에서 가족의 존경 대상을 할머니에게로 집중시킨 수석 졸업 며느리의 경우 부러운 결과지요. 우리가 맡았던 시대의 바톤 인수자를 잘못 만나면 처참해요."

요즈음 닭띠 대운의 별빛을 받아 더욱 빛나는 그 할머니는 여든두 살이라기에는 너무나 영리한 처신으로 밝은 표정을 짓고 있다.

4. '나는 한다'와 '나도 한다'
-자아 인식

기도를 하시나요?

지구상의 생명체 중 자연과의 생사 계약을 수행해 나가면서 고통을 극복하고 내세에 좋게 부활하기 위해 기도하는 것은 오로지 인간뿐이다.

개체가 가지고 있는 힘이 부족하여 완전히 자신을 비우고 자신 밖의 절대적 존재를 존경하고 신뢰하는 의지형 기도가 있고, 정신을 자기 내부에 집중해서 정오무품 상태로 자신을 있으되 없는 공즉시색(空卽是色)의 무의 경지로 자각해 나가려는 기도가 있을 수 있다.

사랑하는 두 남녀의 뜨거운 사랑의 결합으로 태어난 듯한 한 생명체인 여아가 뜻하지 않은, 다분히 자연의 의도적 관리라고 믿어지는, 네 살 때의 장티푸스 고열로 귀가 먹은 불구치가 되었다. 중이염의 후유증으로 양쪽 귀의 고막이 상해서 귀 어두운 소녀로 자라나서, 열세 살 어린 나이에 커다란 소가죽 검은 색 가방을 끌고 부산 부두에서 수천 명을 태우는 연락선을 탄다.

일본 시모노세끼까지 현해탄을 왕래하면서 자기 교육에서 부모님과 조국과 겨레의 소중함을 자각했다. 이러한 뜨거운 사랑의 눈을 뜨기까지는 참으로 기도의 힘이 컸다.

유학 간 그 모교에서는 매일 아침마다 교정에서 하는 조례가 우천시에는 체육관에서 어김없이 행해졌다. 교칙 서약 기도가 있고 곧이어 개인 자유 기도 시간이 일분간 주어진다. 처음에는 머뭇거리는 사이에 "바로!"라는 구령에 따라 시간을 허비했다.

그러나 숙달되면서 내 나름대로의 기도문이 정리가 되었다.

"신이여, 저에게 오늘 선생님의 말씀이 잘 들리게 하옵소서."

조국과 부모를 떠나 이국 만리 타향에서 열셋의 불구 소녀가 행여나 시간을 잃어버릴세라 정신을 전신에 집중하고 긴장 속에 일분간 분명한 말로 묵념을 했다. 희한한 일이었다. 그런 날은 선생님의 말씀이 환하게 들리는 것이다. 눈으로도 듣고 몸으로도 듣는다.

그러나 멍하니 상태가 나쁜 날이 있다. 그 일분간의 기도가 썩 좋게 관리되지 못한 날은 어찌된 일인지 안타깝고 서러운 하루가 되고 만다.

소녀의 신은 바람이 부는 대로 흐르는 무한한 푸르름의 공간에 떠 있는 구름일 수도 있고, 하숙집 가까이에 있는 바다 저 멀리 보이는 수평선일 때도 있었다. 우주의 심오한 신비는 모두 절대신의 대상이었다. 이 자연을 향한 기도의 버릇으로 괴로울 때는 자연을 찾았고 기쁜 일이 있을 때는 부모님을 찾게 되었다. 자기 안보 습관이 일생 동안 이루어져 불행할 때는 개인적 욕망을 떨쳐 버리는 기도가 늘 함께해 왔던 것이다.

텔레비전의 출현으로 흑판을 사용해서 행해지던 교육의 경계가 없어졌다. 국경선으로 인해 자유로운 내왕이 제약받았던 여행도 이젠 경계가 없어지려고 한다. 정치, 문화, 경제의 정보 또한 텔레비전을 통해 세계가 하나가 되어진다.

카리스마적인 정보 독점으로 누렸던 권위가 정보 공개로 인해 권위가 떨어지니 자연히 권력의 변화가 예고되기도 한다. 핵가족 풍조로 자녀들의 주장이 커짐에 따라 가정의 권리 이전이 강요되고 있다. 보더리스(Borderless, 무경계)시대라는 경계가 없어지려는 분야는 종교에도 보인다.

우주 창조 절대신에 경의를 표하면서 자기들만이 선택받은 민족, 선택받은 신도들이라고 주장하던 해석이 수백 파로 분열하여 권위는 땅에 떨어지고 텔레비전 화면에 신성(神聖)이 없어진 인간적인 교직자가 어느 교파 없이 노출되고 있다.

경계가 없는 시대의 도래는 이미 예견되어 온 것이다. 텔레비전 출현과 동시였다. 민족은 무엇을 보고 무엇을 듣고 무엇을 먹었는가에 따라 문화가 형성되고, 이익이 같은 사람이 모여서 같은 경험으로 가족을, 국가를, 민족을 형성해 간다. 그리고 그것은 민족의 역사로 남는다. 전 세계가 같은 것을 보고, 같은 것을 듣고, 같은 것을 맛봄으로써 경험이 같아지면서 이익이 같은 쪽과 이익이 상충하는 상대성으로 대립해 가고 있다. 어제의 적은 오늘의 벗이 되고, 어제의 벗이 오늘의 적으로 양분되어간다.

이제 자연은 인간에게 무경계라는 새로운 무대를 꾸며 주고 있다. 독재자의 엄한 규칙(경계) 속에 길들여진 민중은 잠시 동안은 어리둥절하여 자기 자신을 주체하지 못한다. 이때야말로 자기 스스로 내면의 비어 있는 공간을 채우기도 해야 하고, 또 쓸데없는 것을 모조리 털어내기도 해야 하는 것이다.

그래도 자기 조절이 불가능할 때 훌쩍 자신을 떠나 절대적으로 신뢰할 수 있는 존경체에 의지하는 기도도 할 수 있고, 자기 조절이 어려울 때 자기 내부를 무의 상태로 비워서 기도로써 채워 스스로 깨달음의 경지인 자각을 얻을 수가 있다.
"기도를 안 하세요?"
자기 조절에 자신을 잃어버린 상담자에게 물었다.
"저의 내면에 갈등과 모순이 많아 기도가 어렵습니다."
"기도하는 마음은 자기를 완전히 떠나는 것과 자기 내면을 완전히 비우는 두 가지예요. 자기 스스로 나는 모순이 많아서 기도하지 못한다는 그 경지가 아직도 자기에게 집착하는 교만이 아닐까요? 하루에 세 번씩 반성하면 깨달을 수 있다는 말은 세 번씩 내면을 비우는 교만 없는 경지를 말하는 것이 됩니다. 한 사람 한 사람의 마음 비우는 곳에 일인일교회당(一人一敎會堂)이 있는 것이 아닐까요? 복을 비는 것이 아니라 마음과 몸을 있되 없는 것으로 비워 버리면 자연은 자각을 가져다줍니다. 자신을 죽음에 이르게 하는 것도 자신을 이상적 열정으로 뜨겁게 하는 것도 자기조절 능력에 달렸어요. 조절이 불가능할 때 사람은 죽음과 마주치지요. 기도를 하세요. 교만을 버리고."

누가 윗물이고 누가 아랫물인가

한가한 오전, 아파트 상가는 산적한 물건과 손님을 기다리는 상인들만 보였다.
"뭘 찾으세요?"
기웃기웃 머뭇거리는 손님에게 묻는다.
"창란젓을 찾습니다."
"창란젓이요? 얼마나 드릴까요? 한 근에 오천원입니다."
"어머 아저씨, 며칠 전에 예쁜 젊은 새댁이 한 근에 사천원 받았어요."
"그때는 벌써 옛날입니다. 하루가 달라요."
"아니 그래도 그렇지 한 근에 천원이나 더 올려요. 아이구, 물가 걱정하시는 대통령이 우시겠다."
"손님도 참, 대통령이 뭐 물가 올라 걱정해서 울겠어요. 땅 값, 집 값 다 올린 게 대통령인데요 뭐. 하하!"
"한 근만 주세요."
아파트 상가에는 달리 젓갈 파는 집이 보이지 않아서 그 부인은 하는 수 없이 울며 겨자 먹는 마음이겠다고 느꼈다.

비닐 봉지를 뒤집어 젓갈을 담는 상가 아저씨를 지켜보던 중년 여성이 타이르듯 말했다.

"아저씨, 땅 값, 집 값 올린 사람은요, 냉면 한 그릇에 자기 주권을 파는 사람, 만원짜리 종이 한 장에 유세장에 동원되는 어리석은 사람들이에요. 국민이 덜 깨서 그래요. 윗물이 맑아야 아랫물이 맑다고 하는데요. 윗물이 누구에요? 우리 국민이 아니에요? 국민이 깨어나야 물가가 안 올라요."

주고받는 말이 오가고 오천원과 젓갈 봉지가 교환되면서 그 부인은 웃으면서 말을 남기고 떠나갔다.

"그런다고 아저씨, 단번에 한 근에 천원을 올리는 건 부끄러운 일이에요."

돈을 받은 아파트 상가 상인 아저씨는 무표정했다.

그 용기 있는 여성을 기억하는 할머니는 윗물이 맑아야 아랫물이 맑다는 말이, 대를 이어 내려오는 이 나라의 사회상이 왜 모순투성인가 생각해 본다.

외국서 학위 받고 귀국, 대학 강단에 선 딸이 오랜만에 찾아와 책을 뒤적인다.

"내일 강의할 것을 공부하고 있어요."

"그래, 열심히 해서 명강의를 해라."

그러자 딸은 책을 덮으면서 말한다.

"괜찮아요. 학생들이 공부를 안 해 와서…."

학교에서 윗물은 학생이다. 배우고자 하는 쪽에 열정이 없으니 교수 쪽의 연구열이 기가 빠진다. 요리를 잘하는 주부가 열심히 음식을 만드는 데도 먹는 쪽에서 음식이 어떻다 말이 없든지 맛을 몰라주면 음식 만드는 손을 놓아 버린다. 음식은 아무것도 자신이 없는데 된장국 하나는 잘 끓이는 아내에게 "여보 당신이 끓인 된장국은 일미야!"라고 한다면 그의 아내는 제2, 제3의 국 끓이는 솜씨가 준비될 것이다.

이런 경우 윗물은 맛을 아는 식구들이다. 소비 쪽의 안목이 높으면 상품은 격조가 절로 높은 쪽으로 개발된다. 기술성을 높이는 윗물은 소비자의 실용적 안목이다.

"야당 통합이 안 되는 이유가 우리나라 유권자의 안목 탓이라고 우리 선생님이 말했어요. 동원되는 대로 이쪽 저쪽 따라다니며 판단을 흐리게 하는 우매한 국민이 있는 한 안 된다고 말씀하셨어요."

고2짜리, 지금은 대학생인 이 학생은 선생님을 잘 만났다. 만나면서 자란다는 좋은 만남이다.

윗물이 맑아야 아랫물이 맑다. 국민이 깨어나서 똑똑할 때 부정선거 부탁하러 오는 어리석은 일은 없을 것이다. 의연하게 판단력이 있는 팔십 노부인이 "나한테는 아무도 부탁한다는 교섭이 없더라"고 웃는다.

지금 이 나라의 윗물은 얼마나 맑은가. 이 나라의 윗물이 지도층이라고 믿고 있는 사람은 자각할 일이다. 어느 나라 없이 지도층은 3퍼센트에 불과하다.

97퍼센트의 국민이 깨어나서 맑을 때만이 3퍼센트의 지도층은 맑은 국민을 두려워한다. 국민이 스스로 깨어나기를 태만해 하고, 자각하기 태만한 민중이 거기 있는 한, 이 나라의 텔레비전에서는 우민적(愚民的) 코미디가 판을 치고 격조 높은 차원의 사회구조 개혁은 이루기 어려울 것이라고, 윗물은 맑아야 한다고 말을 남기고 창란젓을 들고 가던 부인 생각을 하는 것이다.

나도 생과자 줘요

연년생으로 줄줄이 학생이 있는 집이었다. 초등학교 하급생인 동생들이 언니보고 "언니, 나는 생과자 먹었다!" 하고 뽐냈다.

오후 느지막이 집에 돌아와 보니 어머니는 많은 장독이 있는 장독대에서 간장 달이고 막장 고추장 항아리 단속에 바쁘시다.

언니는 말없이 엄마 곁에서 엄마가 움직이는 곳으로 같이 움직이면서 말을 걸 짬을 찾았다. 잠시 후 허리를 펴는 차에 말을 걸었다.

"엄마, 나도 생과자 줘요."

그때의 엄마의 대답은 평생을 좌우하는 위력적인 것이었다.

"나도가 뭐니? 그저 먹고 싶으면 생과자 주세요라고 할 것이지, 누구는 먹었는데 나도 달라고 하는 것이 아니다."

그 말을 들었던 순간 부끄러웠던 수치심의 기준은 깊이 심어졌다. 자기 필요에 따라 소유하려는 노력을 하는 것이지 남이 가졌으니 나도 가졌으면 하는 것은 부끄러운 일이다. 남을 부러워하지 않는 교육으로 참다운 자존심 교육을 해준 부모님께 늘 감사하면서 살아왔다.

남을 부러워하지 마라는 것이었다. 나의 필요에 따라 소유 노력을 하는 것이지 남과 비교하지 마라는 것은 일석이조의 교육이 되어, 자기가 가질 수 없는 것도 남과 비교하지 않는 자기 능력의 한계를 알고 물러서는 진퇴의 묘를 알게 하였다. 자기 한계를 인식하는 마음은 다른 사람의 능력에 경의를 표할 줄 아는 마음이 되어 성장해 가는 것이다. 어려서부터 집을 지으려고 바쁘게 손을 놀리는 목수 기술을 가까이 가서 열심히 들여다본다든가, 저녁밥을 먹다 말고 병원에 수술 환자의 수술과정을 숨어서 숨을 죽이고 지켜보는 것이다.

6·25사변 전후부터 시작된 서울 살림에서 어린 사남매를 데리고 십삼 년간 전세살이를 하면서 남의 집이라는 인식은 별로 해보지 않았다. 남과의 비교보다 나의 필요에 따라 능력껏 이사를 다녔다.

복지사회를 지향하는 요즈음은 이백 년을 앞선 서구 민주사회를 본받아서 요구가 많아졌다.

"아무리 시대가 변해도 자연의 순리는 변하지 않습니다. 남을 부러워하고 있는 한 남과 나의 비교에서 일어설 기운이 빠져버립니다. 남을 부러워하지 말고 자존심으로 일어서세요. 우리가 가고자 하는 목적지가 차원 높은 지식과 윤택한 경제로 번쩍하는 지성적인 격조 높은 생활이라면 그 곳에 갈 노력을 해야지, 삐딱하게 서서 노려보다 불평하고 속으로 부러워하는 마음이 자신을 주저앉아 버리게 합니다. 부러워하는 마음이 있다는 것은 자존심이 없는 상황이 아닙니까. 이 나라의 비애는 못 가진 자에게 불평하고 원망하게 하는 선동 세력이 아닌가요. 지금의 고급 아파트 주민의 대부분이 소리없이 남부러워할 짬이 없이 앞을 보고 걸어온 사람들이에요. 몇몇 투기꾼을 쳐다보고 손가락질 하는 틈이 있습니까? 그들이 잘못되었다면 그들은 그들 나름의 벌을 받았습니다. 자연도태(自然淘汰)가 있어요. 우리가 어렸을 때 가을이면 소풍을 산으로 갔습니다. 전교생을 풀어서 산의 정상에서 만납니다. 앞서 가는 사람의 등 뒤에서 그 사람의 발 뒤를 걸어서 올라가는 학생은 어느덧 산정에서 환성을 올리지요. 그러나 산 밑에서 산 중턱에서 군소리하고 해보기도 전에 불평하는 사람은 언제나 낙오하더군요. 남을 부러워하는 것은 자기 자신에 대한 모욕이에요."

'우리 부부는 왜 못 사는가'라는 상담을 하고 있다. 두 내외가 부러운 마음을 버리고 새로 시작하면 틀림없이 클 수 있다는 말을 진지하게 받아들였다.

"할머니 그러고 보니 우리는 늘 남의 집과 비교하고 남의 집에 한 눈이 가 있었습니다. 자식들도 남의 집 자식을 부러워했고요. 참 부끄럽네요. 이젠 너무 늦었지요."

그러면서 한숨을 짓는다.

"아니에요. 시작은 늦어도 부러운 마음을 완전히 버리면 발전 속도는 빠릅니다. 서로 사랑하고 서로 연민으로 다독거려 위로하고 격려하세요. 힘이 날거예요."

손을 잡고 초원을 걸어나가는 두 내외의 뒷모습에서 잘 될 거라는 믿음 같은 것을 느끼면서 기도하는 먼 곳을 쳐다보았다. 그 곳에 보인 것은 '나는 한다'와 '나도 한다'의 노력 차는 참으로 크다는 것이다.

노인의 진단서

"사회의 구조 개혁만이 살 길이다."
어느 일간지의 사회 진단서 머리기사다.
올해 대학에 합격한 고3짜리가 물었다.
"사회 구조만 개혁하면 살 길이 열립니까."
"네가 어제보다 오늘이 경험으로 얻는 것이 더 많다고 믿는다면 늙은 사람의 경험으로 얻은 진단도 믿어 줄 수 있겠지. 그것은 사회구조의 주체인 시민의 의식 수준이랄까, 모럴이 어디쯤에 있는가 여하에 달렸어."
"민주 시민의 주권 의식이면 되잖아요?"
"민주 시민의 주권 의식이 어떤 건데?"
"주권재민이라는 의식이지요."
"국가 권력의 주인은 나다?"
학생이 학교에서 지식으로 주입된 교육은 여기까지는 되어 있다.
"국가 권력의 주인은 나다라는 의식을 가진 인간의 조건으로 갖추어야 하는 준비는 어떤 걸까."

"국가에 대한 의무와 권리 행사를 할 수 있는 기본 교양이 되겠지요. 사회 질서 의식 준비도 있을 수 있고."

"그런데 학교에서는 그렇게 열심히 교육하는데 왜 사회는 바르게 안 될까. 그 왜가 밝혀져야 돼요."

"왜가 밝혀지기 위해 이런 기사가 나오는 것이 아닙니까?"

"그러나 그 왜는 피상적인 진단이야. 가만히 보면 '일본이 왜 전후 저렇게 발전했는가' 하고 진단할 때도 성인이 자기 시야에 비치는 일본을 읽어요. 보이지 않는 저쪽을 읽어야지, 오천년 역사가 자랑이라는 이 나라가 왜 늘 타국의 침입을 받았는가. 지형적인 반도라서? 아니야 반도인의 기질 때문이지. 족보에 사는 기질이야. 의뢰심이지. 일본은 왜 발전했는가. 어린이를 키워서 강담사의 그림책을 읽게 하고 성인 된 후는 문예춘추사의 성인 교과서를 읽을 수 있게 양육한 일본의 여자 그리고 어머니들의 자각적 용기야.

그 근본의 왜를 캐듯이 우리나라 시민 의식 준비를 보면 여성들의 자각적 용기가 있어야 해요. 이 우주상에 죽은 사람 영전에서 화투치는 국가가 어디 있니?

경건한 추모보다 문상 보상을 받으려고 하는 예의 없음을 부끄러워하지 않는 시민을 키워놓은 것은 여자들이에요. 어느 여자도 나의 부모의 삶을, 나의 남편의 삶을, 내 자식 영전에서 화투치려고 하는 무례한 문상을 거절할 수 있는 용기가 없는 한 전 세계인의 시선은 따가운 것이고, 더욱이 이 나라의 인간 교육에서 가장 무서운 것은 상대성 정직, 상대성 예의, 상대성 수치심이라고 생각돼요.

우리가 슈퍼마켓에서 물건을 슬쩍 안 하는 것은 남이 보기 때문이 아니라 자기 내면의 객관적인 자기에게 부끄러워서가 아니겠니? 남의 집 부엌에서 양재기에 밥을 담아서 김치를 넣어서 푹푹 퍼먹는 청년을 좋은 사윗감이라고 하는 단위 조합장 부인을 보고 자기 스스로에게 예의가 없는 사람이라고 나무라니까. 그 부인은 어디서나 아무렇게나 살아도 살 사람이라고 하더라.

자기 부모에게 불손하다든지 자기 몸을 함부로 지천을 하는 신체발부수지부모(身體髮膚受之父母)가 효의 시작이라는 효의식까지는 그만 두자. 자기 존재의 뿌리를 부정하는 사람 또는 타인에게 지천으로 대하면서 자신은 타인의 존경을 바라는 사람 등등의 수치심이 상대성이 되어서는 안돼요. 늘 자기 자신에게 정직과 예의 수치심을 삼성(三省)해야 함에도 이 나라의 인간 교육의 뿌리는 상대성 정직, 상대성 예의, 상대성 수치심일 뿐이야.

그렇기 때문에 근원적인 민주 시민이 자기 얼굴에 책임을 지기가 어렵단다. 자기 얼굴은 인간 개개인의 주관적인 자기가 생각하고 행동하는 것을 객관적인 자기가 천지간에 아무도 모르게 행한 것까지 기억해서 '나는 이런 사람입니다'라고 작품으로 책임지는 것이 아니겠니?

할머니는 옛날에 물자가 윤택하지 못할 때보다 생활에 여가가 많고 편리한 요즈음 사람들이 왜 옛날의 거리보다 유연한 사람, 의연한 사람, 준수한 사람, 대범한 사람, 훤칠한 사람됨의 남녀를 만나기가 어렵나 하고 늘 이상하게 여겼어. 잘 관찰해보니 옛날 선비 교육은 자기에게 엄격했어요. 이런 자기 주체의 의지와 행동을 감시하는 객관적인 자기 태만이 오늘날의 사회상의 근본적인 '왜'가 아닐까. 원인이 왜 그러한가는 비켜 놓고 구조만 바꾼다고 바로 되기는 어렵다.

다수의 이익이 상충하는 사회에서는 상대성이 아닌 자기로 향한 정직,

예의, 수치심의 준비가 있어야 어떤 개혁도 성공을 하지 않겠어? 불란서 혁명에서 로베스피에르가 개혁 도상에서 민중에게 위협으로 도덕성을 요구했다가 역부족이 되는 것이 잘 증명하는 거 아닐까."

할머니 말이 길어서 고3짜리는 무색해진 듯했다. 그것이 요즈음의 청년 모습이다. 옛날 청년들은 선대의 경험자인 노인에게서 '늦기 전'에 손에 땀이 나는 이야기를 듣기를 좋아했다.

개탕(開鍚)과 인간 조건

끼니때마다 밥상머리에 대가족이 앉으니 부산하다. 독상, 겸상, 둘레상에 올망졸망 연년생 어린것들이 그래도 자기 자리를 차지하고 있다. 안방 건넌방에 길게 늘어앉으니 참으로 화기 있고 보기가 좋다. 안방에 따른 건넌방 개탕 위에서 할아버지와 할머니가 내려다보고 계신다.

개탕(開鍚) 위에 걸린 사진틀은 참으로 크다. 가로×세로가 50×70센티미터의 사진틀에 여름 정장 차림의 할아버지와 할머니는 유연하며 준수하시고 인자하신 모습이다. 여름 깨끼옷의 정장은 두 분을 오래오래 어린이들 뇌리에 기억되게 했다. 요즈음은 개탕 있는 집이 보기 드물다.

미닫이 문틀 위에 5센티미터의 공간이 있어서 그곳을 개탕이라고 하고, 그 개탕에 매가 얹어져 있었다. 문을 버릇없이 쾅 닫으면 매가 떨어진다. 매가 떨어지지 않도록 조용히 열고 닫아야 한다. 스무 명이나 되는 식구가 사는 집안에는 옳은 일에는 칭찬이, 잘못된 일에는 벌이 어김없이 내려진다. 개탕 위의 매는 어린이들에게 무서운 존재였고, 매가 얹

혀진 그곳 위에 걸린 두 개의 사진틀은 매를 올리고 내릴 때마다 우리들 어린것들을 지켜보고 계셨다. 칭찬의 상이 내려지고 칭찬 받을 일이 있으면 자기 일이 아니라도 온 집안에 화기가 돌았으나, 자기 일이 아닌데도 누가 벌을 받고 있으면 예민하게 정적이 흘렀다. 개탕 위의 매는 어린이의 손으로 스스로 만든다. 마당 빗자루의 가느다란 대나무를 뜯어내어 작은 손으로 울면서 만들어 두는 것이다.

"이놈! 저기 개탕 위의 매를 가져오너라!"

어른들의 꾸중 앞에 눈물 젖은 눈으로 위를 쳐다볼 때면 할아버지와 할머니의 음성이 들려오는 듯했다.

〈개탕 위의 매〉는 훗날 노인이 되면 화사한 깨끼옷을 입고 손자 손녀들의 성장의 생활 모범으로 그렇게 있는 것으로 믿고 자라갔다. 개탕 위의 매는 정직하고 예의 바르고 수치심을 아는 인간다움의 사람 됨됨이를 교양으로 남기는 것으로 어린이들을 믿게 했다.

여성의 몸 안에 있는 난자라는 포자(胞子)와 남성의 몸 안에 있는 정자라는 포자가 어느 찬스에 공간은 제약되어 있어도 스스로의 의지로 결합을 해서 하나의 생명체를 탄생해서 처음으로 만나는 환경, 할아버지와 할머니가 내려다보는 개탕 위의 매가 준비되어 있는 환경에 태어난다는 행운이 기다리고 있었음을 미안한 마음과 함께 감사하지 않을 수 없다.

동생들이 어린 발로 발판을 딛고 사진틀 앞의 개탕에서 매를 내리느라고 끙끙거리며 애를 쓰는 사이 부모님의 눈에서는 사랑비가 내리는 것을 느꼈다.

효도를 말한다든가, 정직을 말하고 예의 바르게 하라든가, 무엇이 수치이며 사람다움을 말하기보다 생활 모범이 있어서 개탕 위의 매는 어린이들의 신뢰를 받는 것이다. "효자는 부모 입 끝에서 태어난다"는 말을 듣고 자랐다. 아무리 미숙한 자식도 연민을 느끼고 "내 자식은 효자다"라고 하면 효자가 된다. 부모의 욕심이 앞서서 지성스런 자식도 "내 자식은 천하에 몹쓸 불효자다"라고 하면 불효자가 된다고 옛 어른들은 말씀을 남겼다.

효자는 어른들 쪽에서 책임진다는 뜻도 된다. 개탕 위의 매를 신뢰하고 자란 나는 어떠한가. 인생 산행의 끝자리 산 너머 기슭으로 내려와서 아득히 인생길을 역산해 보고, 여기에 만인에게 소여되는 찬스 앞에 무엇이 문제였나를 밝혀보고자 하는 것이다.

어린이 자신이 만든 매를 어른이 들 때 그 매의 아픔은 세파의 격류에서 넘어 나올 수 있는 격려와 위로가 있었음을 훗날 세파 앞에서 깨닫게 되어 있었다.

그러나 매에는 맞음으로써 뜨거운 사랑을 확인하는 매가 있고, 반대로 매를 든 사람과 맞는 쪽 사람의 별자리 위치에 따라 혐오와 증오를 느끼게 하는 매가 있음을 명심해야 할 것이다.

제2부
경험론

의지와 행동은
인간이 하지만
결과는 자연이 정한다

1. 이상은 의자가 아니다

이상은
의자가 아니다

스쳐가는 인간사를 잘 관찰해 보면 놀랍게도 이상은 의자가 아니라는 것을 알 수 있다.

어린이를 앞에 두고 "커서 무엇이 되고 싶어요?" "나중에 어떤 사람이 되고 싶어요?" 하고 많이들 묻는다.

그러면 어린아이들은 의사가 되겠다. 선생님이 되겠다. 간호사가 되겠다고들 떠들어댄다.

대통령과 장군을 하겠다는 어린이가 가장 많다. 어린 마음에 그들이 가장 화려하고 높은 사람으로 보이기 때문이다. 그런데 어린아이 중에서 "나는 커서 사람을 사랑하는 사람이 되겠다", "정직한 사람이 되겠다", "가난한 사람을 돕는 사람이 되겠다", "나라를 지키는 사람이 되겠다", "못 배우는 사람을 가르치겠다"는 식으로 말하는 어린이도 있다.

눈앞의 가시적이고 현실적인 말은 욕망으로 생각하고, 보이지 않는 즉 형태 없이 산 너머 먼 곳을 바라보는 발언은 이상으로 여기는 뭇사람들의 생각을 과학적인 시각으로 관찰하면 인정하게 된다.

외형적인 형태만을 향해 가는 경우는 자기가 할 수 있는 것과 할 수 없는 것에 유연하지 못하고 따라서 무리가 생기기 쉽다. 한편 형태 없는 것을 지향해 갈 때는 할 수 있는 경우와 할 수 없는 경우가 확연히 보인다. 형태 있는 출발은 눈에 보이는 외적인 면에 중점을 두고 있지만 이상적인 출발은 산 너머 보이지 않는 곳을 향하기 때문에 시각 초점의 폭과 거리가 넓고 또한 길다.

한 시대의 등장인물들을 관찰해 보면 그들의 위치가 과연 조국과 겨레를 향한 입신(立身)인지 의자를 향한 입신인지를 분별하게 된다. 하늘은 스스로 돕는 자를 돕는다. 조국과 겨레를 향한 이상적 출발에는 할 수 있는 것과 할 수 없는 것에 대한 각자 능력의 한계에 따라 그 준비가 달라질 것이다. 즉 국가 권력 능력, 국토 방어 능력, 국민 계몽 능력, 국위 선양 능력 등에 따라 운동선수로부터 정치가에 이르기까지 나라를 빛내는 방법이 서로가 다르다는 것을 알 수 있다.

그들의 준비된 내적 자산을 주시해 보면 지적 준비, 매너 준비 등과 더불어 언어, 마음씨 등 본인 스스로가 할 수 있는 것과 함께 동반자의 내외조에 따른 준비가 있으며, 친구나 동료의 도움, 하다못해 스치는 인연에서 얻어지는 준비 등에 이르기까지 너무도 다양하다 하겠다. 강연 중 자신의 배필에 따라 인생의 행로가 결정될 수 있다는 얘기를 하면 많은 사람들에게 공감을 받는다. 잠재 능력까지 포함해서 인생 동반자와의 인연을 소중히 생각해야 하며 좋은 인연을 만나기 위해서는 먼저 자기 내면의 자산을 충실히 해야 한다는 데 유의해야 할 것이다.

남편이 사교춤을 아주 잘 춘다 하더라도 그 짝이 없으면 아무런 소용이 없다. 내외커플의 가수, 내외 사교 댄싱팀은 노래나 춤에 뛰어난 사람들이 그 능력을 발휘할 수 있는 좋은 동지가 된다.

월남 전쟁 중에 열심히 영어 공부를 하는 여성(이순자)을 보고 "뭘 그리 열심히 하느냐?"고 물어본 적이 있었다. 그녀는 그 연유를 다음과 같이 말했다.

"남편을 따라서 외국인이 많이 참석하는 파티에 나갔었어요. 파티 중에 남편과 주변에 많은 사람들이 무슨 얘기를 듣더니 박장대소를 하며 웃어댔지만, 저는 그만 그 말을 알아듣지 못해 제때 웃지 못하고 집에 와서 남편에게 물어보고 나서야 웃었어요. 얼마나 마음이 쓴지요. 적어도 남들이 웃을 때 나도 웃고, 남들이 울 때 저도 울 정도는 되어야 하지 않겠어요?"

한국 정치 무대 중앙에서 활동하게 된 남편을 내조하려는 준비가 이미 그때 이루어지고 있었던 것이다.

자기 운신의 가치 기준이 설정되는 15,6세 사춘기 이전에 부모들은 자녀들의 형태 있는 시각을 관찰하며, 왜 그것이 되고 싶은가를 추가해서 질문을 해야 이상적 시각이 준비될 수 있다.

"돈을 많이 벌고 싶어요!" 할 때 "왜 돈이냐?"고 질문을 하면,

"어려운 사람을 돕고 싶어서요" 하는 청년도 있고, "티파니에서 아침을 먹으려고요" 하는 대답도 있다.

현실 욕망의 시각은 발끝에 머무르지만 이상적 시각은 보이지 않는 저 산 너머 멀리에 있다. 이상을 향해 출발한 준비는 늘 한 우물을 파게 한다. 그리고 내적 자산이라는 배낭의 무게와 양이 크다. 자식과 배필과 친우와 동지, 친지와 신뢰가 두텁고 정직, 예의, 수치심까지 준비되면 다른 사람들의 존경까지 받게 된다.

자라나는 소년 소녀들이 의자가 아닌 이상을 향해 가기를 권하고 싶다. 신뢰받고 존경까지 받을 수 있으려면 나를 정확하게 타인에게 알리는 정직한 정보를 내놓아야 하고, 또한 타인의 정보를 정직하고 정확하게 얻을 수 있는 관찰력과 기억력과 감수성이 예민해야 할 것이다.

한국 의복사에서 이름이 기록될 어느 여성의 "많은 사람에게 활동하기 편리한 양복을 입게 하겠다"는 소신에서 이상 성숙의 높은 긍지를 엿보게 된다. 옷을 팔아 이익을 보겠다는 쪽이 아닌 "손쉽게 만들어 입을 수 있도록" 하려는 그녀의 노력에 먼발치에서나마 경의를 보내면서, 당대인의 기억에 남는 다른 인물들의 이상 형성 과정이 어떠했는지 알고 싶은 욕망이 앞선다.

귀수불심(鬼手佛心),
이상은 누가 심는가

낮이나 밤이나 나의 마음 밑바닥에서 오락가락하는 추억들이 있으니 그 가운데 '귀수불심(鬼手佛心:마음은 어질고 기술은 귀신같이 정확하고 부지런하다는 뜻, 인술의 뜻풀이와 같다)'이라는 현판이 있었다.

어린 시절 우리 형제들은 귀수불심이라고 큰 붓으로 씌어진 현판이 걸린 병원집에서 자랐다. 우리들은 환자 대기실에 곧잘 그 시절 일본말로 '호따이'라고 했던 붕대 감기에 동원되었다. 아버지의 병원 환자 대기실에 걸린 귀수불심(鬼手佛心)의 글 뜻은 몰랐지만 그 현판 밑에서 오는 사람, 가는 사람, 우리나라 사람, 일본 사람 할 것 없이 병원 조수와 간호원들 모두가 아버지에게 '선생님요, 센새이, 선샘요' 하고 만공의 신뢰와 경의를 표하는 것을 보고 자랐다. 그래서 우리에게 병원에 나와도 좋다고 허락되는 것은 더욱 큰 기쁨이었다.

그 당시 병원에서는 지금과는 달리 거즈를 필로 사들여서 수십 필씩 일시에 붕대를 마련하였다. 필배의 한쪽을 대중소에 따라 폭을 5, 8, 10센티로 하는데 때로는 10센티 넘는 대형도 있었다. 거즈에 가위를 대고 30 센티쯤 자른 뒤 마주서서 어른들이 저쪽 이쪽으로 한 칸씩 나누어 들고 후진하면서 잡아당겨 찢으면 비로소 우리 어린이들의 협조가 시작되었다.

"다 감고 나면 과자 사준다"는 말도 달콤하고, "어린이는 병원에 나오지 마라"는 일상 경구와는 달리 정식 초청된 동원이라 아버지 병원의 출입은 그때마다 신선한 기쁨으로 지금도 기억되고 있다.

어른들이 의자에 앉아 양손으로 옆으로 펴가면서 감는 붕대를 앞에서 꼬이지 않도록 펴가지고 기다려 주면서, 필배의 끝에 다다를 때의 희열은 참으로 늘 지루한 줄 모르게 우리들을 환호하게 했다. 붕대 감는 작업이 끝나면 어린이들은 환호 속에 희희낙락 사탕과 과자 봉지를 들었고 붕대는 간호원들 손으로 운반되었다. 안집 부엌에서 김 쏘이는 소독 작업이 시작되는 것이다. 큰 가마솥에 물을 붓고 채반을 놓은 뒤에 붕대 소독기에 담긴 붕대는 증기 소독을 받게 되었다. 위생복을 입은 간호원 조수가 소독기를 들고 나갈 때면 어린이들은 묘한 안도감을 느끼곤 했었다.

한자를 알게 되면서 '鬼手佛心'을 눈으로만 기억하다가 '귀수불심'으로 읽을 수 있게 되었을 때, 마침내 이 귀수불심(鬼手佛心)이라는 네 글자는 아버지와 연결되어 존경과 신뢰의 의미로 어린 가치 기준에 골육화되어 자리잡았다. 훗날 나도 귀수불심(鬼手佛心)이라고 붓으로 크게 쓴 현판을 걸어 두고 의사가 되어서 많은 사람들에게 존경과 신뢰를 한 몸에 받는 사람이 되겠다는 생각을 때때로 하게 되었고 모든 공부를 그쪽으로 준비해 갔다.

그러나 철이 들어 귀수불심(鬼手佛心)의 참 뜻을 풀이하게 되었을 무렵, 진학 선택을 앞두고 나는 어이없게도 귀가 어두워 청진기를 들을 수 없다는 현실과 부딪치고 눈물을 삼킬 수밖에 없었다.

이상과 준비

　귀수불심(鬼手佛心)의 현판을 매일같이 쳐다보면서 무엇이 되고 싶다는 소망을 품고 있었어도 나는 누구에게도 내 소망을 내색하지 않았다. 나는 생후 병약했던 유아기 네 살에 장티푸스에 걸려 양쪽 귀의 고막이 고열에 의한 중이염으로 상하게 돼 난청의 귀먹은 소아가 되어 버렸던 것이다.
　누가 구체적으로 지도한 일이 없었지만 내 어린 시절에 경험한 다음의 사건은 깊은 충격으로 어린 가슴에 남아 있었다.
　어느 농부가 대퇴부에 상처를 입고 아버지 병원을 찾아왔는데 치료가 늦어 결국 다리를 절단해야 할 만큼 염증이 깊었다. 상처 자리는 파리가 알을 까서 벌레가 환부를 파먹고 있었는데, 이를 가슴 아파하시는 아버지를 보고 나는 어린 마음에도 훗날 육신의 치료뿐 아니라 상투 꽂은 저런 무지한 농부들의 정신을 계몽해야겠다는 마음을 품게 되었고, 진학이 거절된 본국을 떠나 열세 살 불구 소녀의 몸으로 해외 유학길에 나섰던 것이다. 해외 유학길은 나에겐 낯설고 물 설 뿐 아니라 불구에 대해 깊이 자각조차 못하면서도 내적으로는 위축 성장을 한 반면, 정신적으로는 자신이 불구라는 생각을 별로 갖지 못할 만큼 자기 이상적인 열정이 자리 잡혀 있었던 새로운 경험이었다.

연락선을 기다리는 부산항에서 나는 조국을 남의 나라에 빼앗긴 상황이 무엇을 말하는지 피부로 느끼고 눈과 귀로 확인할 수 있는 광경을 목격하였고, 이는 내 가슴에 고통으로 다가왔다. 처음에는 어린 마음에 슬픔을 느끼고 바라보았으나, 4개월마다 방학이면 돌아와서 나갈 때마다 부닥치는 그러한 광경에 가슴 한복판이 점차 분노로 변해가는 자신을 발견했다. 그 연락선에는 강제로 끌려가는 징용자는 없었으나 국내에서는 도저히 살 수 없어 가족을 이끌고 징용된 남편을 찾아 이주하는 사람들이 많았다.

요강과 대야와 바가지를 주렁주렁 달고 웅크리고 있는 이민자들을 바라보면서 조국과 겨레에 대한 순수하고 애틋한 애정이 키워져갔다. 그것은 완벽하게 순수한 연민과 그리움과 사랑이었고, 또한 뜨거운 분노이기도 했다. 방학과 귀갓길의 차안에서 동승한 어느 농부의 손등에 툭 불거져 나온 굵은 혈관을 보고서 생명력 같은 것에 눈을 떠가기도 하였다. 이러한 자기 교육, 자기 안보 훈련 준비에도 불구하고 다음 진학에 직면한 졸업반이 되었을 때, 일본은 미국에 선전 포고 없이 진주만을 기습하였고 나는 귀국길에 올랐다.

지나온 날을 뒤돌아볼 때 준비와 기회의 관계를 자각하게 되는 첫 경험은 다음 진학을 앞둔 그 당시였다. 이상적 열정이 아무리 높아도 귀가 어두운 신체 조건으로는 실제적인 행동이 준비될 수 없기에 기회를 잡을 수 없다는 사실을 열일곱 살 때 알게 되었다. 그러나 우주의 생명체 질서가 얼마나 오묘한지를 존경하고 신뢰하고 사랑했던 부모의 독서 생활을 뒤좇아서 찾아 읽은 덕분으로 모든 시름은 활자로써 달래어지고,

외롭고 축 늘어졌던 기력은 독서로써 충전되어졌다.
 네 살 때 난청이 된 귀는 40년이 지난 마흔네 살에 이르러서 지금은 고인이 되신 대구 동산병원장을 지낸 백준기 박사께서 양쪽 청력을 일주일 간격으로 수술하고 15일 만에 치료해 주신 덕분에 찾게 되었다. 퇴원 후 전축을 틀어 듣고 얼마나 눈물을 흘렸는지, 내 귀가 얼마나 안 들렸는지 수술하기 전에는 그 정도를 알 수가 없었던 것이다. 퇴원해 와서 처음 한 말이 "왜 이리도 집안이 시끄럽니?"였다.
 딸의 대답이 "엄마, 집안이 시끄러운 것이 아니라 그만큼 엄마가 못들은 것이에요"라고 한다. 자기 연민에 눈시울이 젖었다.
 그 다음은 더욱 놀라웠다. 수술 후 2개월이 지났을 때 사교계의 모임 멤버인 치과 병원장 부인에게서 전화가 왔다.
 "미국 대사 부인 주최 파티에 나오세요."
 "아니 내가요?"
 "왜? 당신이 어때서요?"
 그가 오히려 반문하는 것이 아닌가. 순간 나는 아찔한 충격을 받았다. 바로 이것이다. 17세 때 난청으로 준비가 부실해서 진학은 못했지만 그래도 그간 독서를 지속한 덕에 수술 회복과 동시에 초청을 받은 것이 아닌가. 내가 만일 책을 읽지 않았더라면 수술을 받았더라도 그저 멍청한 중년 여인이 되었을 것 아닌가. 우주 공간에 만인에게 평등하게 있는 기회라는 버스는 준비된 자에게는 언제나 공평하게 열려 있음을 절감하게 되는 순간이었다.
 그러나 아찔한 것은 그 다음에 또 있었다. 하늘은 스스로 돕는 자를 돕는다는 가르침에는 양면성이 있다는 것이다. 생명체의 의지와 생동을 도와주는 우주 관리는 용기와 기술에 있어 개체가 의지하고 행동하는 바에 따라 누구에게나 공평하게 기회를 주는 것이니, 비상하고자 하는 자와 물에 빠지고자 하는 자 양면에 도움을 주고 있음을 알고 두려움을 느낀 것이다.

이상(理想)은 시대적 과제의 고통스러운 현장에 있다. 시대적 고통을 해결하는 처방은 언제나 현장의 고통에 동참하는 데서 얻을 수가 있는 것이다. 병고에 시름하는 환자와 같이 잠을 설치며 "선생님, 살려 주이소" 하고 매달려 호소하는 환자에게 신뢰와 존경을 받는 생활의 모범 속에서 이상은 싹이 트고 심어져 가는 것이다. 민중의 고통과 멀리 격리되어 보호받는 곳에는 현실적인 욕망은 있어도 이상을 품을 수는 없을 것이다.

일찍이 자기를 떠난 이상만이 내일의 자기 성숙을 기약할 수 있을 것이며 한 우물을 파는 인내를 감당할 수 있을 것이다.

무엇을 만날까?

중학교 3학년이면 만으로 15세가 된다. 겨울 깊은 밤에 '안락사(安樂死)'와 '지족안분(知足安分)'을 소재로 한 일본 작가 모리 오가이(森鷗外)의 글을 읽었다. 중간고사와 학기말 고사, 학년말 총정리 고사에 되풀이 되어 한문으로 고쳐 쓰기와 뜻풀이가 문제로 나왔다. 그 작품과 작자와 단어에 깊은 인상을 받았는데 강의하신 선생님의 의복까지 기억날 정도로 내겐 강렬한 의미로 남아 있다. 나는 귀수불심(鬼手佛心)이라고 쓰인 현판을 걸어 둔 병원에서 신뢰와 존경을 받는 아버지와 같은 의사가 되려고 방학 때가 되면 의학서를 읽었다. 진학의 문턱에서 귀가 어두워 청진기 소리를 들을 수 없다는 현실 앞에서 좌절감에 빠져 있었지만 그러한 갈등은 '지족안분'이라는 네 글자 앞에서 고개를 숙였다.

연년생으로 둔 4남매를 데리고 6·25 피난 생활에서 서울에 돌아와 시도한 것이 압축 맨스밴드 제작과 양재였다. 귀가 어두운 탓에 협력자가 없어 압축 맨스밴드 제작은 무산되고 양재는 깊이 노력했으나 미술적

109

소질이 없어 데생과 디자인에서 항복했고, 지속적인 동작에 대한 인내력이 없어 단추 달기 등의 마무리에 실패를 하고 말았다. 양재는 내 적성이 아니었다. 제작 의욕은 있으나 미적 창작성이 없는 아이디어 빈곤에 스스로 놀라고 말았다. 지금도 옷감만 보면 무엇인가 만들고 싶은 욕망이 무럭무럭 일어나는데, 이 때는 나를 경계하고 스스로에게 타이른다. 할 수 있는 일과 해서도 끝을 맺을 수 없는 능력의 한계에서 나는 늘 지족안분(知足安分)의 네 자로 스스로를 위로했다.

음식을 만드는 데 소질이 있고 또 그것을 남이 먹어 주는 것에 즐거워하는 마음이 내게 있다는 것을 어린 자식이 일깨워 주었다.

초등학교 고학년이 되어 친구들을 데리고 와서는 "많이 먹어야 돼. 우리 엄마는 많이 먹어야 좋아하셔" 하는 것이 아닌가.

"어머, 저 아이가 나를 잘 알고 있구나!" 하고 기쁜 마음에 가정 밖으로 진출하려는 시도를 단념하고 주부의 가정 종합 관리 능력을 키웠다.

국내의 발전된 현장에서 "엄마가 이것을 보면 얼마나 기뻐할까. 우리 나라도 이만하면 이제 안심이야 하실 것이다" 한다든가, "엄마는 이런 것을 싫어한다"든가를 분명하게 분별할 수 있었던 것은 지족안분이라는 네 글자 덕분이다.

해서 될 일과 할 수 없는 일에 대한 능력의 한계를 깨닫기 때문에 타인의 능력 앞에 깊은 감명을 느끼고, 또한 고마운 마음이 되는 것을 자각하면서 열다섯의 소녀에게 이러한 것의 골육화를 심어 준 작가와 작품, 교육자와 부모 그리고 그 '만남'의 인연이 된 공간과 시간에까지 통증을 느낄 만큼 감사하고 있다.

2. 능력이 맥박

앉을 자리
있을 자리

자동차는 오만 번만 스파크하면 못 쓰게 된다고 들었다(시동을 건 횟수를 말함).

사람은 몇 번 스파크하면 끝나는 것일까. 자기 자신을 잘 알고 자기 능력맥을 평탄한 정상맥으로 유지하려면 많은 조절 능력과 자기 관리 능력이 요구된다. 이 자신의 능력맥을 평탄하게 하려고 불안한 고통에 시달리다 못해 돈을 들여 점을 치거나, 굿을 하거나, 부적을 사가지고 바람벽에 붙이고 몸에 지니고 다니는 경우를 볼 수 있다.

자신의 맥박을 자기 아닌 남이 외부에서 알 수 있을까. 절대로 불가능하다. 자기만이 자신의 맥을 조절할 수 있다. 이 조절 장치는 의식의 방향타인 것이다.

의식의 핸들만 바꾸면 불안 고통이 사라진다. 맥박은 언제나 불안에서 변화하기 때문에 불안한 상황을 덜어 주면 되는 것이다. 능력의 맥박이 불안한 것은 개인이 할 수 있는 일과 할 수 없는 일이 있음을 모르는 데서 생긴다. 해서는 안 되는 사람이 할 때 앉은 자리가 불안하다.

잔재주가 아무리 좋아도 사람은 언제 어디서나 한 순간에 두 가지 경험을 할 수 없다. 시간과 공간의 상대성으로 자연은 인간에게 경험을 제약하고 있다. 이지적인 것과 감성적인 것 그리고 의지의 지정의(知情意)가 한 사람 안에서 조화를 이루어서 후퇴하며 의연해지기 어려운 이치가 자연은 인간에게 이물(二物)을 주지 않는다고 했다.

댄스 파티에 참석해 달라는 초청을 받고 부유한 가정에 손님으로 간 청년이 이쑤시개 같은 연필이 비단실로 이어진 카드에 음악 순서에 따라 춤을 출 상대의 이름을 적으라고 하는 그 댁 부인의 권유를 받고 아름다운 그 여인과 인사를 했으나…, 그 자리가 차차로 불쾌하고 불안해지면서 두통이 나기 시작했다. 이상은 어느 소설의 한 장면이다. 이쑤시개 같은 귀여운 연필을 비단실로 이은 아름다운 카드가 있고, 트로트와 블루스, 탱고, 왈츠의 춤을 출 수 있는 곳에서 왜 차차 불안해졌을까. 아름다운 여인들이 원인인가. 신사들이 마음에 안 들었을까?

아닌 것이다. 자신은 비록 가진 것이 없어도 부잣집에 드나들며 소일하는 남녀의 생활 근본에 대한 시비가 앞서 소설가가 되고 싶은 그 청년의 의식 속의 객관적인 이성이 빤히 눈을 뜨고 자신을 보고 있어서, 사회에 대한 가진 자, 못 가진 자, 지배자, 피지배자 등의 불만이 도사리고 있으니 그 자리에 앉아 있는 자기 자신이 불안해졌던 것이다. 이와 같이 사람은 각기 자기가 있어야 할 자리가 있고 있으면 불안한 자리가 있다.

나의 에너지원은 어디쯤에 있는가. 자신을 살펴보자. 야한 것이 좋다는 남자가 요즈음 많아졌다고 한다. 야한 것이 자신을 편안하게 하기 때문에 이 사람의 에너지원은 야한 쪽이 된다. 일에 지치고 스트레스가 쌓이면 야한 자기 휴식이 필요하다. 아주 야한 여자와 매일 같이 살려고 결혼 상대를 야하게 선택하는 경우도 있다. 이쪽을 연파(軟派)라고 할 수 있다.

고단하고 불안할 때 활자를 읽어 자신이 편안해진다면 이 때의 에너지원은 바로 활자이다. 이 사람은 무엇이나 읽어야 된다.

며칠간이나마 가족과 있기보다는 빨리 직장에 나가 땀 흘리며 동료와 어울리고 싶은 경우, 일은 에너지가 되어 스트레스 해소를 하여 주며 바로 그 일만이 자신을 불안에서 구해준다. 이런 사람들은 대체로 경파(硬派)이다.

아내 곁에 있을 때, 남편 곁에 있을 때가 제일 불안하지 않다는 사람, 아버지, 어머니가 곁에 있으니 안심하고 공부할 수 있다며 집에서 공부하는 학생이 있다. 이런 경우 모든 에너지 충전은 가정에서 이루어진다.

많은 기업가가 건실한 가정을 두고도 자기가 하고자 하는 일의 성사를 위해 야한 서비스를 원한다.

화가나 작가, 시인 중에도 조용한 전원에 나가야 작품이 나온다는 경우와 오히려 도시의 대중과 소음 속에서 생명의 약동을 느낀다는 경우가 있다. 대중 속에서는 도리어 소외감에 빠지며 전원에서 나무와 흙을 벗 삼아 에너지를 충전하고 시상을 얻어 시작을 하는 경우 나무와 흙이 에너지원이다.

여자가 있는 곳, 술이 있는 곳에 가야만 오늘 하루해가 살맛이 나고 내일 또 힘차게 일을 할 수 있다면 에너지원은 야한 서비스라야 한다.

사회가 지속적으로 활기를 유지하려면 있을 것은 모두 있어야 한다. 지하철 건설이나 고속도로가 야한 서비스 없이는 건설될 수 없었을 것이라는 주장에 반대할 사람은 없을 것이다. 연필 한 자루, 운동화 한 켤레에도 연파, 경파의 협력으로 생산되고 있다.

자신의 능력의 맥박을 편안하게 하기 위해 자신의 에너지원에서의 충전을 자각하고 앉을 자리, 있을 자리에서 자기 자신의 운신을 조심하여 불안의 스파크, 불쾌의 스파크가 줄어지도록 할 것이다. 개인 능력에 따라 능력의 맥은 헐떡헐떡 자신을 운반하는 에너지를 불태운다. 생활 리듬이 능력맥과 박자가 맞아야 된다.

초과학적 최신 설비로 가정이나 사회가 너무 빨리 회전을 한다. 그만큼 능력의 맥박은 부지런히 스파크를 하고 있는 것이다.

화병에 걸릴 이유 없다

    화병(火病)이란 전 세계에서 우리나라에만 있는 병이라고 한다. 화가 나면 술을 마신다. 울화통의 화병 증세는 남자만의 것도 아니고 여자에게도 걸린다고 한다. '왜 우리나라만이 화병이라는 병이 있을까?' 하고 그 이유를 밝혀 보면 간단하다.

    안 되는 일이 있거나 하지 못하면 무엇이나 남의 탓으로 돌린다. 부모 탓, 형제 탓, 친구 탓이다. 나중에는 사회 탓, 학교 탓, 정부 탓으로 가다가 그래도 갈 데가 없으면 조상 탓으로 돌려서 조상의 묏자리까지 옮긴다. 이 모든 남의 탓은 의뢰심에 원인이 있다. 민주화를 외치면서도 모든 선택의 책임을 스스로 외면할 때 화병에 걸리는 것이다. 많은 사람들이 자기 선택에 스스로 책임을 지고 안 되는 일에는 먼저 자신을 반성하고 칠전팔기로 노력한다면 화병에 걸리는 일은 없을 것이다.

    뒷편의 도표 해석을 읽었다면 화병을 날려 버릴 수 있는 의지로써 마음의 방향타를 바꿀 수 있을 것이다.

한 노인이 소문을 듣고 찾아왔다. 아들이 암에 걸렸는데 아마도 친구에게 이용당한 뒤에 화병이 들어 위암으로 번졌을 거라고 했다.
"할아버지 댁의 아드님은 이기심이 많은 쥐띠예요. 그 친구와 손잡았을 당시에는 자기 이익이 있어서 그렇게 했을 것입니다. 절대로 자신의 이득 없이 남과 손잡을 사람이 아닙니다. '내가 내 이기심에 그 친구와 손을 잡은 것이니 나의 잘못이다'라고 마음을 바꾸지 못하면 위암을 이기지 못합니다."

그러자 그 노인은 고개를 끄덕끄덕 하는 것이다. 키우는 동안 자식의 이기심을 알고 있는 눈치였다.
"할아버지, 쥐띠는 좀처럼 스스로 잘못했다는 말을 안 합니다. 내가 잘못했다고 생각하지 못하면 자연의 법칙대로 죽어야 됩니다. 본인에게 잘 타일러 보세요."

일흔이 훨씬 넘은 그 노인이 말없이 돌아간 뒤 얼마 지나지 않아서 노인은 환자를 데리고 다시 찾아왔다. 병원에서 퇴원했다는 것이다. 노인 아버지와 같이 온 것을 보면 이기심이 강한 그가 이제 오늘의 이익이 친구를 원망하는 쪽보다는 자신이 살아남아야 하는 것으로 생각하는 모양이다. 그의 생각의 방향을 바꿀 여지가 있는 것 같았다.

이 경우와 같이 세상 모든 개인이나 국가나 서로의 이익이 맞아 떨어질 때 성과는 크게 남는다.

식물을 가꾸어 보면 창고에서 소리 없이 얌전히 잠을 자는 씨앗을 볼 수 있다. 씨앗은 얼마간의 깊은 휴식을 가져야만 발아를 하게 된다. 가을에 거두어들인 씨앗이 봄에 흙에 뿌려지려면 긴 겨울잠을 자고 나야 되기에, 가을에는 식물들이 단풍들고 낙엽 지며 아궁이에서 재로 변하거나 썩어서 흙으로 돌아간다. 이렇게 단풍드는 것은 병에 걸린 것이고 낙엽 지는 것은 죽음을 의미한다. 썩거나 재가 된다는 것은 장례 치른 묘가 되는 것이다.

봄이 되면 씨앗을 물에 담가보고 뜨는 것은 버리고 좋은 것은 가려서 밭에 뿌린다. 이 과정은 새로운 난자와 정자가 만나 수태를 해서 새로운 생명이 태어나는 것과 같다. 뿌려진 씨앗은 싹이 트고 떡잎이 생기며 살려는 안간힘으로 아직 일기가 차가운 틈에서도 활착해서 뿌리를 내린다.

이 과정은 신생아가 산모를 떠나 하품도 하고 입을 오물거리면서 열심히 젖을 빨고 기저귀를 갈아가는 기간이다. 어느덧 뿌리가 자라듯 유아기를 면하면 학교에서 부모 없이 자기 성장의 경험을 한다. 뿌리가 내린 6월이 되면 식물에 비료도 줘야 되고 잡풀을 뽑아야 되는데, 그 다음은 무럭무럭 뻗어서 열매를 맺어 익기 시작하는 것이다. 이 과정이 사회로부터 교육을 받고 또 사회에 기여하는 결실의 계절이 된다.

이처럼 씨앗에서 동면까지를 1년 열두 달에 대입시켜 생명체의 삶의 에너지의 활성과 휴식을 10간 진운에 따라 사람의 활성 에너지와 휴식 충전을 표로 만든 것이 뒤의 도표다. 씨앗이 창고에서 잠자는 기간은 사람이 묘 속에 들어가는 것과 같아 겨울이 가고 봄이 오기까지 새로운 활성을 위해 일보 후퇴하여 다가올 삼보 전진의 날을 기다려야 한다. 은인자중의 기간인 것이다.

자신의 진퇴를 스스로 깨끗이 하지 못할 때는 자연의 제약이 크게 나타나니 진퇴의 묘를 살려 일보 후퇴, 삼보 전진의 마음가짐이 있으면 기약 있는 인내는 참을 만하다. 단지 좋은 운도 본인이 잘못 쓰면 잘못 쓰는 대로 자연의 '스스로 돕는 자를 돕는다'는 이치가 적용될 것이다. 즉 살인을 원하면 살인을 도우며, 학문을 원할 때, 기업을 원할 때도 의지와 행동을 같이 하면 기술과 용기를 주는 양면의 도움이 있으니, 만일 잘 관리하지 못하면 '이럴 참이 아니었다'로 행운의 별의 찬란한 광채는 지나가 버릴 것이다.

십년 주기로 (+)플러스 경험과 (-)마이너스 경험을 모두 겪는 것은 (-)경험에서 새로운 내적 자산을 준비하여 이로써 (+)경험을 할 때 충전된 새로운 에너지를 소비하는데 기여하기 때문이다.

(+)경험은 준비된 (-)경험으로 얻은 교훈과 기술과 용기를 자랑하는 기간이다. 사용하는 전지가 수명이 다 되어 광채가 희미해도 사람 마음은 버리기를 주저하고 가냘픈 광채에 매달려 미련을 두지만 이미 주변을 밝힐 수는 없는 이치다.

충전된 에너지는 누구나 시간이 되면 소진되므로 새로운 충전 기간이 필요한데 20대, 30대, 40대, 50대, 60대, 70대까지도 또다시 기회가 음양으로 있으며, 생월과 생일에 준비, 선택된 십이지와도 관계가 있다. 중년에 느닷없이 늦바람이 나서 가출한다든가, 연대보증을 서서 낭패를 본다든가, 배우자를 잃고 외기러기가 된다든가, 돈 있는 자식네 문전을 서성거린다든가 하는 경우, 초년에 성취하는 경우와 중년에 성취하는 경우, 자녀의 성공적인 결과로 늦복이 트는 경우 등, 지금은 노경이 길어졌으니 쓸모 있는 노인 생활을 유지해야 하기에 삶은 언제나 의연하며 준수한 행보가 되어야 하겠다. 특히 준비된 자 앞에 기회의 버스 운행은 우주 공간에 공평하게 열린다. 시작은 나이와 관계없으며 '이미 늦었다'라는 법이 없음을 젊은 사람은 믿어도 될 것이다.

다음 도표를 보면 사람은 누구나 자신의 준비된 내적 자산으로 PR의 경험대와 새로운 부상을 위한 오늘의 내적 자산 충전의 잠재 경험대를 알 수 있을 것이다. 다행히 우리는 준비만 되어 있다면 기회의 버스가 우리 앞에 공평하게 열리는 사회에 살고 있다. 하늘은 스스로 돕는 자에게 기술과 용기로써 돕는다.

  글을 읽을 것인가? 책을 멀리 할 것인가? 외박을 습관적으로 할 것인가? 상대 빈곤으로 허우적거릴 것인가?

  살인이나 강도를 하는 데까지 용기와 기술은 스스로 돕는 자를 돕는다. 주관적인 자신의 선택은 자유다. 객관적인 자신의 수치심 선택도 자유다.

● **10년 주기 정기 진퇴표**
숫자는 서력 기원 즉 연도의 끝자리를 나타냄(예: 2는 1902년, 1982년, 2002년 등 끝자리에 2자가 오는 해)

進退	精氣	子年生	丑年生	寅年生	卯年生	辰年生	巳年生	午年生	未年生	申年生	酉年生	戌年生	亥年生
PR	夏氣	2,3.	3,4.	4,5.	4,5.	5,6,8.	6,7,8,9.	6,7,8,9.	7,9,0.	0,1.	0,1.	1,2.	2,3.
경험	春氣	1,4.	2,5.	3,6,8.	3,6,8.	4,7,9.	5,0.	5,0.	6,8,1.	7,9,2.	7,9,2.	0,3.	1,4.
準備	秋氣	0,5.	1,8,6.	2,7,9.	2,7,9.	3,0.	4,1.	4,1.	5,2.	6,8,3.	6,8,3.	9,7,4.	0,5.
경험	冬氣	9,8,7,6.	0,9,7.	1,0.	1,0.	2,1.	3,2.	3,2.	4,3.	5,4.	5,4.	8,6,5.	9,8,7,6.

인간 생명체의 정기는 10년 주기로 나이테가 생긴다.
시계바늘 방향으로 만인이 평등한 정기부침을 겪는다.

3. 기회와 준비

운명(運命), 자기 자신을 어디로 끌고 갈 것인가

 계란이 먼저냐, 닭이 먼저냐 하고 토론들을 한다. 기회가 먼저냐, 준비가 먼저냐도 같은 말이다. 어떤 청년은 준비가 있어야 기회를 만난다고 하고, 또 다른 청년들은 기회가 와야 준비를 한다고 한다. 술병에 남은 술을 보고 "아직 반이 남았다"는 쪽은 희망을 기대하며 준비하는 청년의 생각이고, "술이 반밖에 남지 않았다"고 하는 청년은 기회도 오지 않는데 뭘 준비부터 하느냐고 부정한다.
 팀 스피리트 훈련에 참여한 군인 일곱 명이 철수 시간이 두 시간 남아서 잠시 인사차 왔다며 물었다.
 "준비한다고 기회가 오나요?"
 "옛날에 이승만 박사가 건국 후 첫 조각(組閣)을 앞두고 전국에 방문을 띄우기를 장관할 만한 사람을 추천하라고 했어요. 오랜 해외 생활로 국내의 우수한 인재의 소재를 몰라서 적재적소에 인재를 등용하기 위해

방을 띄운 거지요. 그때 신문지상에 전진한 사회부 장관이 발표되면서 '전진한, 그는 누구인가!'라는 기사가 난 적이 있었지요.

그는 어느 한옥에 셋방을 얻어 살고 있었으며 친지의 추천으로 입각하게 되었다는 그간의 경위가 씌어 있었어요. 그의 경우 평소에 준비된 학식과 소신 외에 준비된 친지가 있었다는 거지요. 인물을 추천할 수 있는 사람, 남을 인정할 수 있는 안목을 가진 이를 친우로 두지 못할 때 기회는 놓치고 말아요."

"저는 25세인데 제대 후에도 늦지 않을까요?"

이 물음의 대답은 쉬웠다.

어느 모임에서 40, 50세가 넘은 중년 부인들의 대담이 있었지요. 어느 병원 집 부인이 "아이구 뭔가 하고 싶어도 이젠 늙어서…" 하더라구요. 앞에 앉아서 멀거니 바라보던 60대 대법관 부인이 물었어요.

"올해 몇이세요?"

"꼭 50입니다."

"나는 63세인데 다섯 살만 젊으면 무엇이든 새로 해 보겠네요."

요즘은 기동력이 좋고 생활 리듬이 빨라 시작이 반이 아니라 시작이 바로 성숙이랍니다.

버스가 오기 전에 정류소에 나가려면 토큰부터 준비해야지요. 그 전에 준비할 것은 무슨 차를 타느냐예요. 정치냐, 학문이냐, 언론이냐, 과학이냐, 기업이냐, 금융인이냐, 계도(啓導)냐, 계도면 어린이냐, 청년이냐, 성인이냐, 예술이냐, 또 레저 사업, 상업도 있지요. 이것들은 타야 할 차의 방향 색깔이고 이 중에도 오전반과 오후반의 두 가지 번호 분별이 있어요. 관리와 생산의 오전, 오후반, 결혼을 꼭 해야 하나, 사랑은 있는 것인가, 남녀 우정은 정말 지속될 수 없는가, 오복 안에 자식은 들지 않아도 배필이 드는 이유 등등….

운명이란 두 글자를 보세요. 생명체를 운반해서 자기 자신에게 경험을 시키는 것이 운명이지요.

언제 어디에서 어떤 경험을 자신에게 하게 하는 주체는 자기의 가치 기준의 성격차에 의해 결정되므로 가치 기준의 준비가 시작이고, 자기 가치 기준과 실제로 나타나는 현실 전개 앞에서 회의하고 갈등하며 방황하면서 자기 의식을 전환하며 극기할 때, 목적점에 도착하는 성취가 이루어진다는 데 공감하며 그 군인들은 인사를 하고 돌아갔다.

방향색이 다른 기회의 차를 탈 수 있는 토큰은 어느 누구도 가져갈 수 없는 자기 내면의 자산이 준비될 때 비로소 가질 수 있다는 말에서 젊은 이들의 혈기가 상기되는 것을 보았다. 내적 자산의 무게는 분명 에너지를 작렬시킬 기회를 갖게 한다는 것을 믿고, 전 세대에게서 인계받은 과제를 해결하고 뜨거운 이상적 열정을 불태우기 위한 준비를 하는 데에는 기약 있는 인내가 있어야 한다는 숙연한 결의들을 남긴 그들과의 이별은 지금도 기억에 늘 새롭다.

내리사랑 치사랑

어려서부터 '나' 아닌 '남'과의 만남을 연습하고 훈련하는 것은 자기의 의식 조절의 방향타 핸들 작동을 어렵지 않게 한다. 자신의 삶을 자기 뜻대로 하기가 어려운 21세기의 급변하는 시대의 사람으로서는 싫든 좋든 서로 존중하면서 경이원지세파(敬而遠之世波)를 헤쳐 넘어야 한다. 사과가 지구 인력으로 땅에 떨어지듯 인간 세계에도 자연의 법칙이 흐르고 있다. 오행 애정 흐름은 나를 알고 남을 이해하는 데 많은 도움을 줄 것이다.

1948년생 벽력화의 무자년생 쥐띠인 딸이 지병으로 고생하는 1925년 해중금의 축년생 어머니를 보고 늘 어머니의 병세와 병고는 어떠냐고 묻는 일 없이, 1917년 사중토의 정사년생인 아버지는 요즈음 어떠세요 하고 묻는다. 섭섭함에 앞서 이 도표를 보면 "아하, 역시!" 하고 납득하고 이해될 수 있다. 어머니를 극하여 미는 딸은 아버지에게는 치사랑을 하는 관계이다. 딸은 아버지를 위해 가용(家用)에 쓰라고 고기값을 어머니에게 드리고 용돈은 아버지에게 드리게 되는 것이다.

애정을 주고받는 일은 감질이 난다. 주는 만큼 돌아오지도 않을 뿐 아니라 기껏 샘물같이 신선하게 솟아 올려도 쏟을 곳을 몰라 땅에 흘려버리는 경우도 있다.

주의 깊은 관심을 가지고 이 도표를 연구해 보면 사랑은 야구 시합과 같다는 것을 알 수 있다. 던지는 사람과 받는 사람이 있다. 받은 사람은 공을 던진 쪽에 보내지 않고 다른 방향으로 던지는 것이다. 동시에 같은 방향에 보낼 수도 없고 늘 시계 바늘 쪽으로 받아서 방향을 바꾸어 던진다. 한 사람이 받을 수도 있고 던질 수도 있으나 시간과 공간을 가려야 아름답게 사랑을 주고받을 수 있는 것이다.

정성을 담아 땀을 뻘뻘 흘리면서 사랑으로 칼국수를 준비한 아내에게 "여보 나 점심에 칼국수 먹었어" 하는 경우에 느끼는 아내의 심정은 어떨까.

아빠를 기쁘게 해드리려고 성적표를 들고 기다리는 어린이 앞에 술에 젖어 들어와 잠에 떨어진 아빠, 가족을 즐겁게 하려고 서로 노력하는 가운데 부심히 일어나는 차질은 야구의 에러이다. 투수와 포수의 조화가 스트라이크와 볼로 균형이 흐트러지는 사이 도루를 당하고 만다. 잘 던져야 잘 받을 수 있고 잘 받아내야 잘 던지고 싶어지는 것임을 도표는 말하고 있다. 받을 생각도 없는데 받으라고 재촉하거나 던질 생각이 없는데 던지기를 재촉하는 것은 양쪽 모두 사랑을 주고받는 일에 아둔한 모양새가 된다.

"사랑은 사랑하는 것이에요. 사랑은 받는 것이 아니에요"라고 시인이 읊었다. 이 도표를 보면 사랑은 주는 곳에서 되돌아오는 것이 아니라 던져서 잘 받아지는 것으로 끝이 난다. 던진 만큼 되받기를 원해서는 아니

된다. "아아, 나는 사랑을 했다"는 것은 "아아, 나는 사랑구를 던질 자리가 있다"는 말이 된다. 상대가 받을 수 있도록 곱게 타이밍을 맞추어서 장소를 가려 잘 던졌으니 곱게 받아 주더라. 이것으로 만족해야 하며 "왜 내가 준만큼 너는 안 줘" 하고 요구한다면 이것은 성립이 어렵다. 사랑은 잘 받아준 것을 감사해야 하는 이치가 이 도표와 같다.

어린 청소년들이 내가 좋아하는 아이가 나를 좋아하지 않고 제3의 아이를 좋아하는 것 때문에 회의하고 고민하며 갈등과 방황까지 하는 것은 유의할 일이다.

사랑은 던지는 것을 되받으려고 해서는 그 아름다운 본 뜻이 흐려진다. 나의 사랑을 받고는 제3의 곳에 사랑의 공을 던지는 경우를 이해로써 인정해야 함을 어려서부터 가르쳐야 고통을 극복할 수 있다.

스치는 많은 사람에게서 내리사랑과 치사랑을 할 줄 아는 세련된 사람을 만나면 참으로 눈이 번쩍 뜨인다. TV화면에 등장하는 얼굴 중에서도 내리사랑과 치사랑을 몸에 갖춘 경우를 보면 마음이 흐뭇하다. 지성으로 사랑받은 얼굴이 아니라 지천(至賤)으로 상처받은 얼굴이 많이 등장하여 비치면 보는 마음이 괴롭다. 내리사랑에는 부모와 형, 언니 등 이웃어른들, 직장 상사의 사랑과 국가가 국민을 지성으로 내리사랑 하는 나라의 국민 모양도 있다. 치사랑에는 혈연과 사회 어른들, 직장 상사에 대한 경우도 있으나 뜨거운 나라 사랑의 이상적 열정이 있을 때 이것도 치사랑이 되는 것이다.

국가가 국민에게 무엇을 해주기를 바라지 말고 내가 국가를 위해 무엇을 할 수 있는가를 생각해 보는 치사랑은 민주 시민으로 질서 있는 사회에 살 권리가 있으며, 국가에 대한 이러한 치사랑은 만족할 만한 사회질서를 이루어 내리사랑으로 되돌아온다.

부모를 부끄럽게 하거나 슬프게 하지 않는, 불안하고 언제나 미숙한 올챙이가 아니라 언젠가는 틀림없이 어엿한 어른 개구리가 될 것이라는 분명한 기약이 자녀들에겐 있다. 그리고 부모들이 스스로 올챙이를 면하고 성개구리가 되려는 자녀들의 안간힘을 깊은 시각으로 미소와 박수를 보내면 위에서부터 내리사랑의 사랑비를 준다면 곧 세련된 결과가 나오는 것을 보게 될 것이다.

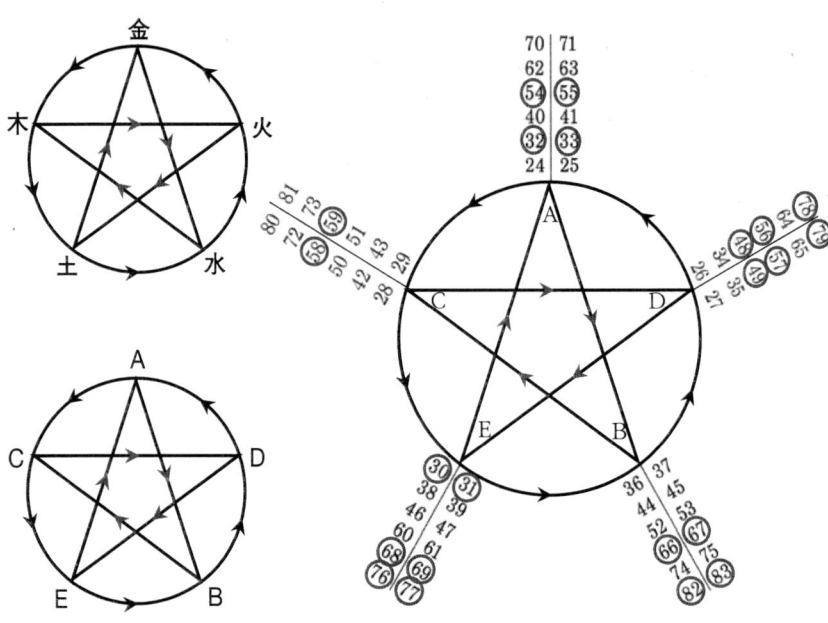

〈사랑의 별자리 분포도〉

※오른쪽 도표의 숫자는 출생연도이며, ○로 표시된 해에 태어난 사람은 섭외팀을 말함. 자세한 내용을 알고 싶은 분은 전화로 상담하시기 바랍니다. (상담전화: 031-618-1541)

자가 혈청(血淸) 방법

병원 집에서 자랐기 때문에 병 치료의 방법을 신기한 마음으로 볼 수 있는 기회가 많았다. 그 중에도 아름다워지려고 애를 쓰는 젊은 남녀에게 피부 미용으로 자가 혈청 치료를 하는 것을 본 적이 있었다.

환자 당사자의 혈관에서 혈액을 뽑아서 자기 근육에 주사를 놓아주는 방법이었다. 곁에서 그것을 보고 그 이치가 무엇일까 하고 어린 마음에도 몹시 궁금하였다. 상담을 많이 하다 보면 아름답게 사는 사람이 사는 방법으로 자가 혈청을 해야 하는 경우에 이런 말을 하게 된다.

"자기 내면의 열정으로 자기 자신을 맑고 뜨겁게 하세요. 일종의 자가 혈청 방법입니다. 요즈음 마음을 비운다는 말이 유행합디다만, 마음을 비운다는 것을 주관적인 자기는 그 자리에 있으나 객관적인 자기는 자신을 떠나 한발 물러나 있는 상태를 말하지요. 일찍이 자기 자신을 떠날 수 있는 훈련이 되는 것이 마음을 비우는 방법입니다. 시시때때로 자신을 떠나서 객관적인 시각으로 이상을 향해 가는 겁니다. 이상적인 열정으로 우정 어린 관심을 담아 지속적으로 전신 근로하는 정신이지요. 첫째 자신을 떠나는 거사(去私), 둘째 이상을 향한 시대인의 이상적 열정, 셋째 모든 사물에 우정 어린 관심을 쏟아서, 넷째 땀 흘리는 전신근로의 지속적인 노력이 있어야 자가 혈청으로 무기력에 새로운 에너지의 공급이 가능합니다.

자기 자신을 떠나 보아야 자신의 상황을 알 수 있습니다. 객관적인 시각으로 자신을 진찰해야 합니다. 나는 어떤 상태인가 하고 바라보면 뜨겁게 사랑하는 대상을 잃어버린 자기 내면의 사랑 주머니가 텅텅 비어 있는 상태가 보입니다. 나른하고 무기력해지면 의지에 활기가 없으니 외롭고 갈등으로 지칩니다. 자신을 사랑하는 자기 사랑의 긍지 주머니를 채우세요. 자기 사랑으로 자기 긍지의 주머니를 채우려면 시대인으로서 또는 개인으로서의 이상을 가져야 합니다. 바로 눈앞에 덮이는 현실적 짧은 시각이어서는 이상이 아니지요. 저 산 너머에 있는 갈 길이 멀지만 도달해야 할 보이지 않는 이상을 향해 뜨거운 열정을 불러일으키고 태우세요. 시대인으로서 도달해야 할 과제나 개인으로서 도달하고 싶은 목적은 이상적 열정만으로도 어느 정도는 그 도달 성취가 가능하지요.

그러나 이상만 가진다면 그것은 의지에 불과해요. 의지를 아무리 가져도 행동이 없이는 결과가 없습니다. 올드 미스나 노총각의 경우를 봐도 생각은 간절한데 자기를 위한 행동에는 인색한 경우가 많아요. 우정 어린 관심을 가지고 땀을 흘려 노력하면 의지와 행동이 같이 하는 곳에 하늘은 그를 도와주지요. 자기 사랑의 긍지 주머니가 꽉 차 있지 않으면 늘 시도 때도 없이 외롭고 무기력해집니다. 병도 없는데 무기력하고 삶에 의욕이 없는 경우 대체로 자기 사랑 주머니가 빈 경우가 많습니다.

자기 자신을 뜨겁게 사랑해 보세요. 샘물같이 맑은 열정이 솟아올라 자가 혈청이 됩니다.

나를 떠나는 거사로 마음을 비워서 자가 진단을 분명히 해보세요. 병은 없는데 수족이 나른하고, 아무 것도 좋은 것도 싫은 것도 없는 무기력 상태가 되는 경우가 많이 있지요. 자기 열정으로 자가 혈청이 가능한데 얼마나 좋습니까?"

이 상담자는 지금 20년 후 그 시대의 구성원으로서 자기 자아를 찾으려고 농대에서 학문에 열중하고 있으니 염려하지 말라고 전화로 안부를 전했다.

4. 열린 시각을 위하여

시각(視覺)형성

사람이 살아가면서 만나는 갖가지 경험에서 제각기 사물을 보는 시각이 서로 다르다는 것에 놀라지 않을 수 없다. 무엇이나 보는 것마다 "아니다"로 보는 부정적 시각과 경험하는 것마다 "좋다"라는 긍정적인 시각이 있다. 전자는 비관적이고 후자는 낙관적이다.

시대적 과제를 해결하려는 같은 이상을 안고 출발할 때 양 시각의 주인공이 가는 길은 언제나 양립한다. 기약 있는 인내 속에서도 부정적인 시각자의 시선은 늘 어둡다. 1925년생 음력 7월 20일, 한 어린 생명이 나타났다. 1893년생인 젊은 남편과 1900년생의 젊은 아내 사이의 사랑으로 태어나는 행운이었다. 상극의 만남으로 아내가 조금은 거북하던 남편은 어린 것을 사이에 두고 편안함을 찾았다.

이것이 상극 관계이나 부부가 된 경우에 부모와 자녀간의 정의를 이어주는 꺾쇠 만남인 것이다. 어린 아이를 사이에 두고 정의가 더욱 두터워진 이 젊은 남편과 아내는 알뜰하게 키우려고 하였으리라. 그러나 어린 것이 4살 되는 해에 장티푸스에 걸리고 말았다. 많은 환자가 드나드는 병원 집이라 누구의 탓도 할 수 없었다. 고열병의 후유증으로 중이염에 걸려 양쪽 귀의 고막이 파열되고 귀가 어두워진 어린아이는 그 후 자라서 소녀기를 넘기고 주부로 살아가는 여자가 되고 또 어머니가 되었지만 난청은 한참 뒤의 44세까지 40년간 그를 괴롭혔다.
"여자는 강하다. 어머니는 더욱 강하다."
이것이 그가 받은 교육이었으며 골육화로 일찍 심어진 정리된 가치관이었으나 인내의 나날은 너무도 길었다.
고열병으로 쇠약해져 뼈는 앙상하고 눈만 커져서 소띠 특유의 어진 눈을 뜨고 만공의 신뢰로 부모만을 의지하고 쳐다볼 때면 젊은 양친의 마음이 갈기갈기 찢어지듯 아팠다는 말을 뒤에 커서 많이 들었다. 쇠약으로 인해 먹으려는 의욕이 전혀 없이 부모를 눈물지게 했다고도 들었다. 그래서 소꿉장난하는 완구 일섭을 사 가지고 같이 놀아주면서 계란에 구멍을 뚫어 내용물을 뽑아내고 속을 비워서, 그 속에다 물에 담가 불려놓은 쌀을 넣고 물을 채운 뒤에 어린아이가 보는 앞에서 소꿉밥을 지어 먹였다는 것이다. 그 때 당시는 솔나무를 종이같이 얇게 밀어서 한 묶음으로 팔고 있어서 자다가 말고 밤중에 우유를 먹일 때 불쏘시개로 썼다는 것이다. 그 종이같이 얇은 나무가 밝은 불빛으로 타들어가는 것을 주시하는 것을 늘 이용해서 밥을 먹일 수 있었다는 이야기이다.
부모의 애를 태운 것이 또 하나 있었으니 어린이가 4세가 되도록 말을 하지 않는 것이다.
"병원집 아이는 벙어리인가 봐."
이웃의 수군거림은 젊은 부부를 당황하게 했을 것이다. 4세 때는 이미 연년생으로 그 여자 어린아이에게는 밑으로 여동생이 둘이나 있었다. 병약한 언니 때문에 둘째에게는 집안에 드나드는 유모가 있었고, 셋째는 유모집에서 아주 양육을 맡고 있었다.

　어느 날 밤중에 "지-야 푸-좀(아버지 우유 좀)" 하는 것이 아닌가. 젊은 부부가 어린이를 가슴에 안고 뜨거운 눈물을 흘렸으리라는 것은 짐작하고도 남는다. 왜 '엄마'가 아니고 4세 된 어린이가 "지-야 푸-좀"이라고 했을까? 어떻게 말문이 열렸을까 많이 생각해 보았다. 커가면서 듣고 생각하는 것이 "나는 소중한 사람이다. 소중한 대접을 받을 권리가 있다"고 믿는 자기의 존재 가치를 확인하며 자기 사랑을 자각하고 인식해 갔다. 동생이 너무 똑똑하고 사랑받는 토끼띠의 귀여운 아이였기에 부러움이 있었고, 지고 있을 수 없는 '언니 자리'가 입을 열고 말을 하려고 하는 안간힘이 되었을 것이다. 그는 늘 언니라고 불리고 있었으니까. "엄마, 푸-좀"이 아니고 왜 "지야 푸-좀"이라고 했을까? 연년생으로 밑에 아우를 보게 되면서 본능적으로 세상에서 제일 자기를 보호해 주는, '믿을 수 있는 사람'으로 아버지를 뽑은 것이다. 그 증명은 다음 상황이 대신해 준다.

　밤중에 동생을 가슴에 품고 잠든 어머니가 아버지 가슴에 안겨서 잠들고 있는 큰 딸을 돌보다가 "또 오줌을 쌌구나. 또 또!" 하면서 궁둥이를 때렸다. 잠에서 깬 젊은 아버지가 "뭐 괜찮아, 괜찮아. 내가 기저귀 몇 장 깔고 자지"라고 한다.

　어린 것이 다 듣고 있었으니 낮에 베개를 앞에 놓고 툭 때리면서 늦게 배운 느린 말로 "또 오줌 싸라. 또 오줌 싸라!" 하고 있는 것이 아닌가. 새침을 떼고 자는 척하면서 아버지와 엄마의 주고받는 말 속에 자기 안보 훈련의 경험을 하면서 사랑의 소재를 확인했던 것이다.

　자기를 소중히 하고 깊은 내면에 긍지를 심어주는 나는 소중한 존재이며, 사랑받고 있다는 애정 신뢰로 키워진 나는 모든 사물을 긍정적으로 보는 시각을 갖고 있다. 병에 남은 술이 아직도 반이나 있다는 시각의 사람으로 성장하여 갔던 것이다.

옆에서 큰 접시가 깨어졌을 때 우선 "다치지 않았니?" 하는 말부터 나오는 사람, 사람을 처음 만나면 우선 그 사람의 좋은 점부터 먼저 들어 훗날 그 상대의 허점으로 상처를 받게 되어도 섭섭하기는 하지만 이미 들어버린 정의 자리는 남아 있는 사람으로 성장하게 된다. 상대의 좋은 점으로 든 정이 있어서 타인을 평할 때 "그 사람은 그런 사람이 아니다"는 말을 할 수 있게 된다. 허점은 일단 접어 두는 가치 기준의 준비가 골육으로 심어져 준비된다. 긍정적 시각이 내적 자산으로 누구도 가져갈 수 없는 보이지 않는 자기만의 배낭의 내용이 되는 것임을 알 수가 있다.

부모의 애정에만 만공의 신뢰를 가슴에 심고 성장한 반면, 1925년생 소띠 여자아이는 같은 해에 출생한 여느 어린이와는 달리 귀가 잘 들리지 않는 불구에다 너무나 귀엽고 사랑스러운 똑똑한 동생들 때문에 눈에 보이지 않는 자기 보호 본능이 스스로를 보호하려는 방향으로 이끌어져 갔다.

"아니, 이 아이가 어디 아픈 것이 아닌가."

놀라서 들여다보면 방구석에 움츠리고 말없이 자고 있는 경우가 많았다는 것이다. 언제나 건강하고 밝은 웃음으로 주위를 자기에게 집중시키는 사랑스런 동생 앞에 언니는 늘 병약하며 어른들을 성가시게 하는 자기 존재가 미안해서 방구석에서 말없이 "고열과 싸웠다." 그때마다 몸에 "열이 펄펄 끓었다"는 말을 들으면서 말없이 자기 연민을 자각한다.

동기간은 타인과의 만남의 시작이라는 말이 있다. 연년생 7남매라는 타인과의 첫 번째 만남에서의 자각 과정을 어찌 살기에 바쁜 부모나 주위 분들이 알겠는가. 여기에서 분명한 것은 너무나 나이 차가 없는 자매간, 형제간에는 비록 언니, 오빠, 형, 동생이란 호칭이 있더라도 정직하고 천연 그대로의 천진스런 개인의 장점과 허점이 전부 노출된 어린이의 공동생활에서 개인차가 주는 감지가 있으니, 이런 상황에서 장유유서의 교육은 사실 무리가 많은 전통 교육인 셈이었다.

이런 형제 구성에서는 장유유서의 내리사랑, 치사랑의 강요보다는 평등한 이해와 인정의 우애 교육이 더 아쉬웠다.

부모 자녀간보다 형제 자매간이 서로를 더 잘 알고 있으므로 부모가 자녀간의 우애를 염려할 때, 그들 마음의 귀거래사는 혈연이기 이전에 타인의 시각에 있다는 것이 중요하다.

병약한 여자아이는 천지간에 자신이 못 드는 부분이 몇 퍼센트인지조차 모르는 상황을 딛고 가장 가까운 곳에 건강하고 사랑 받는 발랄한 동생들에게서 전통으로 언니, 누나라 불리는 가운데 자기 안보의 지속적인 훈련을 한다. 위급하면 자기 긍지가 자기를 보호해서 순발력 있는 결단력을 내려 후퇴하는 일보 후퇴, 삼보 전진의 진퇴의 묘를 터득하는 성장을 한다.

"연약한 달팽이같이 엄마는 결단력이 있다"는 말에 나는 "어려서 자기 안보 훈련이 되어 있어서 그래" 하고 대답한다. 부모에게서 배운 신뢰를, 자기 존재의 소중함을 자기 사랑으로 준비했다. 주어진 환경과 가까운 혈연에게서 자기 연민과 더불어 앞으로 나아가거나 뒤로 물러설 수 있는 진퇴를 배웠고 일보 후퇴, 삼보 전진의 기약 있는 인내로 참을성의 한계를 스스로 조절하며 정리된 자기 교육의 일차 결산을 한 것이 사춘기 15세라고 믿어진다.

"여자는 강하다. 어머니는 더욱 강하다", "삶은 고산준령같이 의연하게, 죽음은 꽃잎 떨어지듯이 미련 없이"라는 소명감과 사생관이 정리된 것이다. 여자의 일생에 대한 결의와 사생관을 안고 병약한 여아, 불구의 여아는 유학을 마치고 돌아왔다.

1942년 봄이었다. 꽃다운 18세의 여성이 된 것이다. 그러나 그는 아직도 겉으로는 멀쩡하게 보이지만 듣기 어려운 불구의 몸이었다. 못 듣는 부분을 숨기고 고민하는 자신을 객관적인 자신이 지켜보았다. 사춘기 청년기 시절의 문제는 늘 타인 앞에서 듣고 있는 것처럼 행세하는 자신과 그런 자기 자신에 대한 갈등에 스스로 얼굴을 붉히는 수치심이었다. 못 들은 부분을 숨기려고 감수성이 더욱 예민해졌다. 지금 나는 불구의 몸으로 훈련한 준비된 감수성 덕분에 타인의 고통스런 상황을 진단하고 천혜의 고통을 같이 할 수 있는 것을 자산으로 가지고 있으니 자연은 하나를 가져가고 둘을 주는 관리를 한다.

보호받으며 성장을 했기 때문에 긍정적 시각을 갖게 되고 또 신뢰할 줄 아는 낙관적인 생활 태도를 가진 현재의 내 자신에 비해 내 자녀들의 세대는 많이 다르다. 부정적인 시각과 신뢰와 존경을 모르는 요즘의 시대상은 그 세대들이 자라던 기간이 아무에게서도 보호를 받을 수 없었던 6·25와 전후의 암울한 시기이기 때문이다.

6·25 당시 이 나라 어린이는 소음과 무질서의 와중에 무방비로 노출되어 있었다. 지축을 흔드는 폭음으로부터 그들을 보호할 수 없었고, 어린 작은 발로 한랭한 설원을 걸었으며 염천하를 헤매기도 했다. 배고픔을 스스로 인내하고 때로는 참지 못해 스스로 걸식도 했다. 6·25의 참상은 바로 보호받지 못한 어린이들의 미래에 있었다.

전후 정상적인 교육 기간에도 이미 골육화된 부정적 시각이 잠복하고 있었다. 종교 홍수와 과소비 풍조를 보면서 연민 어린 마음이 일어나는 것은 6·25 중에 발가벗고 헤매던 어린이의 모습이 오늘의 세태와 겹포개져서 다가오는 것을 피할 수 없었기 때문이다. 시대의 부정적 시각 성장이 오늘의 불신 시대의 근본임을 지금의 노인 세대는 말없이 인정하는 것이다.

가치 기준은 누가 형성시키나

　개인의 삶의 흔적인 운명이란 두 글자에 따라 자신을 운반해서 자신을 납득시키는 경험 선택의 주체가 각자의 가치 기준이라고 할 때 이 기준을 싫다, 좋다로 감지하는 것도 자기 기준에 의한다.
　평소에는 자신의 기준이 어디에 있는지 인식하지 못하다가도 선택의 갈림길에 서게 되면 싫다는 마음, 좋다는 마음과 만나 자신을 확인할 수 있다.
　임파암의 진단을 받고 8개월간의 통원 치료를 받으려고 서울과 안성 간을 내왕한 적이 있었다. 새벽 5시 반에 일어나 준비를 하고 집을 나서 동산의 인적 없는 푸른 길을 걷고 버스를 타고 내리고, 서울행 버스를 갈아타고 서울에 도착해 또 버스를 타고 치료를 받고, 걷고 타고 돌아오는데 매일 8시간이 걸렸다. 병원에서 치료를 받으면서 많은 가치 기준과 만났다.
　내가 다니던 종합병원에는 지하층에 암 치료실이 있다. 방사선 치료는 순번대로 환자의 번호가 불려질 때까지 대기하는 시간에 비해 너무나 짧고 간단하다. 폭이 4, 50센티쯤, 높이가 지상 1미터 50센티쯤 되는 치료대 위에 환부를 위로해서 환자를 뉘인 다음, 흰 위생복을 입은 치료진들이 조사실을 나가 외부에서 스위치를 누르면 원반 같은 우주선 모양의 치료기에서 감마 광선이 조사(照射)된다. 시간은 1분간이다. 이 간단한 방사선 치료를 받으려고 안성에서 서울까지 매일 8시간을 내왕했다. 시한 선고를 받은 암환자가 치료를 받는 과정에서 체력을 소모해 쇠잔해지는 한이 있더라도 자기 침대에서 통원을 고집하는 것은 자신의 가치 기준과의 만남이 있기 때문이다.

평소에 죽음을 생각하고 있는 사람은 별로 없을 것이다. 그러나 태어날 때 죽음과 계약되지 않은 사람은 없다. 늘 삶은 죽음과의 동반인데도 우리는 잊어버리고 살아간다.

종합병원에서는 열심히 치료를 해주는 가운데에서도 가족에게 시한 선고를 전달했다. 내가 가족들의 묘한 기미를 알아차린 것은 한참 뒤였다. 이때 골육화된 자신의 가치 기준과 만나고 스스로 놀랐다.

"시한 생명 선고를 받으셨다면서 열심히 투병하시네요. 살려고 많이 노력하시지요?"

만나는 사람마다 하는 말이다.

"아니에요. 살려고 노력하는 것이 아니라 곱게 떠나려고 노력하고 있어요. 지겨운 이별보다 아쉬운 이별이 하고 싶어서요."

"어느 종교를 믿으세요?"

"저는 자연인으로 살려고 해요. 삶은 고산준령같이 의연하게, 죽음은 꽃잎이 떨어지듯 미련이 없도록 하려고 노력하고 있어요."

"그것이 사람 마음대로 되나요."

"나도 내 마음이 이렇게 될 줄은 몰랐어요. 그 삶과 죽음의 사생관이 내면에 늘 같이 있다는 것을요. 그런데 지금 와서 생각해 보니 평소에 무슨 일이든 안되면 죽는다는 마음이 항상 같이 있었어요. 열다섯 살 때 그것이 준비되었어요. 안락사와 지족안분을 주제로 한 작가의 글을 읽었지요. 나는 지금 얼마나 스스로 그 글을 읽게 한 자신이 고맙고 그 글을 읽을 기회를 준 분들이 고마운지 몰라요."

만난다는 것, 언제 어디서 무엇을 어떻게 만나 무엇을 얻어서 어떤 자산으로 자각하고 소유하는가. 자기 운명의 주체인 자기 가치 기준의 준비를 책임져야 하는 '나'는 참으로 무서운 존재다.

나를 편안하게 하고 나에게 대견한 긍지를 느끼게 하며 산다는 것, 살아있다는 것을 실감하게 하는 나는 참으로 귀중한 존재다.

그러나 그러한 의무를 다하느라 인내와 외로운 선택의 자기 교육을 하는 나는 연민의 존재이기도 하다.

가치 기준의 자가 진단

준비된 자신의 가치 기준을 안다는 것은 "너 자신을 알라"는 한 철학자의 발언을 실행하는 것이 된다. 자신의 골육화된 가치 기준을 무시하고 남의 눈치나 보고 허영으로 자신을 관리하려 해도 이미 준비되고 골육화된 가치 기준이 거부하기 때문에 방황하는 갈등과 회의가 생기는 것이다.

젊은 시절은 자기 가치 기준과 현실 전개의 차이에서 오는 갈등 기간이라 할 수 있다. 일찍이 스스로의 가치 기준을 정직하게 자신이 인정하고 상대적으로 정확하게 입장을 제시하면 정보화 시대에 정확한 선택이 가능해진다.

"나는 정확하게 이런 사람이다!"라고 자신을 제시하고, "너는 어떤 사람이냐?" 하고 상대를 알아보고 그런 상태에서 선택 결정을 하면 뒤탈이 없다. 요즘 이혼이 많아진 것은 정확한 정보의 제시 없이 어금니에 재갈을 물고, 어물어물 외로워서 쉽게 합치고, 허영으로 합치고, 요령으로 합치는 등등 통증을 느끼는 진정한 사랑의 확인 없이 만나는, 서로에 대한 정보 부족이 원인인 경우가 많다.

같은 생년월일이지만 공간이 다른 출생의 가치관의 차를 찾아보자.

토끼띠는 대단히 애교가 많아 어딘지 교태스럽다. 그런 반면에 귀가 밝아 남의 말에 솔깃하다. 이 같은 양면의 천성을 준비한 사람의 내면이 같을 수 있는지 살펴본다.

중국에 사상가이자 교육자로 무려 수십 개의 학위를 가진 토끼띠의 후스(胡適) 교수가 있었는데 이 분은 듣는 귀가 밝은 토끼띠의 장점을 이용해서 학문 쪽으로 자신의 애교성을 십분 발휘, 지식의 보고로 내적 자산자가 된 것이다. 내적 자산은 남이 가져갈 수 없다. 토끼띠 사람으로서 자신이 학문 쪽으로 귀가 열린 사람은 자신의 가치 기준 형성에 영향을 준 모든 분에게 감사할 일이다.

반면 토끼띠의 듣는 귀가 밝은 것을 향락의 방향으로 열려 있는 경우 "댄스 홀에 춤추러 가자"라는 말에 귀가 번쩍 뜨여 순간적으로 말초신경에 야릇한 전율까지 느끼게 되고 상기하는 상태가 되면, 그는 세상사는 맛을, 그야말로 삶의 에너지원을 지속적으로 그 쪽에서 충전해야 한다.

12지의 모든 생년 소명 천성이 어느 것 하나 에너지원이 아닌 게 없다. 말띠가 가진 활동성이 생월, 생일에 들면 활동하는 맛이야말로 삶의 에너지가 된다. 잔나비띠의 외로운 상대 영합이 들면 상대 영합으로 외로운 성취가 이루어지는 맛이 세상사는 에너지 충전이 되는 것이다.

그러니 활동의 방향이 어느 쪽인가가 문제이며 상대 영합의 방향이 문제인 것이다. 국민을 상대로 비위를 맞춰 정책 방향으로 이끄는 성취가 가능하려면 국가 통치자가 될 수 있는 오랜 세월의 준비된 내적 자산이 필요하다. 첫째 걸맞는 동반자인 부인의 준비가 필요한데 그런 부인을 맞이하기 이전에 결혼을 동의 받을 준비가 되어 있어야 하며, 그 자리에 앉을 관리 능력의 기본이 되는, 오랜 세월 동안 갖추어진 내적 자산과 그를 부상시킬 지지자의 파워가 필요하다.

이에서 보듯 사회 구성에는 가고자 하는 곳에 준비된 용어, 준비된 매너 등 필요한 요건이 있다. 천박한 말과 거친 매너로써는 절대로 참석할 수 없는 곳도 있다. 첫째 자신이 불편하기 때문에 그곳에 머물 수가 없다. 그곳에 가면 내 마음과 몸이 편치 못하는 어떠한 공간도 자기의 것이 아니다.

가치관 기준에 대한 자가 진단은 자신이 불편한 곳 어딘가를 알게 하고, 자신이 운신하는 데 익숙한 갈 곳과 운신하기 어려운 못 갈 곳을 판단하는데 대한 결단, 즉 '좋다', '싫다'가 분명해진다.

"그 사람은 그곳을 싫어해."

"그 사람은 그런 사람이 아니다."

자신이 없는 곳에서 타인이 그런 말을 해준다는 것이 자신을 편안하게 대접하는 방법이다.

토끼띠는 '너는 애교로써 인류 사회에 기여하라'는 자연의 섭리이기에 천리에 따라 자신이 있는 곳에서 자기 소명을 위해 그 애교를 지식을 얻어내는 데 쓰든지, 타인에게 쾌감을 주는 데 쓰든지 주어진 대로 사회에 기여하고 있음을 인정해야 할 것이다. 나의 가치 기준에 따른 나라 사랑은 어떤가? 스스로 진단하는 것은 간단하다. 길의 보도블록이 울퉁불퉁해도 아무런 마음에 느낌이 없다든지, 공중전화 박스에서 전화기를 함부로 부순다든가, 순번대로 줄을 서지 못하는 자기 자신에게 나라 사랑이 있다고 믿는 사람은 없을 것이다. 지역의 대표자를 뽑아 국회로 보내면서 냉면과 소주에 유혹되는 경우는 말할 것도 없이 자신의 가치 기준과 깊이 상의해 볼 일이라고 생각이다.

경이원지(敬而遠之)

사전에 보면 경이원지를 경원이라고 줄여서 양면 해석을 하고 있다.
1. 겉으로 공경하는 체하면서 속으로는 멀리함.
2. 존경하나 가까이 하지 않음.

우주 공간에 양면이 아닌 것은 없다. 좌우, 고저, 사랑과 미움, 만남과 헤어짐, 남과 북, 해와 달, 물과 불 등 쓰려면 한이 없다.

그 중에서도 사람을 질리게 하는 것이 사람 내면에 있는 양면성이다. 태어날 때 천기가 (＋:플러스, 强, 陽)와 (－:마이너스, 弱, 陰)를 체내에 강약으로 가졌다. 분명 천성에서 십이지의 열두 띠 출생들이 양면으로 수동 쪽과 능동 쪽 성질의 것을 장점과 허점으로 가지고 있는 것이다.

정확한 정보에 의해 상대를 깊이 이해는 하지만 인정하기는 어려울 때, 상대의 입장을 알기에는 정보가 부족하지만 인정은 해야 하는 처지일 때 양쪽 모두 경원하는 상황이 된다. 그러나 많은 보통 사람들의 "잘은 모르지만 알고 지낸다"는 마음은 아직 멀지만 겉은 가까이 지내는 편이라는 말이다. 이것을 무리하게 마음이 없다고 몰아세워서는 곤란할 것이다.

사람은 어차피 양면으로 가를 수가 있다(마조키스트와 사디스트). 사람을 처음 만났을 때 상대의 장점부터 눈에 들어오는 사람과 누구든 만나면 상대의 허점부터 눈에 들어오는 사람의 두 방향이 있다.

남의 장점부터 보는 사람은 존경과 신뢰와 사랑으로 마음의 정부터 들어서 후에 상대방의 허점을 알게 되더라도 이미 심어진 정은 아쉬움으로 마음 깊은 곳에 심어져 남는다.

반대로 어떤 사람을 만나도 상대방의 허점부터 보는 사람은 불신과 경멸과 미움이 심어져 후에 장점을 보아도 이미 심어진, 주는 것이 싫은 마음이 앞서 정이 없는 불신과 경멸과 미움이 심어졌던 자리에 그대로 남는다.

두 방향의 우정어려야 할 대인 관계는 정부터 들어 버린 쪽은 상대 허점마저 이해의 눈으로 보게 되지만, 미움의 싫은 마음 쪽은 상대 장점마저 이해하는데 인색한 마음이 된다.

남의 장점에 주로 시선이 가는 열린 시각은 상대 허점이 나의 안도가 되는 일이 없으나, 남의 허점에 주로 시선이 가는 거부 시각은 남의 허점을 자기 안도의 위안으로 삼는다.

긍정적인 시각과 부정적인 시각은 어려서부터 나타나면 후천적인 의식의 전환이 무척 어렵다. 긍정과 부정의 시각차는 어려서 자기 골육화로 심어지는 가치 기준 형성에 절대적인 영향을 미친다. 천기의 (+)와 (−) 오행의 상합, 상극 등으로 가족간이나 이웃, 동료간 등 어려운 만남과 좋은 만남의 불편한 관계, 편안한 관계에서 형성된 시각차가 있기 때문에 생년월일을 가지고 점을 친다든가 궁합을 보아 인위적으로 만남을 조절한다는 것은 어리석은 일이다.

생년월일에는 12지간 중 단지 '셋'만의 소유 자유가 있을 뿐이다.

일찍이 부모가 누구이며 어디서 누구에 의해 키워지는가에 따라 같은 것이 다르게 보이는 시각차가 있으니, 선택 결재는 자기 앞에 전개되는 현실 자연적 현상과 자신의 가치 기준 시각의 권한뿐이기에 자신이 가장 외로운 선택의 책임을 지는 것이다.

이러한 이유로 세상에서 제일 무서운 상대가 자기이며 개개인의 외로운 선택 책임을 보는 시각은 이해와 인정으로 잠시 허점을 접어 두고 장점을 앞세워 주는 공경의 경이원지가 좋을 것이다.

상대적인 이익은 언제나 가운데 자리에서 유동적이다. 마음이 상하더라도 어느 부분인가는 좋은 점을 갖춘 자연인에게 예의로써 존중하고 한발 물러서는 경이원지는 용각산과 같이 소리가 나지 않는다. 전과자인 줄 알면서 잠시 허점을 접어두고 공경할 때 결과는 좋은 쪽으로 나타난다.

많은 정보를 얻어 정확히 상대를 알면서도 환한 웃음으로 공경의 악수를 하는 경이원지의 으뜸으로써 샌프란시스코의 한소 외교 장면이 모범이 될 것이다.

경계를 내면에 접어 두고 공경을 외부에 표출하는 일을 인색히 할 필요는 없다.

사람은 어차피 혼자다?
-사랑과 감사

사십 년간 귀가 어두웠던 어린 시절 병신 육갑한다는 냉시 속에 사람이 무서워 늘 방 안에서 책을 읽고 자랐다. 책 속에서 키워진 나는 그런대로 자기 안보 훈련이 쌓여서 변화된 사태에 즉각적으로 대처하는 결단성이 준비되어 있었다.

4세에 잃어버린 청각을 44세에 수술을 받고 청각을 되찾으니 사람이 반가웠고 매일이 감사했다. 귀 수술 성공 2개월 후 치과 원장 부인의 전화를 받고 놀랐다. 미국 대사관 부인이 초대하는 자리에 와 달라는 것이다. 사십 년 불구 생활 동안의 주관적인, 내밀한 나의 생활을 일일이 생각해 보았다. 객관적인 내 자신이 만들어 놓은 내 얼굴에 귀의 청각만 돌아오면 이런 초대도 받는구나.

"그런 초대에 내가 나갈 수 있을까요?" 하는 반문에 "왜 당신이 어때서요?" 한다.

"와아, 수술 받은 지 두 달 만에 외교파티에 초대받다니" 하고 생각하는 순간 아찔한 마음이 들었다.

그간 귀가 들리지 않는다고 나를 부모님이 무심히 내버려 두었다면? 나 자신을 키울 수 있는 가치 기준을 준비해서 골육화로 심어 주는 것에 협조해 주신 그 많은 선생님과 작가와 작중인물들, 학교 등하교길에 내 안목을 키워주며 보이지 않는 영향을 준 스치고 지나간 경험과 사람들, 초대받았다는 것보다 이 자각에서 오는 뜨거운 감사와 윤기어린 마음이 된 이런 경험은 나를 외롭게 하지 않았다.

청각을 찾아 듣는 기쁨에 감사한 생활은 짧았다. 1980년 여름 임파암의 진단이 내리고 1983년 봄에 시한 선고를 받았다. 항암제의 후유증은 처참했다. 머리칼은 모자를 벗어 놓은 듯 몽땅 빠졌으나 그리 슬프지는 않았다. 미리 미국 유학에서 돌아온 딸에게 들어서 머리가 빠지지 않으면 약의 효험이 없는 경우라는 지식의 준비가 있었으므로. 그러나 중추신경에 많은 지장이 생기고 걸음이 불편해지니 지팡이를 찾게 되었다. 눈과 귀와 입안에서부터 전신에 나타나는 후유증은 사람 마음에 노기를 불러냈다.

느린 승차에 대한 버스 안내양의 지천(至賤)으로 버스 바닥에 내 가발이 떨어져 차 안에 있는 승객을 놀라게 한 일도 있었다. 자살 유혹은 늘 따라다녔다. 때마침 권투 선수의 어머니가 자살했다는 보도를 들었는데 그가 마시고 간 파라치온이라는 흑색의 액체가 마침 내 집 지하실에 준비되어 있었다.

그러던 어느 날 교보문고에서 책을 사고 지하철을 타려고 역으로 내려갔다. 레일 가까이에서 기다릴 틈도 없이 차가 도착했고 문이 열리면서 80퍼센트 정도 채운 듯한 승객들의 틈 속에 서 있었다. 바로 앞에 열여섯 살쯤 되어 보이는 산뜻한 소년들이 여섯 명 타고 있었다.

차는 곧 출발했고 저쪽에 서 있던 소년이 극장표를 들고 친구들에게 소리친다.

"야아, 극장에서 영화 보고 가자."

"표 있니?"

"응, 여섯 장."

그때 바로 내 앞에 서 있던 그 중 중키 정도의 학생이 분명하게 말한다.

"나는 안 가."

할끗 그를 내려다본 키가 큰 두 아이가 동시에 묻는다.

"몇 시에 끝나는데?"

"열 시에."

"그럼 집에 가면 11시 아니야. 곤란한데. 안 되겠어."

표를 쥐고 감정을 잡으려는 내면의 노력이 자기 앞에 서 있는 키가 작은 두 소년을 강요하듯 내려다보고 있었으며, 그 앞에 있던 두 소년은 고개를 들지 못하고 무언으로 있었다. 갈아타고 목적지에 가기 위해 그들보다 먼저 내리면서도 마음은 뒤로 당겨졌다. 선택을 해야 하고 결단을 내려야 하는 순간은 어디서나 기다리고 있는 것이다.

용산 시외버스 터미널에 가기 위해 육교 위에 올랐다. 늘 내려다보는 대로 저 멀리 한강교 쪽으로 곡예사같이 자동차의 물결 속을 빠져나가는 자전거를 탄 청년들이 보인다. 자기 키보다도 높은 짐들을 싣고서 다니는 소년들의 모습을 생각하니 마음이 우울했다.

육교 위에서 지하철 공사를 하는 광경을 한참 내려다보고 있었다. 서울 올림픽을 위한 준비로 청장년들의 모든 에너지가 집중 투입된 그곳은 분명히 남자들의 일터였다.

그때 통증 같은 깨달음이 찾아왔다. 16세 때 심야에 톨스토이의 '안나 카레리나'를 읽은 나는 철로를 보면 늘 자살을 연상하곤 했었다. 육교에서 통증 같은 깨달음이라는 것은 방금 타고 내린 전철이 많은 청년, 장년 남자의 땀으로 여름에는 더워서 시커머니 기름과 쇳가루에 범벅이 되고, 겨울이면 추위에 움츠리면서 건설된 것이구나 하는 실감을 느꼈다.

그럼 저 청년들의 에너지는 어디서 지속적으로 충전되는 것인가. 어느 집 안방 못지않게 편안하고 청결한 전철의 고마움이 청년들의 에너지원에 대한 생각에 미치자 그 감사하고 미안한 마음이 홍등가의 여인들에게까지 뻗쳐 그들에게까지 고마워진 것이다. 삶은 고산준령같이 의연하게, 죽음은 미련 없이 맞이하자. 그로부터 몸에 힘을 주고 살려고 하는 노력보다 병원에서 시한이 저만치 앞에 있다고 하니 그쪽으로 모양 좋게 걸어가자고 돌아오는 차창에 멀리 기원을 했다.

1983년의 봄에 받은 시한은 아직 때때로 현실 자각 증세로써 위협을 하지만 이미 그 약속된 시한은 지나간 날이 되어 있다. 자살의 유혹에서부터 벗어나 감사할 수 있는 많은 것이 나의 마음에 자리 잡으니, 내 나라 국토 상의 모든 것이 나의 마음에 있어 외로움은 사라진 지 오래 되었다.

사랑하는 대상이 없어지고 마음이 공허한 것을 사랑으로 채우면 뿌듯하다. 사랑하는 방법을 몰라서 또는 사랑 받을 줄을 몰라서, 사랑 주머니에 자기 사랑이 없어져서 사람은 외롭다고 한다. 누가 '나는 어차피 혼자'라고 하는가.

운동화 한 켤레, 블라우스 한 장도 많은 에너지의 충전이 있어야만 지속적인 생산이 가능한 것을. 매일 먹는 음식, 매일 읽을 수 있는 책 한 권에도 타인의 땀이 들어 있지 않는 것이 없지 않은가. 고마움이 그득한 것이다. 감사하는 사랑으로 마음을 채우고 그리고 나서 혼자인지 확인해 볼 일이다.

여자는 강하다.
그리고 어머니는 더욱 강하다

　이 글은 1984년 5월 19일 안성문화원 주최 주부 직장 여성 백일장에서 씌어 한국 문화원 창간지에 뽑혔다. 여하한 역사의 시대적 인계에서도 백지 인계는 없다. 세기말적 고뇌는 어느 시대에서도 있어 왔으며 전통적 환경인 사회 구조와 시대인의 역부족에 의해 남겨진 문제를 해결하는 과제가 인계되고 있다.
　스치는 인연을 지성으로 대하지 못하고 지천으로 대응할 때 결과는 고울 수 없다. 앞서 가신 여자들은 강했다. 더욱이 어머니들은 강하시고 대견하셨다.

어머니

　"야야, 옛날 우리 집 사랑에 오시던 김 주사가 '데모크라시'라는 말을 해서 아무도 못 알아들었는데, 젊은 아무개가 나중에 알아보고 놀랐다는구나. 그게 무슨 말이냐?"

85세 된 할머니의 느닷없는 말씀에 60세 된 나 최씨 할머니는 눈물어린 눈으로 어머니를 바라봅니다.

영리도 하셔라!

"아이고, 어머니. 그게 50년도 넘은 옛 이야기인데 그걸 어찌 기억하고 계세요?"

요리의 명수이시고 라디오와 TV로 보고 듣고 아시는 정보는 드골대통령이 불란서 사람이라는 정도입니다. 시세의 노인 기피풍조로 시한부 환자인 내 곁에서 사시는 나의 어머니를 보는 눈은 회한에 젖어옵니다.

4세에 앓은 장질부사로 인해 양쪽 귀의 고막에 이상이 생긴 나는 귀머거리로 겨우 초등학교 교육을 받았습니다. 난청불구의 몸으로 진학할 길이 없어 나는 큰 가방을 들고 현해탄을 건너가 눈물의 유학을 하며 외롭고 슬픈 배움으로 성장을 했습니다.

그 나라의 국민 교육 덕으로 지금도 조국과 혈육을 사랑하고 자기 자신을 사랑할 줄 아는 사람으로 자란 나는 주부감으로 성장하여 돌아왔습니다. 우리들이 주부로서 시대를 인계받을 때 황량한 가난과 민족 긍지를 배우지 못한 식민지 교육 결과의 무지가 슬프기는 했어도 나라 없는 시대를 사시던 부모 세대의 뼈아픈 삶을 보았습니다.

그래도 우린 태극기가 있어 부모님 세대를 존경하면서 "태극기는 우리나라 깃발입니다" 하고 소리소리 노래하는 어린것들을 보면서 즐겁게 바느질을 하고 음식을 만들었어요.

6·25의 참변 이후 가난과 비굴과 부정이 넘쳤지만 그런 외중에서도 주부들은 혼신의 노력으로 교육에 전념, 갈등과 시행착오 속에 눈물어

린 젊은 날을 희생하였습니다. 4년마다 투표할 수 있는 권리를 아꼈으나 그때는 내일을 위해 좌절할 시간조차 없었습니다.

지금은 가진 자나 못 가진 자나 할 것 없이 평등하게 먹을 수 있는 아이스크림이 산업 전사나 타일공의 자의식까지도 소리 없이 키워감을 피부로 느끼지요.

어머니!

85세가 되신 우리 어머니가 나라 없는 서러운 시대를 사시고 해방을 맞으셨을 때도 음식 솜씨로, 또 주머니를 털어가며 지역에서 많은 정치가와 청년 운동가들을 격려하신 걸 우린 보았어요.

자식들이 공 굴리듯 책임을 미루는 속에 노인이 된 딸과 마주앉아 잠실 체육관에 넘쳐흐르는 함성을 듣고 봅니다.

"어머니, 우리들이 키운 나라의 아들딸들이 저기 있어요. 어머니나 저나 참 장하게 살아왔어요. 우리 서로 대견해 합시다. 인생을 한으로 끝을 맺기엔 우리들의 노력이 너무 애석하잖아요? 그러니 세상을 돌아보며 이만큼 좋아진 세상을 함께 기뻐합시다. 아마 다음 세대는 자식과 부모가 서로 존경하고 사랑할 것입니다. 어린 자식들 눈에 우리들의 세대는 주위를 돌볼 겨를이 없을 만큼 너무 가난하였으나 지금 보세요. 우리들이 가르친 아이들이 얼마나 밝고 지성적으로 사는가요. 대견하게도 우리가 해낸 것이에요. 그렇죠?"

그러나 초점과 표정을 잃은 어머니의 모습, 그것은 젊은이들의 노인기피에 대한 무언의 항의입니다. 오늘 나는 삶을 시한부로 선고받고 있어도 이렇게 화창한 날 주부들이 모여 앉아 "대중 속에서, 가정 속에서 외롭고 소외될 때 글을 쓰는 시행을 하라"는 지도자를 쳐다보는 이 마음이 뿌듯합니다. 많이 사랑하고 이해하며 삽시다.

"어머니! 당신은 대단하셨요!"

대림동산 푸른 풀밭에서 이 글을 쓰고 있을 때 85세였던 어머니는 92세로 청주에서 아들 가족과 살고 계시면서 아직도 당신의 동정을 정결하게 손수 갈고 계시고 노인정에 나가면 인기가 있다는 손녀의 소식이 들려오고 있다.

여기까지 읽은 독자들께서는 어린 시절과 늙음의 현장만 있음을 감지할 것이다. 젊은 날의 시련은 만인에게 평등한 이치와 개인의 자연 관리 제약을 깨달음으로써 표현하고자 한다. 자연 이치에서 함축된 자신의 소명을 읽을 수 있을 것이다.

반론이나 상담을 원하시면 다음의 주소로 편지를 보내시거나 전화로 연락바랍니다. 많은 의견을 기다립니다.

※경기도 안성군 공도면 대림동산 장미골 166호, 전화 031-618-1541

경험의 인연, 경험의 문양(紋樣)

　사람들은 경험을 하고 나서 흔적에 운명이라는 말을 쓴다. 어린 네 살 때에 장티푸스에 걸려 그 고열로 40년 동안 귀가 어두워 고생한 나는 자기 사랑이 지극하다. 파도처럼 시련과 고난이 와도 경험을 대단히 사랑하는 사람이다. 억울한 경험, 슬픈 경험, 분통스런 경험, 민망한 경험, 부끄러운 경험도 했으나 이 모든 경험에는 교훈이라는 자산이 담겨 있으므로 반성과 자각으로 성장해 갔다.

　1984년 1월 14일 일간지에서 여기자 칼럼을 읽는 경험을 했다. 내용은 이러했다.

노년을 바라보며

　「정초 휴가를 꼬박 집에서 보내겠다는 것은 지난 연말에 내가 품었던 유일한 <신년 계획>이었다. 만물을 꽁꽁 얼어붙게 하는 추위에 갇혀서 나는 겨울잠을 자는 두더지처럼 완벽한 휴식을 취하리라. 그 사흘 동안의 겨울잠을 위하여 나는 84년을 손꼽아 기다렸었다.

움직이지 않는 휴식엔 질색을 하여 휴가 때나마 나와 마음이 맞지 않던 남편도 연말의 과음으로 몹시 지쳐서 정초를 집에서 쉬겠다고 약속하였다. 차례를 지내고 작은댁 식구들이 떠들썩하게 떠나간 설날 오후부터 남편과 나는 각기 자기 방식대로 쉬기 시작했다.

나는 마침 감기 기운이 있었으므로 감기를 핑계 삼아 한없이 잤으며, 뜨거운 유자차를 많이 마시고 잠이 깨면 틈틈이 추리소설을 읽었다. 하루에 한 끼만 먹고 두 끼를 먹기도 하고, 한밤중에 일어나 밤참도 먹었다. 이 얼마나 멋진 휴가인가.

남편은 주로 텔레비전 영화를 보고 신문들의 신년 특집을 샅샅이 읽고 레코드의 먼지를 털고 책도 몇 권 꺼내다 뒤적이고 답답하면 창문을 열고 눈 내리는 풍경을 바라보았다.

이런 휴식 속에서 두려움을 느낀 것은 누가 먼저였을까. 휴식의 마지막 날 함께 텔레비전을 보다가 나는 더 참지 못하고 "우리 늙으면 큰일이죠"? 하고 두려움을 발설하였다.

그 말을 하자 나는 갑자기 우리가 노부부인 듯한 불안에 빠지고, 거울로 달려가 아직 늙지 않은 내 얼굴을 보고 싶었다.

나이 들어 일에서 물러난 우리는 어떤 노년을 보내게 될까. 젊은 날부터 길들여 온 취미도 없고, 눈이 나빠져 책도 못 읽고, 기운이 없어 돌아다니지도 못하고, 서로의 얘기를 들어줄 참을성도 줄고, 삶에 대한 열정마저 사그라진다면… 우리는 어떻게 시간을 보내야 할까.

기다리던 신년 휴식에 찾아든 이 갑작스런 공포는 나를 기가 질리게 하였다. 푹 쉬고 싶다는 한 가지 꿈만으로 84년을 맞았던 나의 태만이 이런 식으로 벌을 받은 것일까. 오늘 홀깃 쳐다본 노년의 한 자락이 이처럼 삭막하다 해서 우리는 어떤 준비를 미리 할 수 있을까. 남편은 나의 걱정에 시끄럽다고 화를 냈지만 그의 얼굴에도 불안의 그림자가 역력했다.

　묵은해를 보내고 새해를 맞는 기분이 이처럼 해마다 달라지는 것은 참 신기한 일이고, 또 그런 것들이 살아가는 맛인지도 모른다. 그 스산한 악몽에서 벗어난 요즈음도 나는 가끔 나의 노년을 바라보곤 한다. 어떻게 하면 노년이 좀더 즐겁고 풍요할 것인지를 틈틈이 생각하노라면 근사한 아이디어가 떠오르겠지 하고 스스로를 위로하면서….」

이 글을 읽었을 때 나는 여러 종합병원에서 임파암 진단을 받은 환자였고, 3개월이라는 시한을 고지 받고 있었다.

칼럼을 읽고 나서 떠오른 느낌은 묘한 불안감이었다. 나는 이 불안감이 무엇을 의미하는지를 처음에는 잘 알 수 없었다.

1925년 7월 20일이 나의 음력 생일이다. 이미 노년에 서 있었으니 여기자의 앞날에 대한 불안과는 다르다.

내일이면 늦으리, 내일이면 늦으리. 나는 무엇에 쫓기듯 한 발 먼저 늙음의 현장에서 늙음의 실체의 진단을 편지로 띄웠다.

이 편지가 신문에 인용이 되니 국내외에서 1500통의 편지가 배달이 되었다. 사람의 일생을 사람들은 운명이라고 한다. 운명이 경험의 흔적이라면 우연한 칼럼을 읽고 얻은 나의 불안은, 경험의 인연을 경험의 문양으로 남아 60세가 되는 1985년 1월 6일 일간지 연간 기획으로 〈최을경 할머니와 의논하세요〉라는 지상 상담 칼럼이 시작되었다.

생후 처음 독자로서 서신으로 보낸 것이 인용되어 여기자 칼럼 〈372〉에는 이렇게 쓰여 있었다.

잘 늙는 약은 사랑이라는 편지

지난 14일자 신문에 '노년을 바라보며'란 제목의 칼럼을 쓴 후 독자 몇 분으로부터 받은 반응은 우울한 것이었다. 40대의 독자 몇 분은 "정초에 우리 부부도 갑자기 노년에 대한 생각을 했는데 공연히 쓸쓸해져서 혼났다고" 말했고, 60대의 한 여자 분은 "칼럼을 읽고 나서 노년의 심정이 갑자기 우울해져서 항의하려고 전화를 걸었다"고 말씀하셨다.

늙는 일이란 이처럼 쓸쓸하기 만한 일일까. 며칠 동안 어두운 기분이 계속되고 있는 중에 최을경 할머니의 감동적인 편지를 받았다. 늙는 일로 쓸쓸해 하는 여러분과 함께 이 편지를 읽고 싶다.

『나는 60세의 할머니로서 유한 생명을 살고 있는 환자예요. 중년에 접어들어 불안하게 노년을 바라보는 장 기자의 글을 읽고, 한 발 먼저 늙은 사람으로서 몇 마디 적고 싶어 편지를 씁니다. 늙은 사람들은 젊음을 살아온 경험이 있기에 젊은 사람들을 이해하고 따뜻하게 바라볼 수가 있어요. 그러나 젊은이들은 늙음의 경험이 없으니 늙은이를 이해할 수 없고, 노년을 짐작할 수도 없는 것이지요. 노인의 외로움은 돈이나 지위나 자식이나 젊은 세대의 친절로 채워질 수가 없는 것이에요. 그것은 늙음의 실체가 적막한 것이기 때문입니다. 늙음이란 또한 여러 가지 자기 마음과는 거리가 먼 증세를 동반하기도 합니다. 자제와 지성과 교양과 하다못해 요리 솜씨까지 퇴보하게 되고 신경이 무디어지니 눈 깜짝하는 사이에 엉뚱한 짓을 저지르며, 귀천에 관계없이 젊은이들이 싫어할 언행을 하게 되는 것이에요. 이 모두가 늙음의 비애지요. 늙음을 막는 약은 없지만 40대 무렵부터 잘 늙겠다는 마음을 갖는다면 좀더 나은 노경을 맞을 수 있을 것이라고, 노년을 걱정하는 중년들에게 말하고 싶군요. 죽음이란 누구에게나 공평하게 찾아오는 일이고 늙음의 적막이란 가진 사람에게나 못 가진 사람에게나 평등한 것이므로 미리 젊은 시절부터 정신적인 준비가 필요한 것이지요.

늙음과 죽음 앞에서 의연할 수 있는 절대적인 준비란 사랑하는 마음을 갖는 것인 것 같아요. 조국, 사회, 혈육, 자기 자신에 대한 뜨거운 사랑만이 의연한 노년을 보장해 준다고 생각합니다. 귀하게 늙고 귀하게 죽는 길은 타인을 많이 사랑하고 많이 이해하는 40대만이 갈 수 있는 길이란 것을 말해주고 싶군요.』

최을경 할머니의 편지를 읽은 우리들의 마음은 이미 따뜻해졌다. 사랑과 이해가 있는 한 우리의 노년 또한 따뜻할 것이란 것을 배우게 되었으므로….

1985년 1월 19일자 신문에 나온 이 칼럼으로 인연이 있어 수많은 카운슬링 경험을 할 수 있었다. 나의 경험, 남의 경험 없이 경험이란 참으로 뜻이 깊다. 어떠한 경험도 의미 없는 경험이 없고, 경험에는 사람 따라 같은 경험에도 경험의 문양은 손가락의 지문만큼이나 생명체 고유의 무늬가 있음을 알게 되었다. 가장 빠르고 흥미를 돕기 위해 수학의 역산을 하듯 뒤의 도표를 만들었다.

나는 지금 어디에 있으며 나의 몸 안에 내적 자산 준비는 되었는가를 한눈에 알 수 있다.

제3부
자연론

자연은
신의 교과서

⊙自然의 生命體 淘汰圖

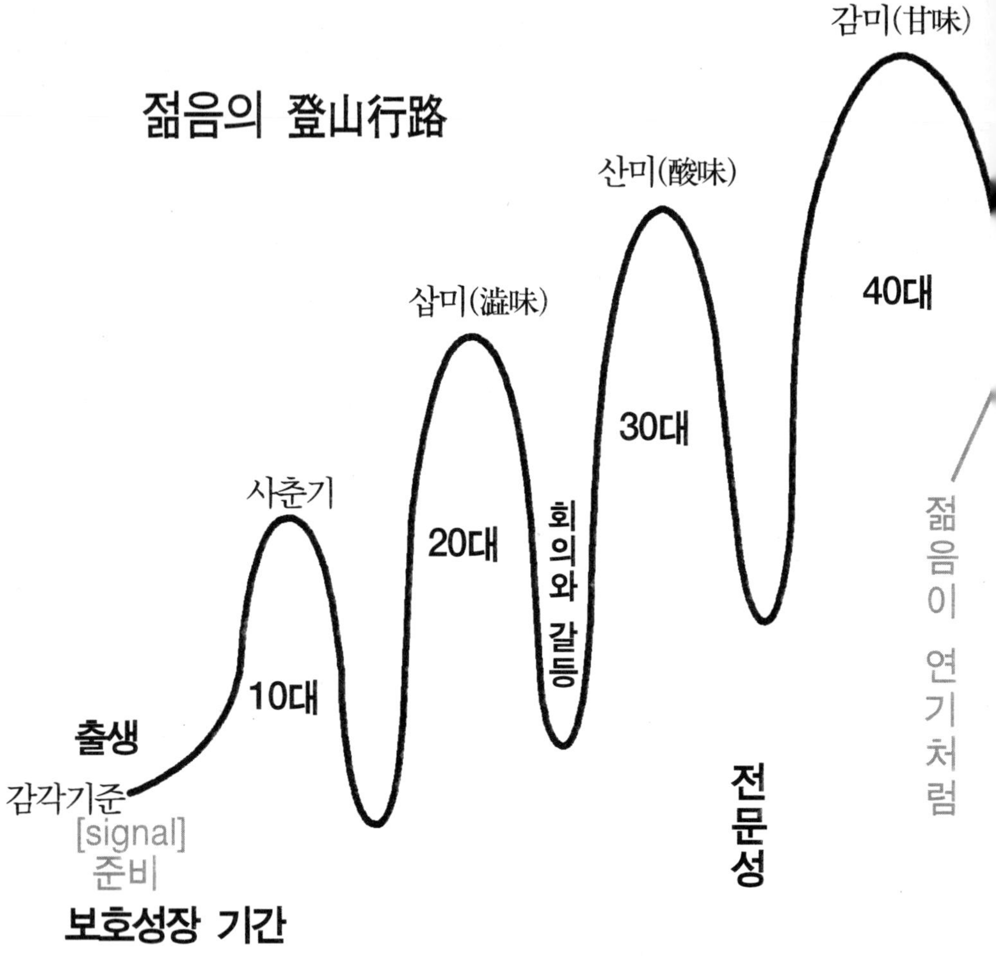

젊음의 登山行路

감미(甘味)

산미(酸味)

삽미(澁味)

사춘기

40대

30대

20대

회의와 갈등

10대

출생
감각기준
[signal]
준비

전문성

젊음이 연기처럼

보호성장 기간

경험고통의 질이 다르나 경험고통의

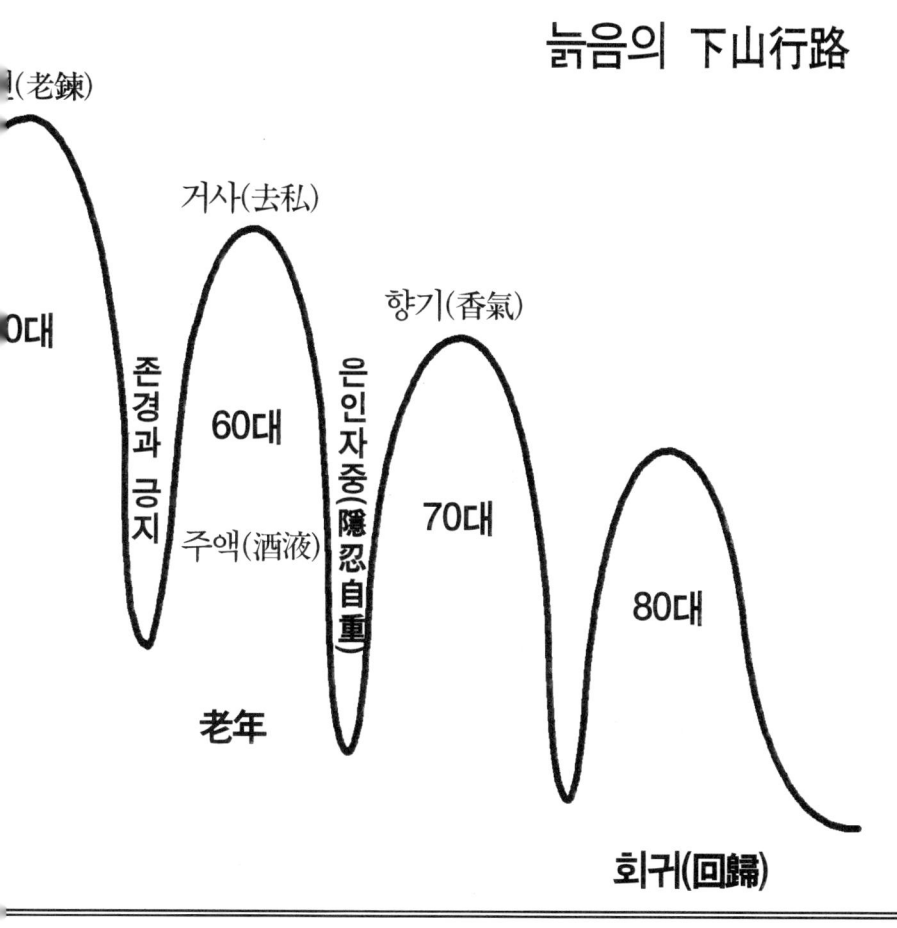

양에 있어서 만인이 평등하다.

1. 자연은 누구나 읽을 수 있는 생명의 교과서

운명이란 두 글자

　운명은 자기 자신에게 경험을 허가한 결과를 말한다. 운명이라는 두 글자가 의미하듯이 자기 생명체가 운신하여 자기 자신에게 경험을 허가할 때 자기 삶의 길에 그 흔적이 남는다. 사람들은 개인의 삶의 흔적에 운명이라는 말을 많이 쓰고 있다.
　개인의 삶의 흔적인 운명을 흥분되지 않는 이성으로 객관적인 관찰을 하면 운신의 주체는 골육화되어 준비된 각자의 가치 기준임을 알 수 있다. 각자의 가치 기준은 이성간에 생식이 가능한 사춘기 이전에 골육화로 준비된다.
　공간과 시간의 제약을 받고 출생하여 자신에게 주어진 현실 자연과 만나 자기 골육에 준비된 스스로의 가치 기준이 납득하는 책임 있는 선택을 하는 과정에서, 자신의 의지와는 관계없는 많은 현실 자연의 제약을 만날 때 사람들은 운명이라는 두 글자를 떠올리며 체념하곤 한다. 그리고 그 운명은 자기가 만드는 것이 아닌 숙명적인 것으로 돌리며 책임을 미루려 한다.

　그러나 현실 자연의 제약이 각자 앞에 어느 정도의 차는 있겠지만 그 제약이 나만의 것이 아니고 누구나 받는 것이기에 누구도 자신의 운신 경험에 책임을 면할 수는 없다.

　운명을 만드는 나는 어떤 사람인가 스스로를 진단해 보는 것도 뜻이 있으리라 생각되어 자가 진단서를 작성하는 방법을 소개한다.

◉시대인의 소명(召命) 진용(陣容)과 진영별(陣營別) 포진도(布陣圖)

자기 포지션

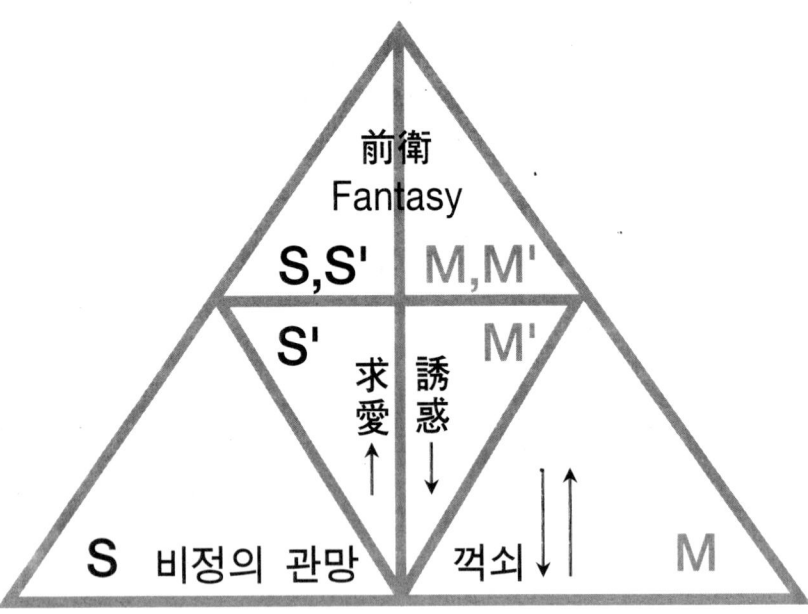

人類 60億의 同乘 캡슐

경험과 자산

　운명은 자신이 준비한 가치관의 기준이 납득하는 데에 따라 생명체를 운신하여 자신에게 경험을 허가한 결과를 말한다. 가치관의 자기 기준의 납득에는 각자에게 주어지는 자연 관리 제약이라는 한계가 있다.
　이 자연 관리 한계가 각 개체에 달리 작용하고, 각 개체의 준비된 가치 기준의 선택이 다르기 때문에 생년월일이 같아도 궁극적인 삶의 방향과 색체가 결과를 달리하는 것이다.
　자기 자신을 운신하는 데 있어 순간순간 시간과 공간을 선택하고 경험하는 데는 기분 좋은 경험과 기분 좋지 못한 경험이 있다. 기분 좋은 경험은 준비된 자기의 내적 자산 PR로 화려한 각광을 받아 자타간에 자신을 인정받는 경험을 말한다. 이런 경우 스스로 대견한 마음으로 행복한 긍지를 느낄 수가 있다.
　기분이 좋지 못한 경험은 내적인 자산의 준비가 없어 선택하는데 용기와 기술성에 차질이 생겨 자타간에 이해와 인정을 못 받을 때의 경험을 말한다. 이럴 경우 스스로 자기 실망으로 인해 불행한 마음이 되며 긍지를 상한다.

그러나 기분이 좋은 경험과 기분이 좋을 수가 없는 경험 양쪽 모두는 눈에 보이는 의미와 보이지 않는 의미를 남기며 또 다른 경험과 자산으로 남는다.

현실적인, 즉 가시적인 의미만을 볼 때는 좋다 혹은 나쁘다로 구별을 하지만 남겨진 내면의 보이지 않는 의미, 즉 이상적인 의미를 볼 때는 양쪽 경험은 자신 가치 면에서 동등하다.

당대에 준비된 학문과 부(富)는 당대의 소비 에너지이며, 당대의 가난과 무식은 다음 시대를 준비하는 기약 있는 비상 에너지라는 현실적 의미와 이상적 의미는 양립하는 당대 국세(國勢)의 경험임을 알 수 있다.

지구에 사는 생명체는 지속적인 에너지 충전이 필요하다. 소비와 준비는 동시에 할 수 없다. 어떠한 것도 같은 시간, 같은 공간에서 두 가지를 동시에 경험할 수는 없는 것이다. 하늘은 두 가지를 동시에 주지 않는다. 소비와 준비는 개인의 경우 10년을 주기로 양립하며 세대적으로는 격세(隔世)로 윤회하는 것을 이 도표에서 찾을 수 있을 것이다. 모든 만물의 이치가 플러스(+) 볼록형(凸)과 마이너스(-) 오목형(凹)으로 몰고 돌아가고 있음을 알 수 있다.

초등학교 봄가을 소풍에 김유신 장군 묘를 참배하는 몇 차례의 즐거운 나들이가 있었다. 거기서 기억에 남는 것은 묘에 둘러서 있는 열두 마리의 동물상이었다. 즐거운 소풍 놀이와 점심 같은 것은 기억에 별로 없지만 어린 손가락으로 일일이 확인하고 한 바퀴 두 바퀴 돌아가면서 순서

대로 이름을 앞 다투어 호랑이다, 용이다, 말이다 하던, 어린이들의 재재재재 하는 소리는 지금까지 기억되고 있다. 깊은 관심을 가지고 자연에서 자연인의 삶을 관찰하다 보면 자연인이 자기 분수에 넘치는 화려한 경험을 하는 경우, 자연인 스스로가 자연에게 그만한 보상을 내놓아야 하며 자연인이 자기 분수보다 억울한 경험을 했을 경우, 그때는 자연 쪽에서 자연인에게 보상을 주고 있는 우주의 질서가 있음을 알게 된다.

자연과 인간의 경험과 보상 관계는 어제의 경험이 오늘과 내일이 기약하는 예고 관리라는 희망과 함께 기약 있는 인내를 가능하게 하고 있다. 어려서 유심히 관찰한 열두 마리의 동물이 병풍같이 둘러서 있던 김유신 장군 묘의 기억은 훗날 '사랑하는 말의 목을 베는' 교훈이 담긴 일화가 아름답게 그려진 그림엽서를 볼 때도 뇌리에 떠올랐다.

자연은 네 살 때 장티푸스의 고열로 고막을 뺏은 대신 깊은 과학적 관찰력을 내게 선사한 것이다. 한번 보면 잊어버리지 않는 기억력과 불구를 딛고 서는 안간힘으로 감수성이 더욱 예민해졌다. 사물에 대한 과학적 관찰력은 우정어린 관심을 키웠다. 불행한 불구에 많은 천혜가 보상된 것이다.

예민한 감수성은 자타간에 우정어린 관심을 불러일으켰으며, 과학적으로 관찰된 많은 기억은 분류, 분석되어 자연 세계의 생명체와 자연 관리 한계에 대한 '왜'라는 문제에 시선을 돌리게 하였다.

협력 가옥

　화려한 스포트라이트를 받고 무대 위에 서서 팔을 번쩍 들고 우레 같은 박수에 만면에 득의만만한 미소를 짓고 있는 광경을 신문과 텔레비전에서 많이 보게 된다.
　서울올림픽 때 세계인을 놀라게 한 민속놀이 '고싸움'의 청홍팀 기수를 보면, 그렇게 많은 사람들이 오랫동안 노력을 하고 고생을 했는데도 신두에 나서는 이는 단지 기수 두 사람뿐인 것을 알 수 있다.
　대기업주가 부실한 외부 기업을 인수해서 바로 세운 경우에도, 많은 숨은 노력자를 동원하고서 이루어진 고르바초프와의 악수, 이런 성사의 박수 뒤에는 세밀한 기획과 정확한 정보, 용감하고 기술적인 진행이 따른다.
　개인적이거나 국가적이거나 마찬가지다. 작게는 운동화 한 켤레를 뽐내고 자랑하며 신는 데에도 보이지 않는 많은 숨은 노고가 있다. 즉 원자재에서 시작, 디자인되어 제품 판매를 거쳐 구입하고 신어야 하는 길고 긴 과정이 있는 것이다. 이 과정의 모양은 식물의 춘하추동의 성장과 조락(凋落)의 과정과 꼭 같다. 등장은 퇴장을 기약하고 퇴장은 등장을 기약하는 이러한 준비의 기약 있는 기다림과 등장의 기대가 있어서 사람들은 긍지 있게 살 수 있다.

우레 같은 박수소리를 들으면서 지그시 눈을 감고 자기가 그동안 노력한 뒷바라지의 결과에 스스로 대견한 긍지를 품는 초석팀이 있을 것이다. 나도 그들과 함께 지렛대와 기둥역을 했다는 마음에서 만족감에 긍지를 느끼는 기둥역인 지주팀과 주춧돌팀은 무대 밑에서 서로의 눈빛을 확인하면서 뜨거운 손을 잡을 것이다.

주춧돌의 초석팀과 지주의 기둥팀, 그리고 기수팀간의 상호 협력이 아름답게 꽃을 피우는 순간 라이트를 받아 눈부신 작품으로 인정받을 때 서로가 긍지를 확인할 수 있을 것이다.

개인차를 인정하고 서로 존중하는 민주주의 사회에서 "오늘의 영광을 무대 뒤의 숨은 노고에 돌리겠다"는 기수의 소감이 주춧돌과 기둥의 노고가 있었음을 증언한다.

그럼 누가 주춧돌이 되고 누가 기둥이 되며 누가 기수가 되는가. 어차피 땅 밑에 깊이 몸을 묻어 주춧돌이 되는 사람이 있고, 준수하게 몸은 드러나 있으나 아래위의 연결 기둥이 되는 사람과, 그 많은 도움으로 화려한 기수역을 하지만 위험 부담이 많은 책임 성취를 해내는 사람은 과연 어떠한 사람인가.

12지는 이것을 정삼각형과 정사각형 관계로써 우리 공간에 인류의 협력 가옥을 지어 설명하고 있다.

12지의 협력 관계도

　인간 상관 협력에는 '수직 협력'과 '수평 협력' 그리고 '측면 협력'의 형태가 있다.
　12지를 시계 모양으로 그려 놓고 어느 자리든 기점으로 정삼각형으로 분류하고 또 달리 정사각형으로 분류하면 정삼각형은 네 팀이 분류되고 정사각형 분류팀은 세 팀으로 분류된다.
　정삼각형 분류 네 팀과 정사각형 세 팀을 소명 성분에 따라 배열하면 그림과 같이 인류 소명 협력도가 형성되고 협력도를 세우면 우주 인류 협력 가옥이 세워진다. 이렇게 세워진 협력 가옥은 비바람에 스러지기 쉬우니 풍우해 방지 장치로 지렛대의 협력이 필요하다.
　집은 초석과 지주와 지붕만으로는 풍우에 쓰러진다. 공사 현장에 나가 보면 기술 좋은 목수팀은 열심히 주춧돌과 기둥에, 초석과 지붕 나무에, 또는 지주와 지붕 나무 사이에 지렛대 나무를 세우고 있음을 볼 수 있다.
　이 지렛대 관계에 따른 12지의 배열이 슬기로운 배열로 연구되어 있음을 감탄하게 된다.

삼각관계의 저 건너에 있는 혈손보다 이웃의 지렛대는 대단한 의미를 우리에게 깨닫게 한다. 이웃사촌이라는 말은 이것을 의미하며 스치는 인연이 얼마나 소중한지 다음 도표를 보면 깊이 생각하게 된다.

12지가 서로 어떠한 인연이 있는가 살펴보면 정삼각형을 이루고 있다. 이 관계는 필연적인 협력 관계이다. 수직협력 형태이다.

필연적 협력 관계는 주머니에 든 것을 나누어주고 싶은 관계를 말한다. 단지 가치 기준이 합의가 되어야 협력이 이루어진다. 가치 기준이 합의가 되지 못하면 본능적으로 "나는 너의 짝이 아니다"라는 NO 사인이 나온다.

다시 정사각형을 그려보자. 이것은 역할 분담이다. 정사각형 협력은 수평협력을 말한다.

정삼각형 관계의 협력도와 정사각형 관계의 역할 분담도를 함께 조형해 보면 우주의 인간 협력 가옥이 형성된다.

정삼각형 관계와 정사각형 관계를 분류해서 소명 성분에 따라 배열한 협력과 역할 관계 중 〈필연적 관계도〉와 〈역할도〉이다.

〈12지의 협력 관계도〉

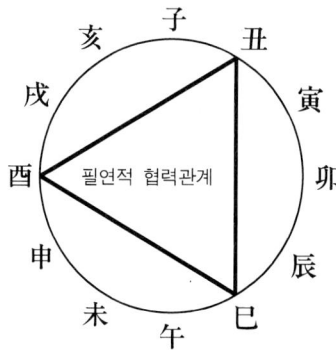
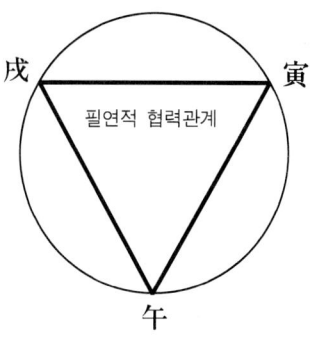

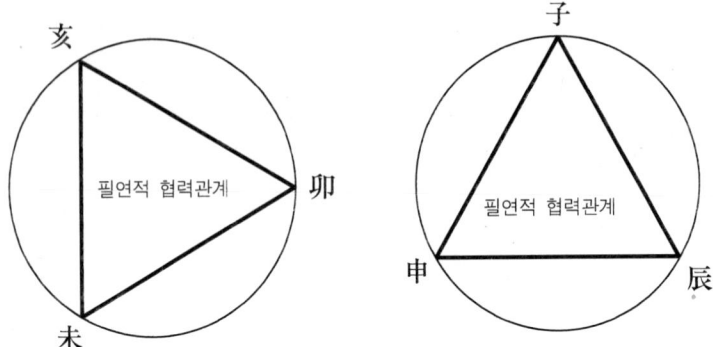

〈12지의 역할 분담도〉

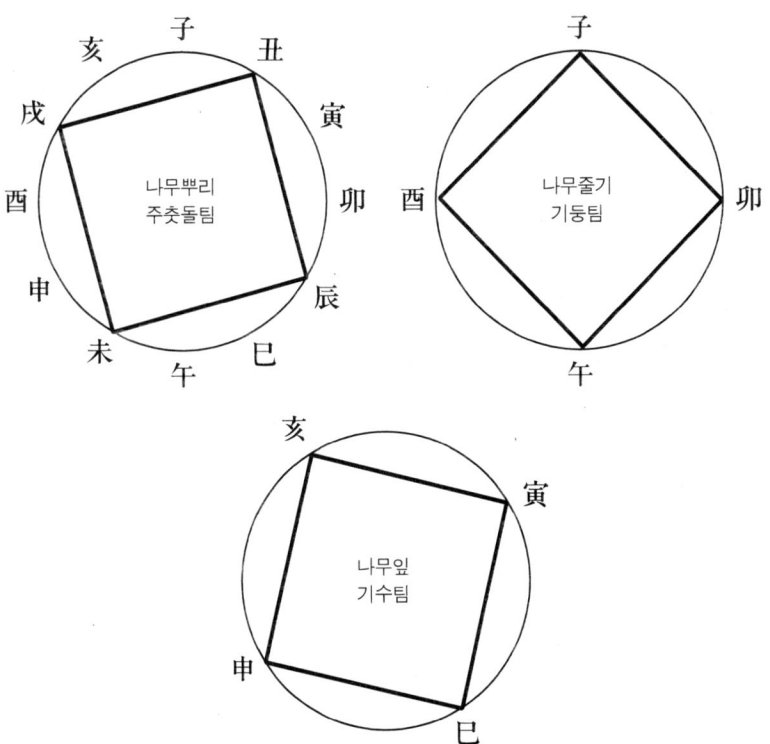

〈협력가옥〉

旗手	申	亥	寅	巳
支柱	子	卯	午	酉
礎石	辰	未	戌	丑

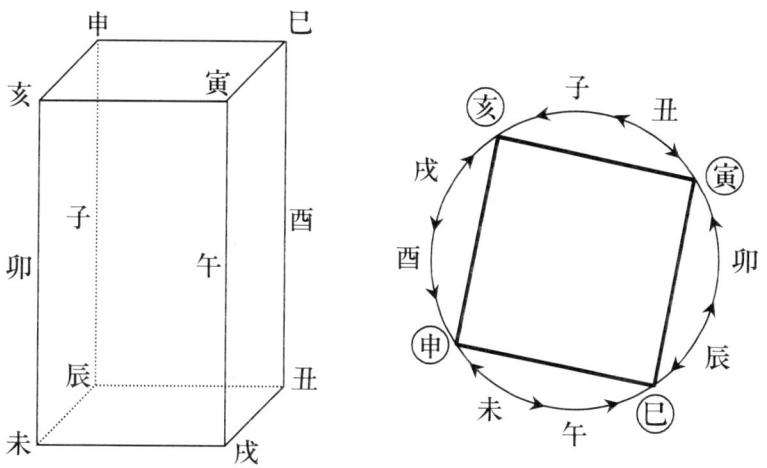

〈협력 가옥 입체도〉

 이 인류 협력 가옥은 이대로는 자연 풍우에 쓰러진다. 풍우에 쓰러지지 못하게 '측면지원'이 필요하다. 여기에는 이웃 협력 지렛대를 받쳐 주어야 한다. 이웃은 바로 옆의 양쪽 관계가 이루어진다. (巳) (寅) (亥) (申)을 향해 모든 협력 에너지가 상향 집중하고 있다.

 도표 상에 나타나는 협력 관계는 길 가다 남남간에도 작용하고 있다. 협력도 상에는 분명히 나타나 있는데 왜 나의 주변에서 나와의 협력이 되지 않는가 하고 반문하고 싶은 마음이 있을 것이다. 여기에서 가치 기준(안목)의 합의가 YES 사인을 보낼 때 만류인력이 작용한다. 아무리 협력 관계가 있어도 가치 기준의 YES 사인이 인력 작용을 못할 때 NO라는 원심력 작용 사인이 발하게 되면서 서로 떨어지게 되어 있는 자연의 사리를 깨달을 수 있다.

〈12지 풍우해 방지 지렛대 협력도〉

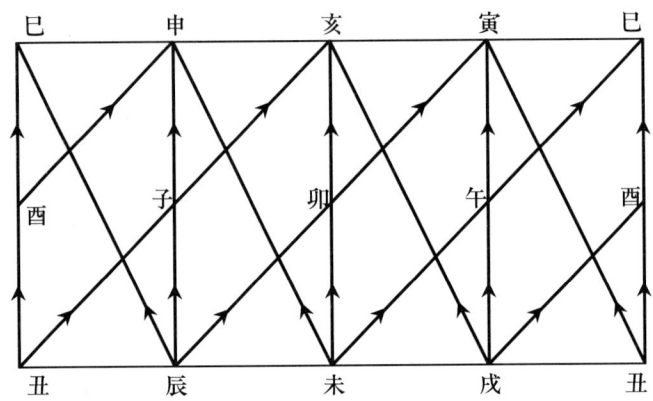

〈협력 가옥 풍우해 방지 지렛대 협력 입체도〉

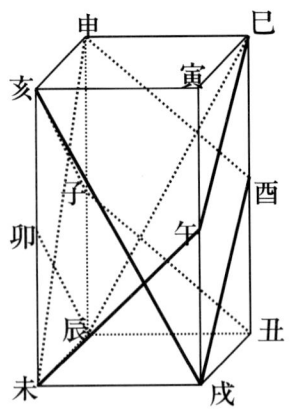

관계자를 도표에 넣어보면 한눈에 알 수 있다. 협력에는 수직협력과 수평협력이 있다는 것을 유의하면서 수직협력도 수평협력도 아닌 측면 협력도 있음을 관찰할 수 있을 것이다.

아래 도표는 우리 집 협력도이다. 각자 자기 주변의 협력도를 그려보면 형형색색의 가족 상황이 표출된다. (A예)

⟨A예⟩

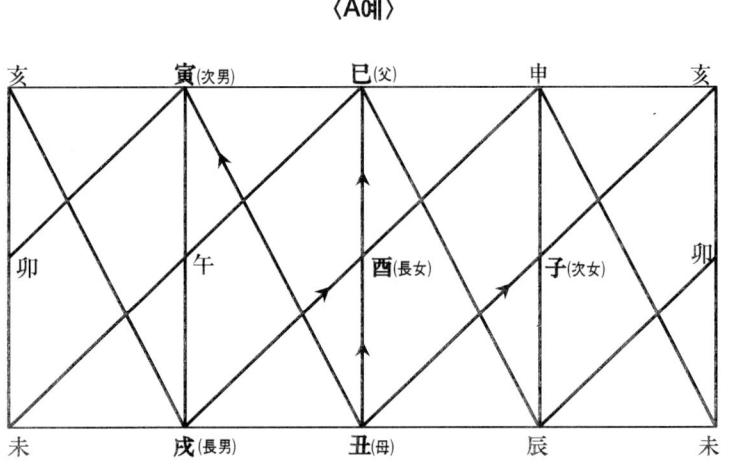

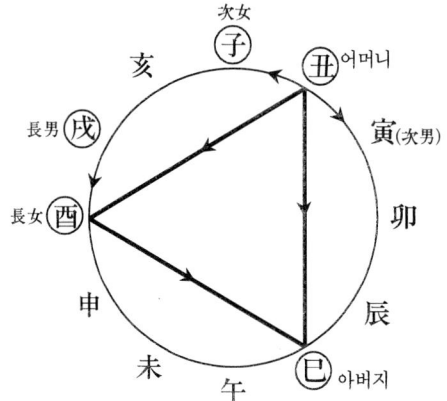

이 가정의 중심은 축년생 어머니로 되어 있음을 알 수 있다. 남편과 자식을 뒷바라지해서 가정의 명예인 신뢰를 유지해야 된다. 도표에서 각 가정의 구성을 읽을 때는 장유유서라는 고정관념은 합당하지 못하다.(A예)

1992년 4월 9일 48세를 일기로 장녀가 떠나니 가족 구성도의 변화는 슬프게 설명한다.

1925년생 소띠 어머니는 1917년생 뱀띠 아버지를 아직도 혼자 수발을 들고 있다. 가족 구성도를 읽을 수 없었다면 관념적 이익에 소외감을 느껴 스스로 처참한 기분이 되었을 것이나 천리를 읽고 소명 천성대로 뱀띠 남편의 소띠 주춧돌로서 현재까지는 건재하다.

● B 댁(宅)의 뿌리는 장녀(長女)이다. 자녀(子女) 덕을 보는 집안의 사례이다. 장남(長男)과 부모(父母)와는 협력선이 없다. 아들과 딸의 구별이 없는 마음준비가 있어야 하는 좋은 사례이다.(B예)

이 전직 차관 댁의 경우 신년생 남편을 향해 집중 상행했던 내조가 아버지를 잃은 현재 장녀가 어머니를 모시고 있고, 어머니는 때때로 3녀 댁의 어린이를 돌보아주고 있다. 장남댁은 협력 관계가 성립이 되지 못해 어머니 스스로가 동거하기 편치 못하다.

● C는 집안의 주춧돌이 되어 어머니를 영광되게 했던 차남이 일찍 떠남에 따라 도표는 변화했다.

장녀와 차녀가 각각 장녀는 아버지에게, 차녀는 어머니에게 용돈을 드린다. 현황이 그러하다.(C예)

장녀(長女)가 아버지를, 차남(次男)과 차녀(次女)가 어머니를 받치고 있으나 내외간(內外間)의 협력선(協力線)이 없다. 가족이 두 팀으로 마음의 흐림 상황을 하고 있다.

● D 이 가정의 아버지와 장남, 차남 쪽 협력팀과 어머니 차남팀의 두 갈

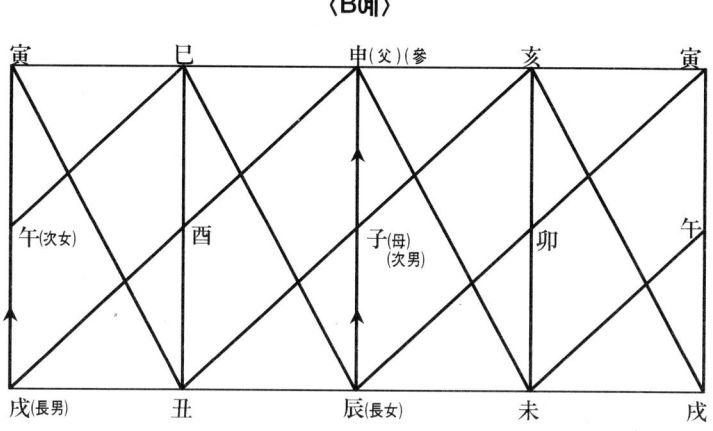

⟨B예⟩

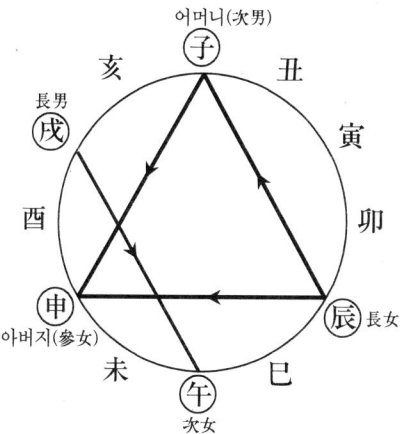

래는 분명하게 현황이 관찰된다. 늙어서 협력 관계가 성립이 되지 못해 병고의 아버지는 괴롭다. 여기에 차남 부인인 둘째며느리의 시아주버니인 장남에의 협력이 현황이다. 장남 내외는 서울에 살고 차남 부인이 약제사로 활동하는 근처에서 협력으로 협력이 가능해지고 있다. 1961년의 축년생인 차남 부인은 스스로 이 협력 관계 도표를 읽으면서 이해하

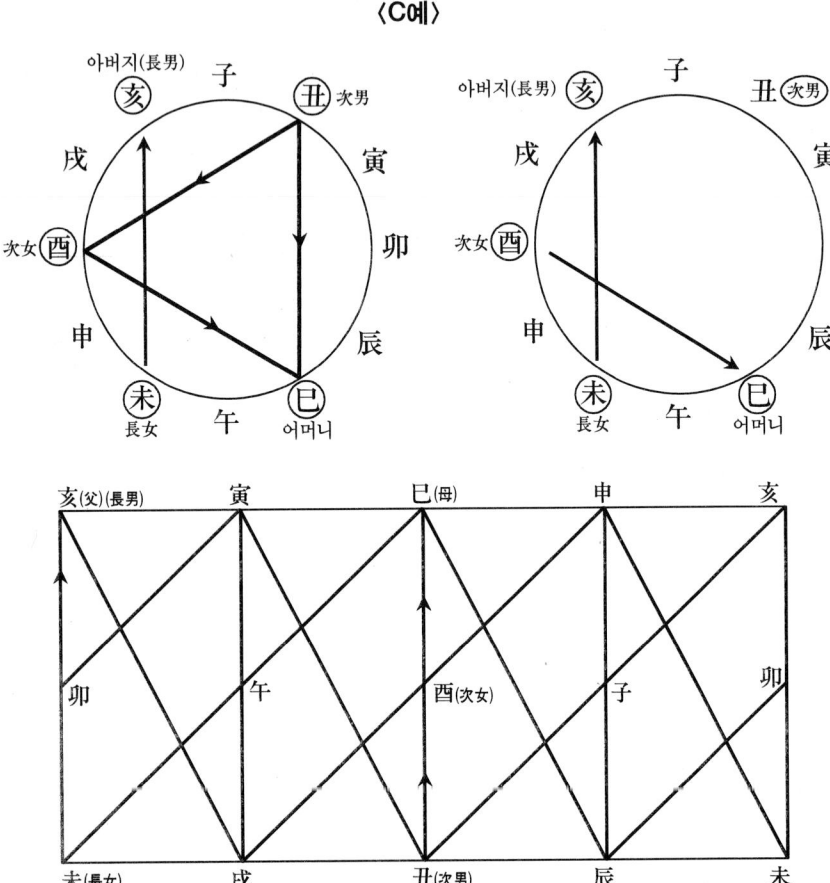

〈C예〉

니 대단한 관찰과 통찰을 갖추게 되었다.(D예)

● E 필연적 협력 관계가 아니고 측면 협력 관계인 가족 구성이다. 이혼을 해서 아버지와 딸이 같이 살고 있으나 부녀간에 협력은 없다. 여기에 사업가인 차남과 여러 여식들을 두고 1927년 묘년생 할머니는 장남댁 아들과 딸의 이음새가 되어 아파트에서 뒷바라지에 바쁘다. 일찍 남편을

잃고 노년에 편하고자 했으나 현실은 할머니를 요구했다. 할머니는 장남과 손녀의 끈이 되고 있다는 말에 착잡한 자신을 달랜다. "그런 거 같아요"라고 답하면서 먼 곳을 보는 눈이 된다.(E예)

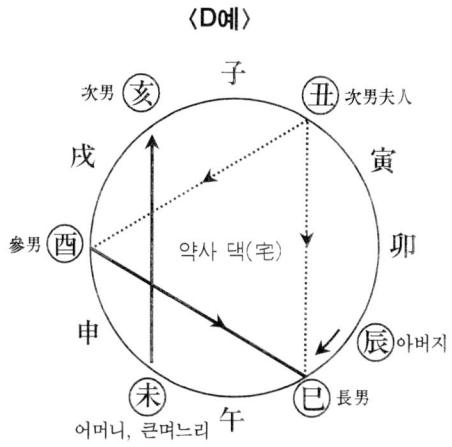

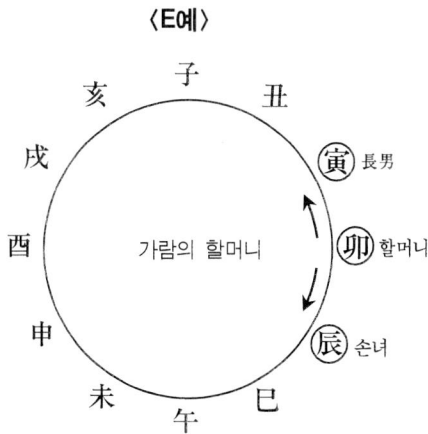

● F 남편의 경제적 지원으로 두 남매는 일본에 유학 중이다. 어머니는 자신이 남매를 돕고 있다고 믿고 있으나, 이 경우는 어디까지나 남편을 도와서 남편의 장남에의 협력 결과를 이루는 간접적 모자 협력이다. 협력하면서 자신의 협력 노력이 자식에의 직접적 협력이 아니고 남편을 끈으로 하는 간접적 협력 관계라는 것을 자각을 하면 심성적으로 자신을 관념적 이익 소외감에서 편안할 수 있을 것이다.

장녀는 부모 의뢰없이 자신의 길로 갈 것이다. 장녀의 직접적 협력 관계 경험은 가정 외에 있음을 이해해야 할 것이다. 천태만상의 가정 구성도가 형성이 되고 있다. 자연적으로 만나서 이루어지는 가정 구성도를 읽고 이해 설정하게 되면 사물을 보는 눈의 깊이가 생긴다. 왜 그럴까. 무엇을 어쩌자고 우리 집은 이런 결과가 났을까 하고 회의나 갈등에 빠지기보다는 소여(所與)라는 주어진 만남의 결과이므로 경험을 환영받지 못하면 불행감은 배가 된다.(F예)

● G 다음 도표는 이혼하려고 찾아온 가족 구성이다. 딸은 참으로 귀티나는 아름다운 소녀였다. 성격 차로 이혼한다는 것이다. 그런 그 성격 차라는 것이 자세하게 이야기를 들어보면 모두가 원인은 가치 기준차에서 시작이 된다. 모든 가정사를 남편이 독단을 한다는 것이다. 많은 대화로써 이해를 시키려고 해보았으나 결재권을 넘기겠다는 남편의 약속에도 여성의 이혼 결심은 흔들리지 않았다.

이혼하겠다고 강하게 요구를 하면서도 테이블 위의 두 남녀의 팔이 엉키어져 있는 순간에 물었다.

"이혼을 하겠다는데 지금 두 사람은 테이블 위에서 팔이 엉키어 있네요? 남녀가 촉감에 혐오가 없는데 어찌 이혼이 되겠어요? 그리고 부인은 이혼을 하면 딸은 데리고 갈 수 없습니다."

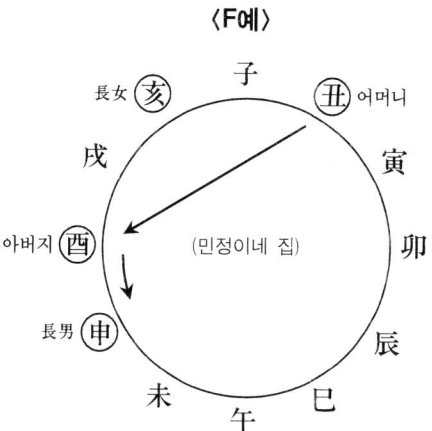

〈F예〉

젊은 여인은 발끈했다.

"왜요?"

"이 도표를 보세요. 부인은 딸과 협력 인연이 없는 엄마예요. 이 아이는 본능적으로 아버지를 따르려고 하지요."

물끄러미 도표를 내려다보는 눈이 누그러져 있었다.

귀하고 아름다운 소녀 쥐띠 딸의 손을 잡고 두 내외는 올 때와는 달리 유연한 몸놀림을 남기고 떠났다. 이혼할 때 양육권을 주장하며 협력 관계가 없는 자식을 데려가도 어린이 본능이 비협력 결과가 발생하게 된다. 어려운 단어를 구사해서 심리를 연구하기 앞서 원천적인 천리(天理)에 따라 인간 상관관계에 작용하는 만유인력 작용과 원심 작용을 주목해서 각 가정의 협력도와 사랑의 방향도를 참고하면 정확하고 세련되고 매력적인 심리 파악이 가능하게 된다.

길거리 아파트 앞에 많은 어린이가 놀고 있다. 야채 실은 이동 시장의 스피커에서 소리 높여 "딸기가 있습니다. 딸기 왔어요!" 하고 외친다. 대

183

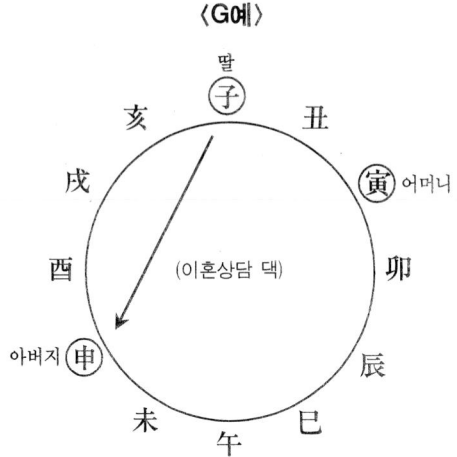

파, 당근, 배추, 소시지, 어묵, 당면… 하는 소리가 왕왕거린다. 많은 어린이 중 한 아이가 곁으로 오더니 허벅지를 톡톡 때렸다.
 "왜 그러니?"
 내가 내려다보니 아이가 방긋 웃으며 말했다.
 "딸기."
 참으로 신기한 일이다.
 "씻어서 먹어라."
 내가 싸 준 딸기를 들고 가는 이웃 뱀띠 어린이를 보고 있는 할머니는 소띠이다. 필연적 협력 관계인 소띠와 뱀띠 사이에 가치관이 YES 사인이 되어 "좋아" 하고, "안돼" 하면 원심 작용으로 어린이의 소원은 땅에 떨어진다.
 숙제로서 국내 정치 현황 협력도와 국제적 협력도, 직장, 가정, 이웃 간에 대입해보면 이해 깊은 관찰은 사람 마음에 심성을 깊게 성장시켜 사려 깊은 눈의 빛과 음성 소유자가 될 수 있을 것이다.(G예)

2. 인간의 삶에도 사계절이 있다

운기(運氣)의 춘하추동(春夏秋冬)

앞(P.162~163) 도표를 보고 "나는 여기에 있구나!" 하고 자신이 서 있는 자리를 읽어보자. 언젠가는 퇴장해야 한다는 약속이 분명히 있는 이 도표는 시간에 대한 생각을 깊이 있게 한다. 아직 시간이 많이 있다고 생각하는 쪽은 부지런히 열심히 내적 자산 축적을 해야 할 것이며, 시간이 얼마 남아 있지 않다고 생각되는 쪽은 아름다운 마무리에 들어가야 한다. 이 도표를 보면 기회란 만인에게 공평하게 주어진다는 이치를 깨달을 것이다.

자연은 인류에게 결과를 소관한다. 의지와 행동은 경험이 되고 경험은 생명체의 소관이나 결과는 현실 자연 현상으로 자연이 관장한다. 노력을 할 뿐 심판은 자연에게 맞겨야 한다. 단지 누가 어디서 무슨 경험을 하든 경험이 다를 뿐, 시련에서 흘려보내는 시간으로 인해 늙음으로서 나타나는 고통의 양은 만인이 동등하다. 부러운 인생은 없다는 것이다. 주어진 자신의 길을 소명을 다하는데 이 도표는 평등한 기회를 약속한다.

어떤 빛깔의 등산행을 할 것인가.

의지는 개체 소망이고 행동은 YES, NO의 감각 작용으로 시작된다. 준비된 눈에 보이지 않는 바위에 물이 스며들 듯이 뼈와 살 속에 골육화되어 준비되어 있는, 무엇이 좋고 싫은가의 YES와 NO 감각이 소망에 작용할 때 경험으로 나타난다. 골육화된 가치기준(眼目)이 인생 등산에 산행의 안내 즉 길잡이가 되는 것을 알 수 있다. 운명 결과는 가치 기준에서 색깔이 다르다.

갑, 을, 병, 정, 무, 기, 경, 신, 임, 계의 열을 천간(天干)이라 이름하여 십천간이라고 한다. 일상생활에서 우열을 가릴 때, 반별을 나타낼 때 등으로 분별할 때에 많이 쓰이고 있음을 알 수 있다.

아라비아 숫자의 1, 2, 3, 4, 5, 6, 7, 8, 9, 0과 1990년이 경(庚)의 간이 되며, 신(辛)간은 1991년이 되고, 임(壬)간은 1992년, 계(癸)간은 1993년, 갑(甲)간은 1994년, 을(乙)간은 1995년, 병(丙)간은 1996년, 정(丁)간은 1997년, 무(戊)간은 1998년, 기(己)간은 1999년으로 경(0) 신(1) 임(2) 계(3) 갑(4)을(5) 병(6) 정(7) 무(8) 기(9)로 서력(西曆)과 인연을 맺고 있다. 서력 1990년인 경간의 운기 (+) (-)는 삼각형 ADC가 (+)이며 삼각형 ABC가 (-)이다. 그래서 1990년의 (+) 삼각형 정점은 D가 되므로 양띠생들이 앞치마를 입고 팔을 걷고 나서서 뒷바라지에 바빠진다.

반대쪽의 삼각형 ABC의 정점인 소띠생들은 앞치마를 벗고 팔소매를 내리고, 다음 자기 차례를 기다리고 몸을 사리며 미소로써 바라본다. 능동팀과 수동팀으로 구분되는 것이다.

十年週期天氣進退表

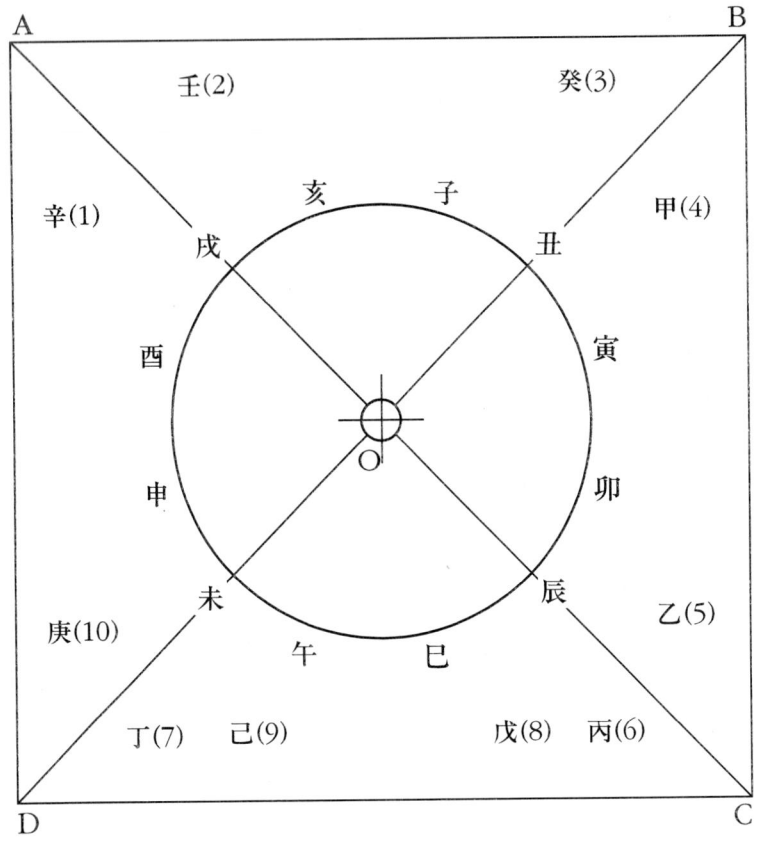

    1990년 (+)운기의 삼각형 ADC에도 삼각형 AOD와 삼각형 COD와는 에너지의 칼로리에 차이가 있다. 삼각형 AOD는 여름에 해당되고 삼각형 COD는 봄에 해당된다. 땅거죽을 뚫고 솟아나려는 봄의 에너지와 여름의 작렬하는 에너지를 운이 좋아 좋은 PR을 경험한다는 것으로 표현하니, 이름을 붙여서 행운의 별이 반짝한다고들 한다.

천간	서기	음양	운기 진행 진퇴도
庚	1990	+	여름/봄 가을/겨울
辛	1991	−	봄/여름 겨울/가을
壬	1992	+	여름/봄 가을/겨울
癸	1993	−	여름/봄 가을/겨울
甲	1994	+	봄/여름 겨울/가을
乙	1995	−	여름/봄 가을/겨울
丙	1996	+	봄/여름 겨울/가을
丁	1997	−	봄/여름 겨울/가을
戊	1998	+	봄/여름 겨울/가을
己	1999	−	봄/여름 겨울/가을

서기 연도는 끝자리만 같으면 어떤 해라도 마찬가지임.

1990년 (-)운기의 삼각형 ABC 중 삼각형 AOB는 가을이 되고, 삼각형 BOC는 겨울이 된다. 가을의 운기는 에너지가 가장 쇠잔해 단풍지고 낙엽이 져 휴식이 필요하며, 겨울의 운기는 포자가 봄을 기다리니 봄이 멀지 않다는 기대의 기약 있는 인내의 에너지가 싹을 준비한다.

표에서 보듯 사람은 누구나 공평하게 10천간의 운기 진행의 행운의 별이 번쩍 하는 버스를 주기적으로 탈 수 있다. 행운의 버스는 만인 앞에서 평등하게 승차할 자유와 권리를 주고 있다. 이 도표를 보고 화병에 걸릴 이유는 아무도 없을 것이다.

자유와 권리라는 버스에는 질서 의무와 인내 노력이라는 버스표가 있어야 탈 수 있다.

준비된 사람만이 줄을 서서 원하는 차를 탄다. 땀 흘리고 준비된 내적 자산이라는 배낭을 메고 색깔을 선택해야 한다. 이에 더하여 시간과 공간과 조화가 맞아야 기회라는 우주 공간에 유유히 변함없이 흐르고 있는 유동적인 기회를 잡는 것이다.

이 내적 자산이라는 자기 충전을 자기 자신에게 충실히 하며 인내로 자기 의무를 다할 때 비로소 기회는 미소로써 승차를 허가한다.

가을에 일보 후퇴해서 자기 충전의 휴식을 충분히 하고, 겨울에 자기 PR을 위해 삼보 전진을 위한 후퇴의 기약 있는 인내로 준비를 해야 한다. 이렇게 자신에게 의무를 다할 때 진입 진출의 기회를 약속받을 수 있다. 참을성 없이 울부짖음으로 자기를 학대, 지천해서 화병에 걸리는 어리석은 자기 관리는 없어야 할 것이다.

1991년의 운기 진행은 신(辛)간이 (-)이므로 진행 침의 방향이 반대로 움직인다. 1991년의 (+)의 소명이 개띠들에게 인계되면서 춘하추동이 시계 바늘 방향의 반대로 돌아간다.

구체적인 해석을 하자면 1990년 경(庚)간 해의 별자리는 원숭이띠이고 그들이 스타가 되는 것이다. 1991년 신(辛)간 해의 별자리 스타는 닭띠가 된다. 그리고 1992년 임(壬)간의 해는 돼지띠들이 주인공이 되고, 93년 계(癸)간의 해는 쥐띠들이 받으니 소띠들의 뒷바라지가 바빠지는 해이다.

94년 갑(甲)간의 해는 호랑이가 소띠의 온 지렛대를 받고 스타로 떠오르며, 95년 을(乙)간 해의 스타는 토끼띠들이, 병(丙)간의 해인 96년은 뱀띠, 정(丁)간의 해인 97년은 말띠생이 받고, 이 뱀띠와 말띠는 무(戊)간, 기(己)간을 더불어 덤으로 또 다시 받으니 12지 중 PR기간이 다른 십이지에 비해 많은 편이다.

이 도표에서 보듯이 소띠, 개띠, 용띠, 양띠는 자기 소명이 주춧돌이라, 양쪽 지렛대와 지주와 지붕을 받쳐서 인류 협력 가옥의 관리에 기여해야 하는 소명으로 소리 없이 일하고 꽃피우며, 실질적 가시적 화려함은 없어도 자기 스스로 대견해 함으로써 긍지를 찾아야 하는 것을 알 수 있다.

자기 자신을 알고 자연인인 자신의 능력맥에 무리가 없는 자기 교육으로 내적 자산 준비가 되었을 때는 우주 공간에서 기회와 만날 수 있는 평등함이 있어 인생은 살 만한 것이 되는 것이다.

이상으로 간단히 우리 인간 세계에 작용하는 눈에 보이지 않으나 객관적으로 관심을 가지고 관찰을 하면 사과가 나무에서 떨어질 때 지구의 인력이 작용하듯 식물이나 인간계에 작용하는 자연 관리 한계가 있음을 알 수 있다.

21세기 정보화 시대에서 낙오되지 않고 자아실현을 하려면 정보인이 되어야 한다. 정보인이란 자기 자신을 알고, 남을 알고, 남에게 나의 입장을 이해시키며, 그리고 남의 입장을 이해할 수 있는 능력을 갖춘 사람을 말한다.

첫째, 나를 안다는 것은 욕심 욕망이 앞서서 쉽지 않다. 지족안분(知足安分)이라고 자기 자신을 알고 분수를 안다는 것은 수양이 필요할 만큼 어려운 일이다. 앞서 이해된 지식으로 자기 자신을 아는 방법을 구체적으로 조사해 보면 자기의 능력맥을 만날 수 있다. 할 수 있는 일과 해서는 안 되는 일에 개인차가 자연 관리로 있으니, 남이 할 수 있다고 자신을 실험해서는 안 될 것이며, 노력해 보고 인내해 보기도 전에 체념할 일도 절대 해서는 안 되며, 그렇게 하면 결국 회한이 남는다.

자연과 생명체와 관리 관계

　1990년도 세계적인 뉴스에 등장한 인물들을 도표에 기입해 보면 한 가지 감지되는 것이 있는데, 10년 전의 1980년도가 역산되어 기억이 소급된다는 것이다. 많은 인생을 살지도 않은 이웃의 젊은 청년이 10년 전의 자기 경험과 현재가 '왜 닮았을까?' 하는 것을 듣고 이 청년도 감수성과 관찰력과 기억력이 자산이 되었구나 하는 생각에 반가웠다. 많은 분들이 역사가 왜 윤회성을 띠는가 하는 의문을 갖고 있음을 보도를 통해 보고 듣는다. 개인이나 국가의 역사를 기억하고 관찰해 보면 크고 작은 차는 있어도 어떠한 주기가 있음을 알 수 있다.

　같이 살아온 당대인과 가까운 끈으로 맺어진 혈연, 학연의 친지들, 이웃들, 노인층과 청장년층, 유소년…, 아득한 세월 속에 묻어둔 기억을 멀리 그리고 가까이 대입시켜 10년 주기 경험표를 작성했다. 많은 확인을 받았고 또한 공감도 받았다.

60갑자와 운기 진행표
―능동팀과 수동팀

　상식으로 일상생활에서 쓰고 있는 갑, 을, 병, 정 그리고 그 뒤의 무, 기, 경, 신, 임, 계로 이어진 것을 10천간이라고 부른다. 10천간의 갑과 12지의 자를 배열해서 갑자(甲子), 을축(乙丑), 병인(丙寅), 정묘(丁卯)로 나가면 12지의 술과 해가 남게 되니, 연이어 갑술(甲戌), 을해(乙亥)로 계속해서 배열해서 10천간과 12지가 꼭 떨어지게 합해지는 것이 60이다. 이것을 60갑자라 하고 이것을 하나의 주기로 삼으니 60년 만에 자기의 생년, 월, 일이 같은 날이 바로 회갑 날인 것이다.
　10천간의 양과 음을 분류해 보면 갑, 병, 무, 경, 임이 양이 되고, 을, 정, 기, 신, 계가 음이 된다. 그래서 갑과 자가 합치는 해는 천간도 지지도 양이며, 을과 축이 합해지는 해는 천간도 지지도 음이 되는 것이다.
　10천간과 12지지를 잘 관찰하면 10천간의 운기에 따라 우주 만인의 경험이 양성 경험과 음성 경험의 주기적인 반복으로 바통 터치되고 있음을 감지하게 된다.

1990년은 천간이 경(庚)이다. 1991년은 천간이 신(辛)이 되며, 1991년이 됨에 따라 갑을병정무기경신임계가 우리 둘레에서 10년 주기로 운기를 12지 위에 비치는 것을 알 수 있다.

사람은 태어나서 많은 것을 경험하고 어제의 경험이 있어서 오늘이 있고, 또 오늘의 경험을 디디면 내일이 이어진다. 순간순간의 경험은 좋은 경험이든 나쁜 경험이든 (+), (-) 양면의 의미를 남긴다. 이 양면의 의미를 자산으로 활용하고 의미를 부여하는 데서 경험의 가치를 자각하지 못하면, 손가락 사이에서 새어나가는 모래알처럼 흘러나가 버리고, 자기 경험에서 내적 자산을 차지할 수 없는 어리석음을 맛보게 된다.

다행히도 우주의 자연 섭리가 인력과 원심력의 양면 관계로 공간과 시간에서 직선이 아닌 포물선을 형성해서 낮과 밤이 있으니 이글거리는 태양 아래에서 고요한 밤까지 경험할 수 있는 것이다. 상담에서 뿐 아니라 전 세계의 급변하는 정세에 관심을 가지고 바라보면 도표화가 가능하다.

능동적인 자기 PR팀과 수동적인 보수팀이 있다. 앞의 도표에서 확인해 보면 이해할 수 있을 것이다.

기운(氣運)의 진퇴(進退)

사람의 일생을 봄에 뿌린 씨앗이 싹이 트고, 자라서 열매를 남기고, 씨앗을 품은 후에 단풍이 들고, 낙엽이 지며 흙으로 돌아가는 과정과 인간의 새 생명이 유아기, 청소년기를 거쳐 늙어 병들고 흙으로 돌아가는 것과 대비해 조사한 것이 이 도표(P.   )이다.

봄의 운기(運氣)

흙을 일구어 씨앗을 뜰 안 여기저기에 뿌려 주었다. 눈이 오는 동안 깊이 잠들고 충분히 기운을 충전한 씨앗 속의 싹은 기지개를 펴면서 '어디 서서히 일어나 볼까' 하고 씨앗 벽을 터뜨리고, 빠끔히 떡잎으로 새 생명을 얻어 푸르게 나온다. 땅 속에서 경험하지 못한 태양의 눈부심에 기운이 솟아올라 살려고 안간힘을 쓴다. 이것이 사람의 난자와 정자가 누구의 간섭 없이 스스로의 의지로 합의해서 자궁벽에 수태되어 새 생명인 신생아로 태어나면서 어린이로 커 가는 기간과 같다. 태어난 새 생명이 살려고 안간힘을 쏟는 눈부신 기운을 봄기운으로 이름 붙인 것이다.

충분한 가을 휴식으로 새로운 에너지가 충전되어 있어야 새싹이 뿌리를 튼튼하게 내릴 수 있다. 겨울 동안의 새로운 준비가 있어야 내적 자산의 배낭이 두둑해질 것이며, 내적 자산이 두둑해야 생명력의 용수철이 되어 줄 것이다.

여름의 운기(運氣)

숫아오른 봄기운의 바통을 이어받아 지체 없이 자가 발전하여 끓어오르는 힘이 성취 노력의 열정이 되어 여름의 폭풍우를 뚫고 나가는 작렬하는 기운을 여름 기운이라고 한다.

봄에 뿌린 새싹의 뿌리가 활발히 자라 뻗어 나가려면 많은 자양이 필요하다. 뿌리가 양분을 찾아 수용성 성분을 뿜어 올리면 줄기가 운반해서 잎에 배달된다.

폭풍우를 뚫고 작렬하는 기운으로 자라나는 식물의 성장시기가 회의와 갈등, 방황의 늪을 뚫고 이상적 열정으로 자기가 품은 이상을 향해 용솟음치며 에너지를 불태우는 청장년에 해당된다. 가을에 충분히 쉬고 나서 겨울 운기 기간에 준비된 내적 자산과 충전된 에너지가 자신 있는 자기 PR을 가능하게 하는 것이다.

작렬하는 자기 기운에 밀려 기운을 잘못 사용하면 스스로를 태워버리는 일이 될 것이니, 기운을 좋은 방향으로 소모할 수 있는 가치 기준을 선택해야 할 것이다.

가을의 운기(運氣)

솟아나는 봄의 운기와 작렬하고 용솟음치는 여름의 운기로 자기 PR에 필요한 내적 자산과 에너지를 소진하고 기운이 지친 쇠잔한 상태가 가을 운기다.

"청춘아, 나를 살려다오" 하면서 기고만장 청춘을 구가하듯 푸르름이 짙었던 식물의 잎들이 어느덧 꽃 피고 열매 맺은 기운에 밀려 스스로 지쳐서 단풍이 들고 낙엽이 지고 마는 이치는, 수확의 기쁨도 잠시일 뿐 결국 병들고 흙으로 가는 인간사와 같다. 후일을 기하며 깊은 휴식을 통해 새로운 기운으로 내적 자산을 준비할 수 있는 에너지를 충전해야 하는 운기를 가을 운기라고 한다.

일보 후퇴, 삼보 전진의 진퇴가 깨끗해야 한다. 여름 운기에서는 준령과 같이 의연한 기운으로 비상을 할 것이지만, 가을에는 휴식이 필요한 자신을 자애하여 꽃잎같이 미련 없는 일보 후퇴로 은인자중할 때인 것이다. 충분한 은인자중으로 쇠잔한 기운을 새로운 에너지로 충전해야 다음 행운의 별을 만났을 때 빛을 낼 수 있다.

겨울의 운기(運氣)

"겨울이 오니 봄은 멀지 않으리"라고 시인들이 즐겨 부르는 인내의 계절이다. 휴식의 가을을 넘기고 또 쉬는 것이 짜증이 나지만 봄이라는 희망의 계절이 눈앞에 있으니 기약 있는 참을성으로 잘 넘겨야 하는 것이 겨울이다. 기약 있는 인내, 얼마나 좋은 것인가. 창고에서 잠자는 씨앗의 껍질 속에 싹이 눈을 뜨면서 "아니 아직 봄이 안 왔나. 어디 슬슬 잠에서 깨어 볼까" 하고 기지개를 펴보기는 할 것이나, 땅에 뿌려지기에는 아직 이르다. 겨울 추위에 씨앗 속의 포자가 어는 일이 없도록 씨앗 단속을 하는 창고 속의 기약 있는 동면 기간이다. 참을성 있게 자기가 PR 무대 위에 오를 준비를 해야 하는 기약된 인내의 기운을 겨울 운기라고 한다.

이러한 인내를 참아내기 못해 스스로를 자학하거나 인생의 가치를 포기하고 술과 색을 좇는 게으름의 결과는 자기 울분으로 인해 세계에서 한국밖에 없다는 화병 증세가 되고 마는 것이나, 기약 있는 인내에 대견하게 임해야 할 것이다.

천간 경(庚)의 2010년 국제 정세 비교
- 188쪽 <십년주기천기진퇴표(十年週期天氣進退表)> 참고

*2010년에 운기의 파통을 넘길 줄 아는 사람들은 양띠들이다.
삼각형 ADC의 정점이 인수한다.
*양띠들의 지렛대로 가장 빛을 보는 자리가 원숭이띠들이다.

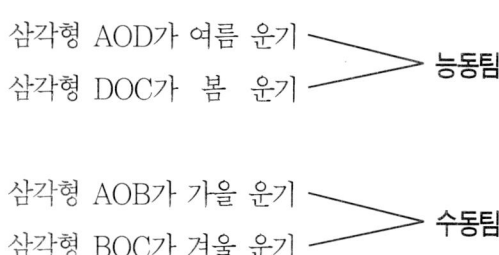

사각형 ABCD에 있어서 운기의 인계는 천간의 변화에 따라 삼각형의 정점으로써 ABCD가 한 해씩 걸러서 인계받는다.

A는 개띠, B는 소띠, C는 용띠, D는 양띠이다. 개띠가 2년, 소띠가 2년, 용띠가 3년, 양띠가 3년씩 맡게 된다.

이런 순서대로 10년 주기의 (+)(-) 양면으로 소명을 다한다.

연도	(+)능동팀	천간	(-)수동팀
2004	△ABC	갑	△CDA
2005	△BCD	을	△DAB
2006	△BCD	병	△DAB
2007	△CDA	정	△ABC
2008	△BCD	무	△DAB
2009	△CDA	기	△ABC
2010	△CDA	경	△ABC
2011	△DAB	신	△BCD
2012	△DAB	임	△BCD
2013	△ABC	계	△CDA

3. 자연을 가슴으로 떠안으면

편한 만남, 편치 못한 만남

 매일 사용하는 달력을 보면 일주일의 일, 월, 화, 수, 목, 금, 토가 재미난 조화와 질서 관계를 유지하면서 생명체에게 삶의 에너지가 되어주고 있음을 알 수 있다.
 일(日)은 해이고 월(月)은 달이다. 낮과 밤인 해와 달은 인간에게 생동과 휴식을 주고 있다. 해와 달은 지구 밖 하늘에서 자신의 의무를 다하고 있으며 그 아름다움과 고마움을 찬양받는다. 나머지 화, 수, 목, 금, 토는 어떤가. 서로 당기고 미는 관계를 유지하면서 생명체에 필요한 자기 의무를 행하고 있는 것을 읽을 수 있다.

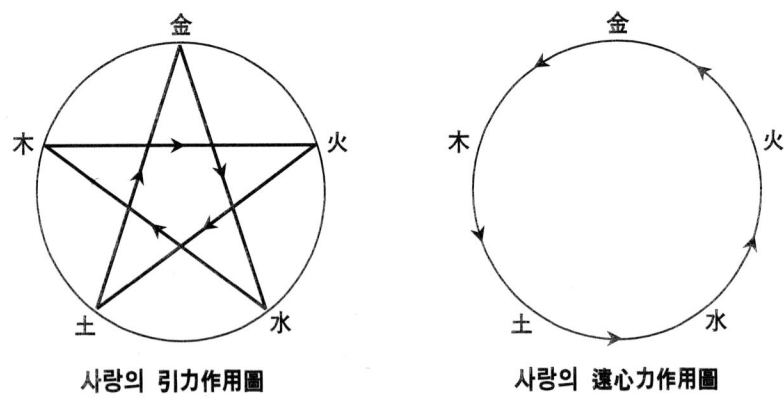

사랑의 引力作用圖   사랑의 遠心力作用圖

과학자들이 연구 발표해서 달이 하늘에 떠 있는 이치, 바다에서 밀물 썰물이 생기는 이치, 사과가 땅에 떨어지는 이치, 요즈음 지구 반대편에서 무슨 일이 생기고 있는지를 즉시 보도로 알 수 있는 이치가 모두 만유인력 작용과 원심력 작용이라고 한다. 인력과 원심력과의 균형이 있을 때 통신 위성은 발사되어 떠서 돈다고 한다. 그럼 이 지구상의 가장 많은 인간에게는 어떤 인력과 원심력 작용을 하고 있는가에 주목해 보자.

길을 걷다가 옆에 같이 가는 딸의 손을 잡았다. 큰딸은 언제까지라도 잡고 걷는데, 둘째딸은 "어? 왜 그러세요?" 하고 손을 뺀다. 많은 형제 중에 길을 걸으면서 어머니 손을 잡을 수 있는 나는 손을 놓아버린 딸이 오히려 이상했다.

전화 통화를 해보면 대뜸 "엄마!" 하고 받는 아이와 늘 "예, 예" 하기만 하는 자식이 있다. 어딘지 정감이 없는 자식은 부모의 옷 치수도 모르나, 정감이 흐르는 사이는 치수를 정확히 알고 있다.

그러던 어느 날, 스물일곱 살 된 청년이 느닷없이 자신은 왜 어머니 아버지와 정감이 느껴지지 않는지 물었다. 소중하게 양육된 것도 인정이 되고, 윤리 도덕 상 부모에 대한 효 의식이 없는 사람도 아니었다. 그러나 이상하게도 반갑고 그리움이 뜨겁게 우러나지 않는다는 것이다. 정직하기 때문에 스스로 자문하다가 내게 물어 온 것이다.

친정어머니가 자기 집에 오면 일박이일은 참을 수가 있으나 그 이상은 못 참겠다는 사람도 보았다. 윤택하게 살면서 넓은 공간에 누가 손님으로 와도 괜찮은 환경에 사는 어떤 여성의 말이었다.

이런 여러 상황을 잘 관찰해 보니 학창 시절에 교실에서 배운 사랑은 마음과 마음으로 통해서 사랑의 하트형을 이룬다는 것이 아니라는 생각이 들었다. 누가 누구를 불편해 하고 누구는 편안해 하는가를 조사해서 사랑의 별자리 도표를 작성했다.

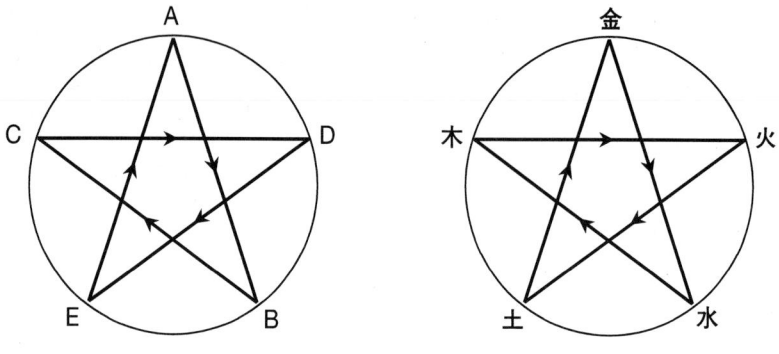

인력작용으로 사랑을 던지는 방향

서로 합(인력 작용)을 이루는 관계가 별 모양을 형성하고 있다. 화살표 방향으로 사랑의 공을 던진다. "사랑은 주는 것이에요. 받는 것이 아니에요"라는 시인의 읊음이 이 표에서 확인된다. "사랑을 하고 있다. 사랑을 했다"는 말은 내가 무엇인가를 사랑했다는 것이며 받는 쪽의 말은 "나는 사랑을 받았다. 나는 사랑 받고 있어"라는 표현이 정확할 것이다.

사랑의 공을 동시에 던질 수는 없다. 정확한 기술로 정확히 받을 준비가 된 자리로 던져야 하기 때문에 기술과 용기와 시간과 공간이 아름답게 조화되어 있어야 정확하게 던진 공이 받아들여져서 "아아, 나는 사랑을 했어"가 되고, 정확히 받은 쪽은 "나는 사랑을 받았어"로 비로소 한편의 그림, 한편의 시와 같은 사랑의 성취가 이루어지는 것이다.

사랑의 방향이 분명하고, 받은 자가 던진 자에게 다시 던지게 되어 있지 않은 이 도표를 읽으면, 한 사람이 동시에 사랑을 준 자리에서 사랑의 공이 자기에게로 던져지기를 소망할 수 없다는 것을 알게 될 것이다.

한편 시계바늘 반대 방향으로 주는 것 없이 싫은 관계에서는 서로 상극으로 밀어내는 보이지 않는 기(氣)의 작용이 이 도표와 같이 원을 형성하고 있다. 싫다고 밀어내는 선이 결국에는 자기에게로 되돌아오는 경험을 우리들은 생활에서 많이 경험할 수 있다. 사랑의 기(氣)가 원심력 작용을 하므로 영원히 전달할 수 있다.

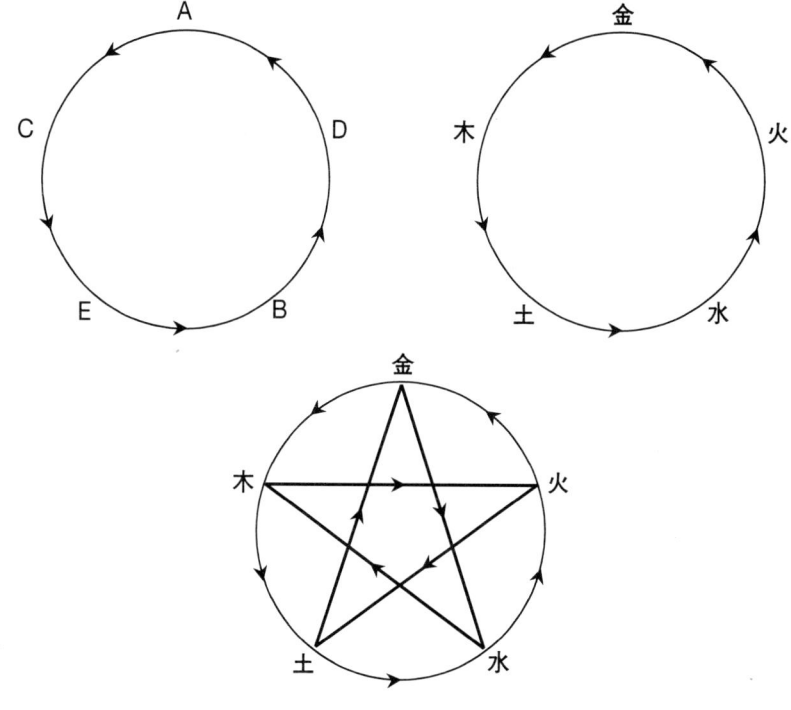

원심력 작용으로 밀고 밀리는 기(氣) 방향

화살표 방향으로 밀리는 쪽은 대단히 애를 쓰는 자기 인내 조절이 필요하다. "주는 것 없이 괜히 그 사람이 싫다"라는 마음은 부모 자식간에, 형제 자매간에, 부부간에, 친척과 동료간, 길에서 스치는 파는 자와 사

205

는 자간 등 어디에서나 경험하는 인간 사회의 연민스런 자연 관리 현상이다. 고부간의 상극 관계는 경험하지 못하고는 언급할 자격이 없으리만큼 눈물겨운 만남이다. 한 나라의 통치자가 본능적으로 주는 것 없이 싫은 대상일 때, 치적과는 상관없이 좋아지지 않는 것이 바로 이 도표의 상극원(相克圓)의 의미에서 읽을 수 있을 것이다. 주는 것 없이 싫은 대상에게 주는 것 없이 밉지 않는 마음이 되게 하는 데는 높은 지성의 수양이 필요할 만큼 어렵다.

양친이 상합인 경우, 양상극의 자식은 그로 인해 자식은 본인이 양친에게 애정이 없음은 물론이며, 따라서 양친 관계도 불편해질 수 있다(스파크).

부모와 자식 사이에 정감의 인력 관계가 없이 성장할 경우 사랑을 받는 방법, 사랑을 주는 방법의 어린 날의 훈련이 뼈와 살에 골육화되지 못해 사랑을 주고받는 테크닉 조절이 세련되지 못하다. 부모와 양상극으로 태어난 사람은 대체로 부모와 같이 살지 않겠다는 부정적인 시각을 가지고 가치관 형성을 한다. 사회의 개혁 노력이 이런 출생이 많음을 관찰해 보면 이해가 쉽다.

그리고 여기에서 대단히 중요한 것은 사랑의 에너지가 흐르는 길을 뚫고 가로지르는 경우를 주목해야 한다. A와 B사이를 가로지르는 D의 경우, D와 E 사이를 가로지르는 B의 경우, B와 C 사이를 가로지르는 E의 경우, E와 A 사이를 가로지르는 C의 경우에 유의하면 분쟁의 씨앗을 발견할 수 있다. 원심력 작용으로 궤도에 따라 정확한 거리를 돌고 있는 A와 C와 E와 B와 D간은 등거리를 유지하면서 접촉(接觸)될 수 없는 성질의 관계이다. 그러므로 문제 시비가 있을 경우 인력 작용이 있는 사이에는 절대로 개입하지 말아야 한다. 중립을 지키거나 퇴장해서 인력 작용이 있는 양자간에 관망하는 것이 평화롭다. 개입할 경우 분쟁은 더 커진다.

반대로 궤도를 등거리로 작용하는 원심력 관계는 자신들의 접촉(接觸)이 불가능하기 때문에 A와 C 사이에는 B가, C와 E 사이에는 D가, E와 B 사이에는 A가, B와 D 사이에는 C가, D와 A 사이에는 E가 개입하면 삼자간에 평온함이 생긴다. 대가족일 경우 사랑의 별자리가 형성이 되어 이러한 이치를 모르고 대하면 집안이 늘 소란하다.

상대성 인간관계에서 개입할 때와 개입해서는 절대로 안 되는 관계가 있음을 이해하고 질서를 유지하는 데는 이 별자리에서 천리의 철학을 깨달아야 한다. 자연은 인간에게 해와 달의 밤과 낮의 진퇴를 명하고 있고, 물과 불과 나무와 흙과 광물로 생명체를 유지할 수 있도록 하고는 있으나 또한 인류에게 평등한 질서 유지를 위한 제약을 하고 있다. 인간이 자연 법칙의 틀을 깨닫지 못하고 자기 이익에만 도취할 때 도태는 엄격하다.

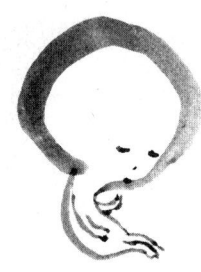

4. 태어난 해가 다르면 무엇이 다를까?
-개인적 성분(成分)의 차이

12지에 부여된
소명 천성

 개인이나 국가나 준비되는 만큼 변화 발전해 나간다는 것을 믿는다면 텔레비전의 출현이 세계를 어떻게 변화시키려고 준비되었는가에 주목하게 된다.
 1988년도에 '세계는 하나'라는 캐치프레이즈로 손에 손잡고 감격적으로 개최된 서울올림픽이 강대국인 미소에서 열린 올림픽 때보다 더 세계를 하나로 이어주는 역할을 했는데, 이때 더욱 텔레비전의 출현 의미를 확인할 수 있었다. 오늘의 모든 준비는 내일의 새로운 세계적 경험을 예고하고 있음을 알 수 있다.
 12지의 소명 천성을 조사 분석하고 있을 즈음 텔레비전 화면에는 매일같이 손에 손잡고 노래 부르는 세계인의 얼굴이 비치고 있었다. 많은 독자는 화면에 비치는 얼굴들이 피부색과는 상관없이 서로 이목구비가 닮았음을 자주 발견하였을 것이다. 요즘 고르바초프 소련 대통령과 닮은 세계인이 화면에 자주 비치는 것 같았다. 한국인 중에서도 고르바초프의 머리형을 닮은 얼굴이 비치곤 했다. 1990년도 텔레비전 화면에 원숭이띠 신년생 출신의 통치자가 몇 분 출현했는데 이분들의 분위기가 서로 닮은 듯했다.

세계가 어떤 경험을 하려고 텔레비전이 출현하였을까. 화면에서 확인하고 또 직접 조사해서 확인해 12지 띠마다 인류 사회에 기여하는 소명 천성을 분별하게 되었다.

소명 천성의 조사 분석에 필요한 현장 확인의 접근 기회는 책 한 권은 되리만치 많이 가졌다. 자연 관리 부분의 심오함은 겸허했고, 원인과 결과의 관계에서 생각과 행동은 인간의 것이나 결과는 언제나 자연의 소관으로 현실 자연 현상으로 결과지어짐을 깨달을 수 있었다. 현장 접근으로 조사 분석된 내용은 다음과 같이 나타났다.

자년생(子年生) 쥐띠의 소명 천성

출생년이 서력(西曆) 짝수해로 천기는 플러스 외강(外剛)이다. 겉으로 보기에 깐깐하며 귀티를 느끼게 한다. 인류 사회에 귀(貴)를 뿌리고 영향을 미치라는 소명으로서 천하게 취급받기를 거절하며 자기 귀를 유지하기 위해 대단히 이기적인 선택을 한다.

축년생(丑年生) 소띠의 소명 천성

출생년이 서력으로 홀수년생으로 천기는 마이너스 외유(外柔)이다. 겉으로 보기에는 어수룩하리만치 어질게 보이나 의외로 엄격하여 한번 노함으로 내려진 셔터는 다시 올리기 어렵다. 자애로운 어버이 기질로써 자애와 엄격으로 기여하라는 소명을 받았다.

인년생(寅年生) 호랑이띠의 소명 천성

출생년은 짝수, 플러스 외강(外剛)의 리더십이 강해 남의 지시받기를 본능적으로 싫어하는 반면에 참을성 부족으로 엄살이 약점이나, 내적 자산의 준비 여하에 리더십을 발휘할 소속이 결정된다. 가치 기준에 따라 내적 자산의 배낭 무게에 큰 차이가 있다.

묘년생(卯年生) 토끼띠의 소명 천성

홀수년생이다. 외유(外柔) 마이너스 천기를 띠고 있다. 대단히 귀여운 애교로써 인류에 기여하는 소명을 가지고 있다. 듣는 귀가 밝아 남의 말에 좌우되기 쉽다. 학문으로 열린 귀는 끝없이 애교로써 지식을 얻으려고 하며, 귀가 야한 서비스 쪽으로 열리면 대단히 에로틱하게 성장한다.

진년생(辰年生) 용띠의 소명 천성

외강(外剛) 플러스 천기로서 꾀가 많으며 요령이 좋다. 꾀와 요령이 많은 지휘자적 기질을 띠고 있다. 인류 사회의 기여에 있어서 간지(奸智)와 요령으로 지휘하라는 소명이나 원리 원칙을 비켜가는 경우 신뢰를 잃기 쉽다. 시류를 좇아서 존경을 잃어버리면 지휘 결과에 화음이 없다.

사년생(巳年生) 뱀띠의 소명 천성

홀수년 출생으로 마이너스 천기를 가져 외유(外柔)하다. 인류 사회에 외화(外華)의 기수로서 기여하라는 소명을 받았다. 반면에 뽐낼 것이 없으면 늘상 상대빈곤으로 자신을 궁상스럽게 만들 위험이 크다. 뽐내고자 하는 가치 기준의 방향에 따라 허영적 노력으로 에너지를 충전해 가나 늘 현시(顯示)할 것이 있어야 한다.

오년생(午年生) 말띠의 소명 천성

외강(外剛) 플러스 천기이다. 인류 사회를 위해 활동하라는 소명으로 활동성이 높다. 반면에 담백한 무신경성으로 정밀치 못해 상대성으로는 안타까운 감질을 남긴다. 큰 활동에는 담백하지 못하고 너무 정밀하다 보면 콜 수상의 통독(統獨)은 어려웠을 것이다.

미년생(未年生) 양띠의 소명 천성

서력 홀수년생으로 외유(外柔) 마이너스 천기를 가지고 있다. 겉으로 보기에는 외유(外柔)이나 부지런함이 고집스러우리만치 자리 옮기기가 바쁘다. 인류 사회에는 대단한 고집과 쉽게 자리를 옮기는 부지런함이 없었더라면 1990년의 한소 정상의 샌프란시스코 악수는 불가능했을 것이다.

신년생(申年生) 원숭이띠의 소명 천성

플러스 외강(外剛) 천성이다. 무엇인가 늘 성취해 내지 못하면 전신이 외롭고 허전하다. 상대 영합으로 끊임없이 무엇인가를 성취해 가는 소명을 가지고 있다. 자신의 보이지 않는 공허감을 채우기 위해서 남의 비위를 맞추는, 하나의 성취를 얻어 스스로의 외로움을 면하는 성격이다.

유년생(酉年生) 닭띠의 소명 천성

마이너스 천기의 외유(外柔)로 대단히 영리하다. 소명 천성이 영리함이라서 자존심에 상처를 잘 입는다. 영리한 만큼 마이너스 천기에 상처를 받으면 즉각 반등하는 자기 안보의 말칼이 상대의 가슴에 던져진다. 닭띠의 말칼, 언도(言刀)의 위력은 주먹 폭력보다 길게 나타난다.

술년생(戌年生) 개띠의 소명 천성

서력 짝수해 출생으로 플러스 외강(外剛)의 천기이다. 아주 기술적인 장인 기질이 소명이다. 다분히 정확성을 띠는 괴팍성으로 대인 관계가 깐깐하다. 1991년과 92년도의 개띠의 등장은 세계 질서에 기술성이 주목할 만한 것으로 기대가 크다. 가치 기준의 격조에 따라 협조 결과를 얻을 수 있다.

해년생(亥年生) 돼지띠의 소명 천성

마이너스의 외유(外柔) 천기로 느긋하다. 주머니에 든 것이 없어도 궁한 데가 없다. 순발력이 반 박자 늦으나 형광등은 백열등보다 밝다는 것에 유의할 일이다. 느긋한 것만 보고 잘못 다치면 뜻밖의 잔인한 반격을 당한다. 경제성과 관계가 깊어 생년월일에 해(亥)가 들면 목이 경제적인 쪽으로 휘어진다.

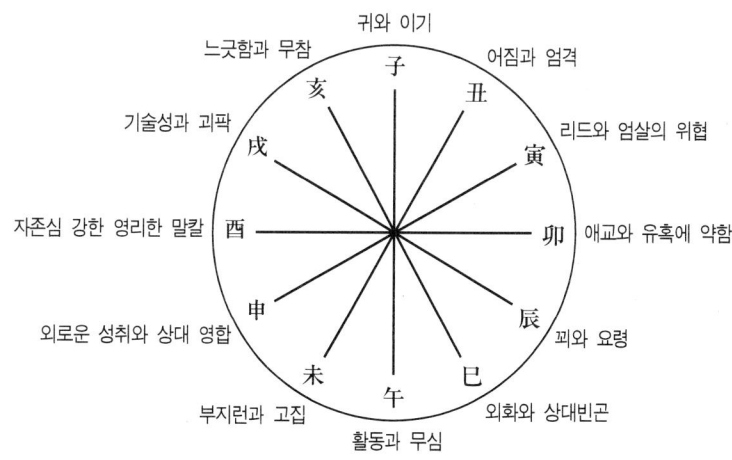

이상의 설명으로 12지 띠마다 소명에는 양면 천성이 준비되어 있음을 감지할 수 있을 것이다. 지렁이도 밟으면 꿈틀거린다든가, 한 치의 벌레에도 닷 푼의 자존심이 있다는 반격 반응은 이것으로 가능하다는 것을 알 수 있을 것이다. 위의 설명에서 생명 개체는 어느 누구도 대신할 수 없는 자기 소명이 있어서 생명 개체마다 삶의 길이 다르다는 것을 알 수 있다. 그렇기 때문에 누구도 남의 선택을 간섭하거나 대리로 선택해 줄 수 없다.

만일 자기 내면의 자기 납득이 없이 선택이 인위적으로 이루어진 경우 자연의 도태가 정확하게 작용하는 것을 많이 볼 수 있다. 점을 치는 사람이 각 개체의 시각차, 가치 기준차를 알 수는 없다. 자기 내면의 능력의 맥박은 본인만이 아는 것이므로 어렵고 외롭더라도 선택은 자기 결재로, 자기 책임 하에 할 경우만이 결과에 회한이 없다.

이상의 조사로 누구나 소명 천성에 양면성이 있음을 알 수 있다. 외유에다 (-) 정기인 소띠의 어수룩한 면을 장점으로 활용하지 못하고 허점으로 대할 때, 뜻밖에 셔터가 엄격하게 내려지고 만다든가, (+) 정기의 호랑이가 거중 조절에 앞서 엄살을 부릴 때 사람들은 착각하게 된다.

천성의 양면성을 허점보다 장점으로 활용할 때 양면 모두 사회에 기여하게 된다. 즉 이 소명 천성의 스물네 가지 양성과 음성 양면 모두가 인류 역사에 다같이 기여하고 있음을 알 수 있다.

원망하는 사이와
비판하는 사이

상형관계

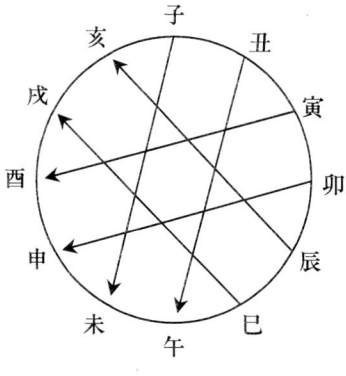

원망관계

우리들 주변에 흔히 나타나는 쓸데없이 상대를 원망하는 사이의 관계를 나타낸다. 쥐띠의 시어머니와 양띠 며느리가 같은 집에 동거하면 쓸데없이 며느리를 원망, 비난하는 일이 많다. 이 표의 원망하는 사이의 관계는 부모 자식간에도, 직장 동료간에도 해당하며 스스로 자신을 자제시키지 못하면 참으로 보기 흉하다.

인간 사회에 작용하는 연민스러우리만치 난처한 자연 현상으로 주는 것 없이 싫은 관계가 있는데 상대하는 대인 관계에서 원망의 관계도와 상대 비평 관계도가 형성되는 것이 조사 결과 나타났다.

　상대 원망과 상대 비평은 한정된 관계이다. 상합이나 상극은 서로 사랑을 주고받는 사이 또는 서로 밀어내고 서로 피하는 사이이나 원망과 비평, 비난의 사이는 극한된 관계 작용인 것이다. 대각선 관계의 서로가 형(刑)하는 비판 관계는 소명 천성이 정반대인 것을 참고해 보면 이해가 가능하다.

　한 예로 인년생 호랑이띠 남편에게 신년생 원숭이띠의 성취를 위한 상대 영합은 아첨으로 느껴져 불편하다.

　앞 도표는 쓸데없이 원망하고 불평하는 관계를 나타낸다. 쥐띠는 쓸데없이 양띠와 같이 있으면 양띠 하는 행동에 불평하고 원망한다. 아무리 양띠 며느리가 노력해서 곱게 차린 밥상도 쥐띠 시어머니는 무엇이나 구실을 붙여서 원망하며 불평하니 자식 내외간의 금실에도 영향이 크다.

　며느리 쪽에서는 무엇이 어째서 그리 불평인지 원망 받는 이유를 찾지 못해 사랑 받고 이해받지 못하는 결혼 생활이 괴롭다. 자년생의 이기심이 귀함을 앞설 때 불편한 사이가 되기 쉽다.

　이러한 이치로 축년생이 인자함보다 엄격성의 비중이 크면 오년생의 담백한 활동의 무신경이 원망과 불평으로 나타난다. 그리고 인년생의 경우는 리더십에 앞서 참을성이 약하면 영리하고 쌀쌀맞은 유년생의 행동에 스스로 화를 돋구어서 사나워진다. 묘년생의 원망, 불평이 신년생에게 가는 것은 소명 천성인 자신의 애교성과 듣는 귀가 밝아 남의 말에 좌우되기 쉬운 것의 비중이 한쪽으로 기울 때 상대 영합성이 좋아 남의 비위를 잘 맞추어 일을 성취하는 신년생에 대한 시샘이 높아진다. 상대

영합의 성취와 유혹에 약한 야한 애교성이 같아 보이지만 그 성질은 다르다.

용띠 진년생의 불평 원망은 해년생 돼지띠에게 향한다. 보기보다 유하나 아교질 끈기를 가진 해년생의 윤기(潤氣)에 진년생 용띠의 꾀와 요령이 잘 조절이 안 되면 불평과 원망으로 변하는 것이다. 사년생 뱀띠의 원망, 불평이 개띠 술년생을 향해 쓸데없이 쏟아지는 것은 개띠의 정확하리만치 괴팍한 기술성에 대충 허세를 부리려는 뱀띠의 외화(外華)가 통하지 못하기 때문이다.

- 부지런하고 고집스런 양 성분에게 쥐 성분의 귀와 이기심이 통하지 못한다는 것을 깊이 깨달아야 한다. 쥐 성분 쪽의 속이 터진다.
- 활동성이 좋으나 무신경하고 덤벙거리는 말 성분에게 소 성분의 어질고 계도성 엄격한 성격은 마이동풍일 뿐이다. 한쪽 귀로 들어가면 한쪽 귀로 흐르며 소 성분의 계도 효과가 나타날 수 없다. 소 성분의 속이 터진다.
- 호랑이 성분의 리더십은 참을성 없음까지 닭 성분이 꿰뚫어 보기 때문에 통하지를 못한다. 쌀쌀맞은 반격을 당하고는 가슴에 말칼(言刀)이 날아와 꽂히면 대단한 충돌이 된다. 닭 성분의 영리한 말칼에 호랑이 성분의 위협이 발동해서 사나워진다.
- 토끼 성분은 자신의 애교스런 교태로 유혹하나 원숭이 성분의 외로움에서 나오는 상대 비위를 맞추며 성취하려는 성분에서 불평 반격 당한다. 원숭이 성분의 불평 군소리가 귀가 밝은 토끼 성분으로 원망을 한다.
- 용 성분은 꾀가 많고 요령이 좋아 지휘를 잘하나 느긋한 돼지 성분은 지휘권에 들어오지 않는다. 느긋한 돼지 성분은 잘못 건드리면 무

217

참하게 반격을 하기 때문에 용 성분 쪽의 속이 터진다.
- 뱀 성분의 화려하고 돋보이고 싶은 현시욕이 정확하고 괴팍한 개 성분에게 먹혀 들지 않는다. 예술적인 장인 기질의 개 성분의 정확성은 뱀 성분의 뽐내는 연막은 통하지 못한다.

  이상으로 우리들은 우주 법칙의 다양성에 놀란다. 원망 관계는 상대 개체간일 때는 서로 피하면 되지만, 서로 받으려고 하지 않는 양 성분이 생명체 내부에 동거할 때는 현실 부정의 완벽 주의자가 태어난다.
  사람이 살아가는 동안에 몇 차례의 변화가 있어서 이 사람이 그때의 그 사람인가 의심이 날 만큼 감당하기 어렵다. 그 중에서도 사람을 자주 원망하다 보면 울분이 몸에 배어서 원망상이 되고 음성도 울분에 찬 원망스런 음성으로 변하는 것을 알 수 있다.
  이 조사를 참고하면 자기 원망심과 불평심을 스스로 납득할 수 있지만 역지사지(易地思之)라고 타인의 처지보다 자신을 앞세우기 때문에 원망과 불평의 심정에서 헤어나기 어려운 것이다. 상담으로 얻을 수 있었던 좋은 진리는 남의 처지에서 객관적인 시각으로 감수성 강한 이해와 인정을 할 수 있는 치료는 일찍이 나를 떠나는 거사(去私) 훈련이며 이것이 대단히 필요하다는 것이다. 그리고 자신을 떠나는 거사 훈련을 빨리 그리고 멀리 떠날수록 깊고 넓고 푸르게 하늘로 비상함도 깨달을 수 있었다.

상호도(相好圖)

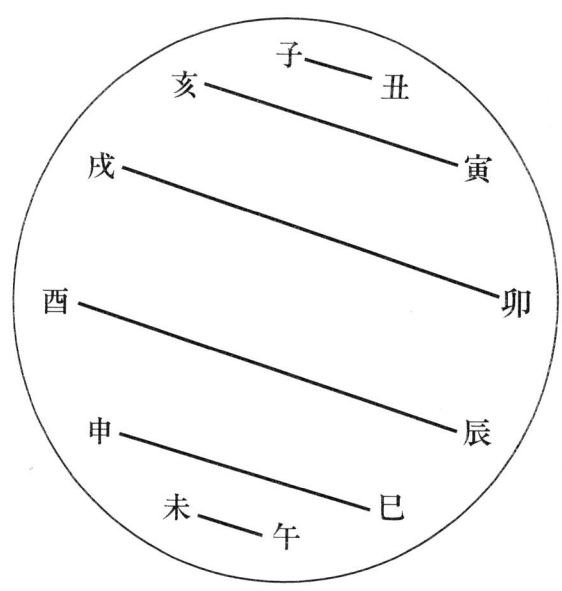

십이지의 소명 성분의 상관관계는 서로의 성분에 호감을 느끼는 사이다.

자(子) 성분의 이기적이기는 하나 귀함이 축(丑) 성분의 엄격하나 어진 어버이 성분과 서로 호감을 느낀다.

해(亥) 성분의 무참하나 느긋한 부유해 보이는 윤기와 참을성 없이 엄살이 있으나 리더십으로 통솔하는 인(寅) 성분이 잘 융합한다.

술(戌) 성분의 괴팍하나 정확한 기술성과 묘(卯) 성분의 듣는 귀가 밝아 유혹에 약하나 애교스러운 묘(卯) 성분이 서로 융화된다.

쌀쌀맞으나 영리한 유(酉) 성분은 꾀가 많고 요령 좋은 진(辰) 성분과 서로 호감을 느낀다.

상대 영합해서 성숙하려는 신(申) 성분과 겉으로 화려하게 뽐내기 좋아하는 현시적인 사(巳) 성분과는 서로 잘 맞는다.

고집이 세지만 부지런한 미(未) 성분과 무신경하면서도 활동성 좋은 오(午) 성분과는 서로 잘 맞는다.

십이지 성분 서로간에 상형(相刑), 원망, 상호(相好)가 있다는 것은 인간 사회의 어려움을 납득할 수 있게 한다. 서로간의 성분에 따라 비판하거나 원망하거나 좋아할 수 있다는 것을 참고하면 인간 상관관계가 훨씬 부드러워질 것이다.

인간 개개인 내면을 구성하는 소명 천성 성분간에 상대성으로 이렇게 편하기 어렵다는 것을 깊이 생각해 보면, 사람이 서로 부딪치고 극복해 가는 가운데 자연의 질서유지 관리가 의도적으로 함축되어 있음을 알 수 있다.

내실관리 능력과
대외섭외 능력

어릴 때 어른들께서 주고받는 좌담 중에는 무슨 말인지 의미를 알 수 없는 말들이 많이 있었다. 살아가면서 "오오라, 그때 그 말씀이 이것이었구나!" 하고 고개를 끄덕거릴 경우를 만날 때면 나이 든 어른들이 거저 나이 드시는 것이 아니구나 하고 납득을 했었다.

어릴 때 자주 들은 말 중에 "얼렁뚱땅 넘어간다. 둘러대기를 잘 한다"라는 말이 있었다.

"아, 그 아무개는 얼렁뚱땅 둘러대기를 잘해서 그 일이 잘 넘어갔다고 하잖아요."

어린 마음에도 그 말이 그리 떳떳하지 못하다는 느낌이 들어서 그것을 그리 좋은 능력으로 받아들이지 못하고 자랐다.

상담을 많이 하다 보니 이 세상에는 꽤 많이 얼렁뚱땅 둘러대면서 아주 기술적으로 자기 조절뿐 아니라 상대성 테크닉이 필요한 대외 교섭까지 능란하게 해낼 수 있는 기질을 능력으로 가진 이들이 있음을 가려낼 수 있었다. 이는 허세를 부리고 거짓말을 한다는 것이 아니라 본능적으로 천성이 대외 교섭에 겁이 없어 만나는 상대에 따라 직감적으로 자기 조절을 할 수 있고 상대 섭외가 가능한 능력을 말한다. 이 대외 교섭 능력자, 즉 섭외팀과 내실관리팀과의 비율은 육십갑자의 육십년 출생 중에 각각 22년, 38년의 비율임이 연구 조사로 밝혀졌다.

한국식 정치성이 농후한 대외 교섭팀의 특성은 선천적으로 상대성 자기 조절이 가능하며 상대성 조절에 있어서 기술적 우회적인 반면, 원리원칙적 직선적인 내실관리팀은 다분히 이상적인 경향이 높다.

지금으로부터 꼭 200년 전 불란서 혁명사에 등장한 정상배(政商輩)와 정치가를 다음 도표에 입력해 보면 좋은 자료를 얻을 수 있다. 관심이 있는 독자는 백과사전에서 역사적 인물의 생년을 찾아 대입시켜 보면 재미난 결과를 얻을 수 있을 것이다.

내실관리 능력과 대외 교섭 능력은 남녀구별 없이 각자 소명에 따라 나타난다. 시대적으로 지금의 젊은층이 대부분 대외 교섭 능력 비율이 높은 3기, 4기, 5기에 들어 자녀를 남의 손에 맡겨 놓고 밖으로 나가고 있다. 상대성 자타 조절에서 전문가들인 그들은 기술적 섭외 결합이 많아 정직하고 정확한 정보 교환 없이 만나 선택하기 때문에 이혼율이 높다.

내실관리팀은 밖으로 나돌면 능률이 나빠 컨디션이 하강한다. 외출만 하면 머리가 아픈 것이다. 반면에 대외 교섭 능력이 좋은 쪽이 외출을 하면 능력이 오르고 생기가 번쩍 돈다.

다음 도표를 보면서 구체적으로 내실관리팀과 대외섭외팀에 대해 알아보자.

역사 윤회(歷史 輪廻)의 주역(主役)들

제1기	24	25	26	27	28	29	30	31	32	33	34	35
	甲子	乙丑	丙寅	丁卯	戊辰	己巳	庚午	辛未	壬申	癸酉	甲戌	乙亥
	海中金		爐中火		大林木		路傍土		劍鋒金		山頭火	
제2기	36	37	38	39	40	41	42	43	44	45	46	47
	丙子	丁丑	戊寅	己卯	庚辰	辛巳	壬午	癸未	甲申	乙酉	丙戌	丁亥
	潤下水		城頭土		白臘金		楊柳木		泉中水		屋上土	
제3기	48	49	50	51	52	53	54	55	56	57	58	59
	戊子	己丑	庚寅	辛卯	壬辰	癸巳	甲午	乙未	丙申	丁酉	戊戌	己亥
	霹靂火		松柏木		長流水		沙申金		山下火		平地木	
제4기	60	61	62	63	64	65	66	67	68	69	70	71
	庚子	辛丑	壬寅	癸卯	甲辰	乙巳	丙午	丁未	戊申	己酉	庚戌	辛亥
	壁上土		金箔金		霹燈火		天河水		大驛土		劍劍金	
제5기	72	73	74	75	76	77	78	79	80	81	82	83
	壬子	癸丑	甲寅	乙卯	丙辰	丁巳	戊午	己未	庚申	辛酉	壬戌	癸亥
	桑柘木		大淨水		沙中土		天上火		石榴木		大海水	

=섭외(涉外)팀 출생(出生)

갑, 을, 병, 정, 무, 기, 경, 신, 임, 계의 십천간과 12지의 자, 축, 인, 묘, 진, 사, 오, 미, 신, 유, 술, 해를 대입 배열해서 육십갑자 도표가 형성된다. 십천간의 플러스와 마이너스는 다음과 같다.

(+) 甲丙戊庚壬

(-) 乙丁己辛癸

12지의 플러스와 마이너스를 대입시키면,

(+) 子寅辰午申戌

(-) 丑卯巳未酉亥

십천간의 갑과 12지의 자로 갑자, 또 을과 축을 을축으로 병인, 정묘, 무진, 기사, 경우, 신미, 임신, 계유, 갑술, 을해, 병자, 정축… 이렇게 이어나가 60년만에 회귀하게 된다. 여기에 예사 사람들은 인생을 관찰해서 기별마다 성질이 다른 생명체를 유지하는데 관계있는 금, 화, 수, 목, 토의 성질을 밝혔다. 즉 같은 해에 태어나 같은 지(支)를 갖더라도 갑자생 쥐띠는 해중금(海中金)으로서 깊은 바다 밑의 금이라는 일생을 내실관리에 적합하고, 무자생 벽력화(霹靂火) 쥐띠는 하늘의 벼락불같이 대단히 대외 교섭에 번쩍 하는 유능성이 있는데, 갑자생이나 무자생 모두 쥐띠 특유의 귀함을 인류 사회에 기여한다는 소명은 같으며 다분히 이기적인 점도 변함없이 그대로인 것을 도표는 보여주고 있다. 도표상에 특별 표시된 출생들은 자타간에 통찰력이 필요한 언동을 많이 하는데 유의하면 정치가의 의중을 읽을 수 있을 것이다.

　역사적인 시각으로 객관적인 연구를 해보면 내실관리팀의 이상적 욕구를 대외교섭팀이 현실적으로 추진하여 시대적 과제를 영욕 양면으로 성취하고 있다는 것이 밝혀지는데, 이로써 두 팀이 바퀴와 수레같은 마찰 관계이긴 하지만 한편으로는 협조 관계도 될 수 있음을 알 수 있다.

　내실관리팀이 늘 경계하고 주시해야 하며, 또 이해하고 인정하기 곤란할 때가 많은 외교섭외팀의 뛰어난 정치적 언동은 그의 선천적 능력이며 본능적 상대 조절이라서 어려서부터 나타난다. 교섭에 있어서 늘 그쪽에서 알아서 그리 하도록 유도하는 능력이다. 교섭결과에 대차(빔) 없는 결과를 얻어낸다.

　이 도표는 대단히 중요한 자료이다. 미국의 노예 제도가 허물어지는 1865년의 남북전쟁, 1905년의 을미년의 식민정책 시대, 1945년 2차대전 종전, 민족자결시대 1985년의 한일간 민주적 새 시대 외교, 1789

년의 불란서 혁명의 시작이 되는 삼부회 개최와 이 사건과 정확히 200년 차가 나는 1989년의 동구권 변화 등 역사적 사건을 소급해 살펴보면 40년 주기의 시대적 제도가 변화하고 있는데, 이 도표에서 그 변화의 내적 원인을 발견할 수 있다.

내실과 섭외의 횡적 의미에서 주기적인 세대간의 극차를 감지할 수 있다. 1기, 2기 시대에서 내실관리팀은 3기, 4기, 5기의 다수 대외섭외 세대를 준비, 배출하게 되고, 3기, 4기, 5기 세대는 1기, 2기의 내실관리팀을 배출하고 있음에 유의해 볼 일이다. 1기, 2기 24년간의 대외섭외팀은 노방토(路傍土)의 경오, 신미 출생과 임신, 계유년 출생의 검봉금(劍鋒金)뿐이다. 여기에 해당되는 오늘의 정치가를 살펴보면 대표적 인물로 전두환, 노태우 전 대통령, 고르바초프 소련 전 대통령, 콜 서독 총리, 옐친 러시아 공화국 대통령 등이 있다. 일본의 아키히토 천황도 해당된다(91년도 당시). 3기, 4기의 인물들도 곧 등장할 것이다. 언론이 기다리는 오늘의 조병옥 박사나 신익희 씨는 사중금(沙中金), 갑오년 출생으로 등장할 것이며, 일본의 마쓰시다(松下幸之助)씨도 모두 갑오년생이다. 1기부터 5기까지, 또다시 1기로 돌아서는 세대 준비는 연결 고리를 물고 있으며 역사가 윤회하는 이유를 이 도표에서 발견할 수 있다.

대다수가 내실 1기, 2기팀인 인물들에 의해 일어난 불란서 혁명은 그들의 노력으로 어느 정도 그 이상이 성취되고 성공한 듯했지만, 엉뚱하게도 대외섭외팀인 기축년생 나폴레옹이 군부를 이끌고 등장하며 이기심이 앞선 민중은 위협과 이익을 함께 하여 다스려야 한다며 불란서 혁명 직후에 등장한 것은 타산지석으로 삼아야 할 일이다.

내실관리팀이 이상적 노력을 하고 외부섭외팀은 현실 조절을 하고 있는 것을 볼 때, 개개인 각자가 어디서 무엇이 되고 있는가를 진찰하면 현실팀을 앞세워 이상의 수레가 굴러가고 있는 것이 이해될 수 있을 것이다(91년 당시).

　2, 3기팀인 오늘의 젊은이들인 대다수의 대외섭외팀과 5, 1, 2기팀인 오늘의 기성세대인 내실관리팀과의 시각 극차는 가난하고 무지하며 황량했던 시대에서 성장한 내실관리팀의 시대적 과제와 준비된 지성과 물질적 풍요가 보장된 젊은층의 현 시대의 과제 차이에서 오는 것이다. 이렇게 각자의 역할 분담이 다른 데에서 오는 의식과 발상의 전환점에서 시대적 유연성이 따르지 못하면서 많은 시각차를 보이게 된다.

　국가 통치자가 내실관리팀인가 대외섭외팀인가에 따라 대단한 차이를 나타난다. 현 세계의 1990년도 외교 통치자를 보면 미국의 부시 대통령, 영국의 대처 수상이 1기 출신이며 이들은 5기 출신인 김일성과 함께 내실관리팀이며 한국, 일본, 소련, 독일의 통치자는 모두 대외섭외팀이다.

　가정에서는 남편이 대외섭외팀이고 아내가 내실관리팀인 경우와 반대로 아내가 대외섭외팀이고 남편이 내실관리팀인 경우가 있을 수 있으며, 내외가 모두 내실관리팀일 수도 있고 내외가 대외섭외팀일 경우도 있다. 남편이라는 개념이 대외섭외 역이라고 한다면 아내의 개념은 내실관리 역이 되겠다. 상담 중에 "꼭 남편이라고 대외섭외 능력의 기준이 되는 것은 아닙니다. 댁에서는 부인이 남편감이고 남편되시는 분이 아내역입니다. 부인이 좋은 남편이 되세요" 하면 말귀를 알아듣는 여성은 심각한 얼굴이 되다가는 고개를 끄덕인다. "지금도 그런 상태입니다" 하면서….

　내외가 같이 대외섭외팀인 가정은 둘이 함께 남편역이라 보고 있으면 가정 관리에 지장이 많을 수 있다. 일생을 뜻도 모르고 열심히 자녀들의 학비를 마련하느라고 남편 노릇을 해낸 할머니들이 요양 중에도 70, 80 나이에 집 안에 가만히 앉아 있지 못하고 늘 일거리를 만들어 밖으로 밖으로 스스로를 조절하고 있는 것을 보면 더욱 이 도표에 확신을 갖게 된다.

댁의 내외 사이는 어떤 형태인지요? 여자 남편감이나 남자 아내감 모두가 분발하면서 서로 인정하고 격려해야 할 것이다.

목적사를 말하지 않는 섭외팀

평택에 신축 중인 아파트 입주를 위해 6개월간 건넌방에 중학교 미술 선생 가족이 머물다 나갔다. 일곱 살짜리 그 댁 장남 인오는 섭외팀이다. 이 어린이가 이 세상에 섭외팀이 있다는 것을 60세가 넘은 나에게 일깨워 준 것이다. 젊은 날에도 많이 만났을 텐데도 살기가 바빠서 미처 관찰을 못한 것이다.

그날 점심 준비로 불고기를 굽고 있었다. 놀다 들어온 인오는 엄마 아빠도 나간 집에서 심심한지 부엌을 기웃거리고 있었다.

"할머니, 고기 냄새가 좋다."

그러고는 나를 쳐다보았다. 조금 있으니 또 한 마디 했다.

"할머니, 나 고기 좋아해."

인오 이 아이는 고기를 달라는 목적사를 결코 쓰지 않았다.

늙어서 한가한 마음에 이때 번개같이 깨달았다. 국수를 좋아하는 남편을 위해 우리 집에는 아주 커다란 국수판과 국수 홍두깨가 있는 집이다. 수십 년 국수를 밀었으나 국수해 달라는 말이 떨어지기 전에 늘 국수는 만들어져 있었다. 통행금지 시간에 들어와서는 "오늘 국수 했나?" 단지 이 말만 던져도 나는 한밤중에도 국수를 밀었다.

"뭐 잡수실래요?"

이렇게 분명하게 물어도 "국수나 아무거나" 하고 분명하지 않은, 그러나 나로서는 오랜 경험으로 알아들을 수 있는 말을 던진다. 알아서 하라는 것이다. 언제나 목적점을 흐린다. "해 줘" 하는 말은 절대로 하지 않는다. 돈이 필요하면 원리원칙팀은 "돈을 주세요" 하고 분명한 목적을 말한다. 그러나 섭외팀은 "돈이 있어야 되는데" 하고 여기까지만 말한다. 자신의 요구를 상대가 알아서 해 주도록 유도하는 것이다.

이 이치를 모르는 사람들은 부지중에 상대 요구를 충족시켜 주고 있다.

섭외팀이 많은 집에 시집이라고 들어가서 이 이치를 모르고 대하다가 실어증에 걸린 사람이 이 이치를 깨닫고는 깨끗이 나았다. 궂은 날씨에 대청에 앉아서 섭외팀 시어머니가 혼잣말처럼 말한다.

"날씨가 궂어서 비가 올 것 같다."

통찰력이 있는 며느리라면 이 말을 "비가 오면 빨래가 젖을 것 같으니 빨래를 모두 걷어 놓아라" 하는 말로 분명히 알아들을 것이다. 그러나 원리 원칙대로 말해야 알아듣는 며느리에게 시어머니는 분통을 터뜨린다.

"시어미 말이 말 같지 않으냐?"

반대로 시어머니의 섭외성이 함축된 진의를 꿰뚫어 볼 수 있는 섭외팀의 며느리일 경우, 시어머니의 분통 터진 말에 이렇게 부드럽게 나올 것이다.

"어머니, 비가 올 것 같으면 빨래를 걷어야 되겠네요?"

하고 싶은 마음이 있으면 그렇게 하도록 유도하고, 유도당하는 가운데 교섭이 성립이 되어 경험은 흘러간다.

　목적 카드는 최후의 순간까지 깔고 앉아서 교섭을 유도하는 능력, 이런 능력은 태어날 때부터 본능적으로 작용한다. 그렇기 때문에 섭외성 어린이에게 어른이 선물을 주었을 때 옆에서 어머니가 "고맙습니다"라고 인사하라고 강요해도 이 어린이는 고맙다는 말을 하지 않는다. 저쪽에서 주고 싶어서 준 것이지 내가 원해서 받은 것이 아니라는 의식이 섭외팀에게는 있다는 이치를 깨달아야 한다.

　이 섭외팀은 원리원칙 가지고는 움직이지 않는다. 남녀 없이 현실적 조절 능력이 우수한 섭외팀의 현명한 활용은 좋은 결과를 낳을 수 있음을 인정하고 옥외 활동을 활용해야 할 것이다.

　며느리라고, 딸이라고, 여자라고 하는 의식을 깨고 그들의 섭외 능력을 활용해야 할 것이다. 상담 방문객 중 섭외팀들은 한결같이 자신들이라면 UR(우루과이라운드) 교섭에서 쌀 카드를 미리 볼모로 내어주지 않았을 것이라고 말한다. 원리원칙 성분 기질자는 본심을 앞세우나 섭외 성분 기질자는 본심을 최후 카드로 내놓는다. 이 원리원칙 성분자와 섭외 성분자의 분별을 관찰할 수 있는 사람은 이 성분 분류 결과, 자신의 상대성 대인 관계 대응에 변화를 가져오며 세련된 사고에 큰 도움을 얻을 것이다. 빙빙 돌리지 말고 본심을 말하세요 하고 맞받아치면 좌중은 웃음이 넘친다. 원리원칙팀의 교섭에서는 부채감이 남는 반면, 섭외팀의 교섭 결과에서는 부채감이 남지 않는다는 점을 이해해야 상관관계에서 납득이 될 것이다.

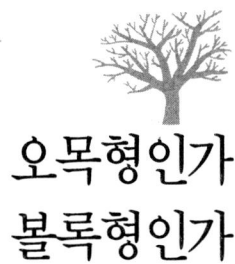

오목형인가
볼록형인가

　병원 집에서 늘 음식을 주문 배달하던 중국집의 고용인이 폐가 나빠 각혈을 했다는 전갈이 왔다. 그 후 이런 소식이 잊혀질 즈음해서 중국집 고용인의 병도 고치고 그의 생계에 도움도 줄 수 있도록 아예 늘 손님이 많이 들어있는 병원집 사랑에서 묵게 사는 것이 어떠냐는 어른들의 주고받는 대화가 들렸다.
　이런 사전 지식이 있는 상황에서 곧 아래채가 비워졌고 청소가 시작됐다. 도배를 새로 하고 축담에 물을 뿌려 빗질을 하니 흙에 스며든 물로 축담이 한층 상큼해 보였다. 새로운 변화가 언제나 즐거운 올망졸망한 연년생 어린이들의 환심 속에서, 언제나 조금 희죽희죽 웃으면서 마음씨가 좋았던 정 군이라 불리는 중국요리 잘하는 사람이 성호네라 불리는 아내와 어린애 셋을 데리고 이사를 해왔다.
　병원집에는 원장 가족 외에도 의사 한 명과 조수 둘, 간호원 둘 해서 대가족이었으나, 원장 왕진용 인력거를 끌어야 하는 정군 가족이 아래채에 들어오니 20명이나 되는 엄청난 수의 대가족이 되었다. 물이 흐르듯 어른과 아이들, 남자와 여자들의 매일매일 삶의 올이 가로세로 짜여져 갔다.

그는 누구에게나 반가운, 어디에서나 필요한 일꾼이었다. 사랑에 손님이 오면 큰 곤로에 숯불을 가득 피워 놓고 희한한 중국요리를 척척 큰 접시에 담아냈다. 자연히 사랑 손님에게도 사랑 받고 환영받았다. 어린이들의 눈에는 모든 어른들에게 필요한 인물이며 신뢰받고 환영받는 그가 그렇게도 훌륭한 사람으로 비쳤다. 누구도 그가 고용인이라는 생각을 하지 않았으며 대가족 속에 큰 자리를 차지하고 있었다.

그런 정 군이 때때로 자기 부인인 성호 엄마의 눈치를 보면서 말을 하곤 했다. 극히 드문 일이고 또 그 몸놀림도 작았지만 그런 '눈치'를 보는 것은, 귀가 잘 들리지 않기에 더욱 관찰력과 감수성이 예민해진 여자 어린이의 감각에는 인지됐다.

정 군의 눈치는 우리 가족들이 쥐띠생인 어머니에게 응석부리기 전에 가지는 눈치와 닮았다. 연년생 형제 자매간인 우리들은 뱀띠생 아버지에게는 스스럼없이 응석을 부렸지만 쥐띠생 엄마에게는 늘 눈치를 한번 보고나서야 응석이 가능했다. 그것도 어렵게 늘 아버지를 거쳐서야 응석이 통하는 편이었다. 그래서 한번은 둘째딸이 왕진을 나가려는 아버지의 인력거에 숨어 들어가 기다리고 있다가 "이놈이 웬일이냐?" 하시는 아버지를 따라 왕진간 집 앞에서 혼자 놀면서 기다린 끝에, 결국 아버지 무릎에서 어머니에게 해야 할 응석을 호소하는 경우도 있었다.

훗날 성장하면서, 또 어른이 되어서 스치고 지나가는 이웃에게서도 이런 유의 눈치를 많이 느꼈다. 언젠가 고추장을 기가 막히게 잘 담그는 어느 친구집에 간 적이 있었다. 그날따라 아무도 없이 집안이 조용해서 더욱 기억이 나는 게, 그때 보였던 남편과 부인의 눈치가 왜 그럴까 하는 마음을 품게 되었다.

이런 유의 눈치가 '왜 그럴까' 하고 의문을 품는 마음이 어려서부터 경험한 일들과 서로 감지의 공통점을 갖게 되어 일신학교 6학년 담임선생님들의 대화에 이어지고, 또 동산에서 많은 방문객을 상담하는 가운데 관찰되면서 사람은 태어날 때 기가 양기인 사람과 음기의 사람이 있으며, 양기는 플러스 (凸)형 사람이고, 음기는 마이너스 (凹)형 사람이라는 분류에 이르렀다. 양쪽 내외가 플러스일 경우는 (凸凸)형이 되며 양쪽 내외가 마이너스일 경우 (凹凹)형이 된다. 어느 한쪽이 플러스나 마이너스일 경우에는 (凹凸)형 부부상이 되어, 손님이 가기 힘겨운 가정과 편안한 가정으로 분별된다.

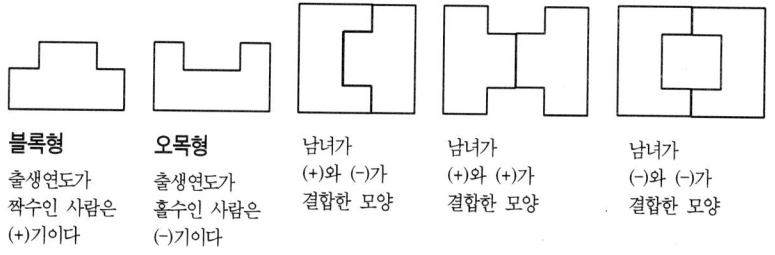

블록형
출생연도가
짝수인 사람은
(+)기이다

오목형
출생연도가
홀수인 사람은
(-)기이다

남녀가
(+)와 (-)가
결합한 모양

남녀가
(+)와 (+)가
결합한 모양

남녀가
(-)와 (-)가
결합한 모양

당신의 기는 (+)플러스인가, (−)마이너스인가?

6학년 담임선생님 두 분이 2층 6학년 교실 앞 창가에서 "금년 아이들은 작년 아이들과 어째 저렇게 다르지요?" 하는 말을 지나가다 우연히 들었었다.

두 선생님의 이름이 아직도 생각날 정도로 그 말은 내 머릿속에 깊게 각인되었다. 두 선생님은 그 당시 실력 있고 유능하기로 정평이 나서 연속 6학년 담임을 맡고 있었다. 그때의 그 말은 내 귀에 들려온 뒤 오랜 세월 나의 내면의 기억에 잠복하고 있다.

상담을 시작한 후, 편지 상담에 답장을 보내고, 방문 상담과 전화 상담에 응하면서 한 사람 한 사람에게 주어진 상황이 어쩌면 이렇게도 다른지 그때마다 그 선생님들의 대화가 기억나는 것이다.

자연인의 개체가 왜 이리도 다른가. 텔레비전에서 철학 교수의 특강을 들었다. "시간이 흐를수록 철학은 세분화되어 연구되고 있다"고 한다.

나도 개개인의 철학이 달라지고 있음을 생년, 생월, 생일의 분석에서 발견할 수가 있었다.

두 선생님의 "어쩌면 작년 아이와 금년 아이들이 저렇게 다르지요"의 작년 아이들이란 1945년의 닭띠를 말하는 것이었다. 금년 아이들이란 1946년생 개띠들이다.

닭띠의 천기는 (-)천기다. 개띠의 천기는 (+)천기가 된다. (-)천기는 수동적 오목렌즈요. (+)천기는 능동적 볼록렌즈이다.

한 교실에 오목렌즈 (-)천기 어린이가 60명 앉아 있는 것이 작년의 경우이고, 볼록렌즈 (+)천기의 학생이 60명 깐깐하게 앉아 있는 것이 금년인 것이다.

흡인력의 (-)천기 닭띠를 졸업시키고, 새로운 (+)천기를 한 사람도 아닌 능동적인 학생 60명의 미는 힘이 피부로 느껴져 오는 것이 '작년 아이와 금년 아이의 차'인 것이다.

소명 천성이 영리하고 수동적인 닭띠와 소명 천성이 다분히 아카데믹하며 기술적인 개띠의 능동적인 천기 차는 연속 담임을 맡아보지 못한 선생님은 알 수 없을 것이다.

서기로 짝수 해의 출생은 모두 양성이 되고, 서기로 홀수 해의 출생은 모두 음성 천기가 된다.

쥐(子), 소(丑), 호랑이(寅), 토끼(卯), 용(辰), 뱀(巳), 말(午), 양(未), 원숭이(申), 닭(酉), 개(戌), 돼지(亥)의 열두 띠를 12지라고 말하며, 이는 태어나서 죽을 때까지 변함없이 같이 가는 길동무가 된다.

이중에 쥐, 호랑이, 용, 말, 원숭이, 개는 모두 서기로 짝수임을 알 수 있다. 반대로 소, 토끼, 뱀, 양, 닭, 돼지는 모두 홀수 해 출생이 된다.

(+)천기 : 쥐띠, 호랑이띠, 용띠, 말띠, 원숭이띠, 개띠
(-)천기 : 소띠, 토끼띠, 뱀띠, 양띠, 닭띠, 돼지띠

앞의 설명을 참고삼아 자기 주변의 가족 구성과 직장 대인 관계에서 앙케이트를 작성해 보면 이해가 될 것이다.

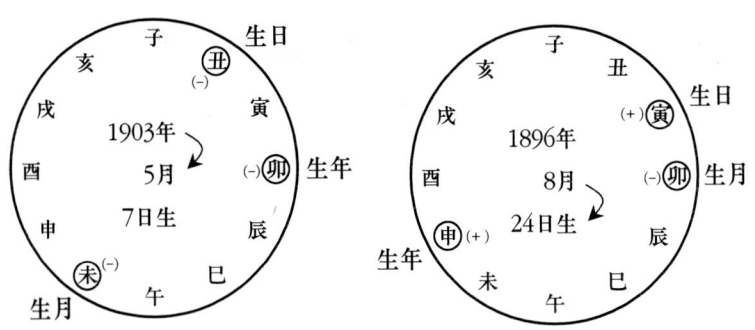

※ 생년 자리를 ①로 생월을 찾는다. 생월자리를 ①로 생일자리를 찾는다

외강(外剛)과 외유(外柔)

천기가 플러스인 경우 흔히 외강이라고 말한다. 우선 겉보기가 깐깐하다. 체격이 작아도 외강으로 보인다. 천기가 마이너스인 경우 겉으로의 느낌은 체격이 우람해도 외유로 보이니 참으로 신기하다. 여기에 생월과 생일의 12지 선택이 (+)와 (-)로 가세되면 각자 외강내강, 또는 외강내유, 외유내유, 외유내강이 된다.

체격이 작고 야윈 사람이 겉도 깐깐하고 속도 깐깐할 때 영락없이 생년과 생월, 생일이 모두 (+) (+) (+)가 되니, 예로 들어 생년이 호랑이띠인 사람이 생월에 용이 들고, 생일에 쥐가 들면 세 가지의 플러스가 되는 것이다. 반대로 체격이 우람하나 속도 겉도 물렁하다는 소리를 듣는 사람이 더러 있다. 조사를 해보면 생년, 생월, 생일에 (-) (-) (-)가 나타나며, 예를 들어 생년에 토끼띠가, 생월에 소가 들고, 생일에 돼지가 들었다면 세 가지의 마이너스가 되는 것이다.

이 (+)와 (-)를 계산할 때는 정확한 음력 출생일이 필요한데 계산을 잘못해서 해석을 잘못하는 경우 크게 차질이 생겨 낭패를 하게 되니 주의해야 하며, 쓸데없이 허둥거리면서 쓰는 일이 없어야 하겠다.

예를 들어 생년, 생월, 생일이 1893년 10월 6일인 사람은 (-) 천기 뱀띠이면 (+)호랑이와 (-)양이 된다. 이것을 계산을 잘못해서 (-)뱀과 (-)토끼와 (-)양으로 착각할 경우, 호랑이 소명 천성이 토끼 소명 천성의 특성으로 바뀌어져서 사람의 외관부터 선택 방향까지 차질을 주게 되기 때문에 조심할 것이며, 확실한 날짜는 모른다든가 생년월일을 모를 경우 뒤에 기술되는 진운표를 보고, 그것이 어려우면 그 사람의 일상생활 태도를 소명 천성 도표에 대입시켜 보면 알 수 있다.

외강내유인지 외유내강인지, 그럼 어디 맞추어 볼까 하고 흥미가 도는 독자들에게 생년월일, 플러스 마이너스 천기의 계산 방법을 간단히 밝혀 본다.

〈자신이 태어난 해의 띠자리에서〉시계바늘 방향으로 돌아가면서 성분자리를 찾아간다.

예를 들어 1903년 5월 7일생이라고 해보면 1903년은 (-) 천기 토끼띠가 된다. 자기 자리를 다시 짚고 12지를 시계바늘 쪽으로 돌리면 생월 5월은 양이 되고, 7일은 소가 되니 천기는 마이너스가 셋이 되고, 토끼, 양, 소로 적으면 되는 것이다. 한 번 더 예를 들어보면 1896년 8월 24일의 사람은 원숭이, 토끼, 호랑이로 (+) (-) (+)가 나오게 된다.

이 조사에 쓰이는 방법을 기점으로 자기 자리를 하나로 잡은 것이며 쉽게 기계를 이용한 방법을 쓴 것이다. 자기 자리를 한 번 더 짚고 옆으로 돌기 때문에 각기 대각선의 자리가 언제나 7이 된다. 시계 바늘 쪽으로 한바퀴 돌고 나면 늘 자기 자리 옆이 12 아니면 24가 되는 것을 확인할 수 있다.

진단 카드를 이용한다

굿을 한다든가 부적을 간직한다고 고통에서 구원받을 수는 없다. 병고는 건강을 찾아보려는 의지와 병과 싸우는 투병 치료가 효험이 있으며, 고통을 이겨내려는 인내력을 자기 스스로에게 지속적으로 공급해야 한다. 이것이 의지력이다.

  이 경우 의지력은 자기 사랑의 긍지만이 가능하다. 가난의 고통은 어떠한가. 병고는 누구도 대신할 수 없는 고통이지만 자신 혼자의 극복으로 가능하다. 그러나 가난의 고통은 연대 고통이라 옆에서 조금만 도와주면 쉽게 의뢰심이 생기고, 여의치 못할 때 남의 탓으로 서러워하니 긍지는 떨어지고 거기서 헤어나는 기회를 놓치고 허우적댄다.

  가난이 결코 자랑거리는 못 되지만 가난 그 자체가 누구에게도 부끄러운 것은 아니며, 자기 가난을 딛고 긍지에 접목하면 정확히 일어설 수 있음을 당대의 대기업가 중에서도 찾아볼 수 있다. 현대의 정주영 회장과 삼일문화재단을 남기고 가신 대한유화의 이 회장, 세계를 놀라게 한 일본 내셔널 전기의 마쓰시다 회장 같은 분들이 이를 증명하고 있다.

능력이 닿지 않아 진학에 실패하는 고통을 겪을 경우, 자기 자신을 가장 똑바로 잘 아는 사람은 바로 자신이기 때문에 본인만이 진퇴의 결심을 할 수 있다. 자기의 길도 아니면서 단지 남의 이목 때문에 방향타를 바꾸는 것이 자신의 긍지를 상하게 하는 것은 아니다. 훗날 큰 낙오보다 잠시의 일보 후퇴, 명예로운 후퇴의 용기가 있다면 고통은 사라지게 된다. 이 경우에도 뜨거운 자기 사랑만이 가능하다. 점괘를 던져 제비뽑는데 위안을 받을 것이 아니라, 자기 카드를 작성해서 자가 진단을 하면 나 자신을 객관적으로 알 수 있을 것이다. 언젠가 어떤 사업가가 점괘에 그 해 자기 부인의 운이 나쁘다고 나오자 그 이유로 가정법원에 드나드는 것을 보았다.

사람은 누구나 주기적인 천기부침을 맞이한다. 높이 떠올랐던 사람도 어느 때 가서는 가라앉아야 하는 날이 찾아온다. 그리고 가라앉은 다음에는 분명히 새로운 떠오름이 이어진다. 가을이 지나고 겨울이 오니 기약 있는 인내로 봄은 멀지 않은 것이다. 나의 새로운 준비 경험은 무엇을 나에게 약속할까. 자기 자신을 뜨겁게 사랑할 때 비로소 자가 진단은 정확한 처방을 내려줄 것이다.

현실긍정 기질팀
'애정 신뢰'
- 사랑의 큐피트 화살을 주고 받은 자리 출생

현실 긍정적인 시각인 나는 4세 때 장티푸스의 고열로 중이염을 앓아서 난청의 불구의 몸이 되었다. 초등 교육은 받았으나 진학문이 열리지 못해 13세 어린 나이에 깊은 밤의 연락선을 타기 위해 부산 부두에서 수천 명의 군중 속에서 승선을 기다린다. 출생 후 부모 곁을 떠나본 일이 없는 소녀가 의미도 모르고 '부모가 원하기 때문에' 고향역에서 기차를 타고 와서 여기 홀로 군중 속에 휩쓸려 시간을 기다리고 서 있다.

그로부터 4년 후, 유학 기간이 끝나고 돌아오는 선상에서 현해탄을 내려다보면서 우수한 주부가 되겠다는 결심을 했다. 우수한 주부란 현실을 긍정적으로 믿고 병풍 두른 방에서 보료 깔고 앉아 바느질하면서 어린이를 양육하는 '어린이의 안목을' 책임져야 하는 어머니를 말하는 것이다. 그리고 그렇게 가정 종합 관리를 열심히 하면서 살아왔다. 2남 2녀가 엄마손이 그리 필요 없는 시점에서, 소녀 시절에 품었던 '멘스벤

드 제작'과 양장 학원에 대한 노력을 해보았으나 난청으로 협력을 얻기가 어려웠고, 양장은 대단히 깊이 연구 노력했으나 이론만 밝을 뿐 디자인 창작 아이디어가 아주 없었다. 원형에서 맴돌기만 하고 있었다. 이 상태가 보수 기질의 특성이다.

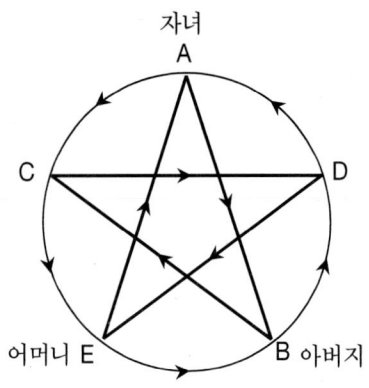

미적 감각이 현실에 안주하고 있어 환상적 세계의 새로운 도약도 할 수 없었다. 이것을 깨닫고 가정 내에서 요리를 만들고 바느질을 하면서 응접실을 개방했다. 대화의 살롱이 열렸다. 살롱 대화가 지금의 상담실로 이어졌다.

부모 뜻에 따라 의미도 잘 모르지만 현실을 긍정적으로 받아들여 신뢰와 존경으로 길을 떠나면서, 떠날 때나 방학으로 돌아올 때도 울면서 유학 기간을 보냈던 추억이 기억되고 있다. 나의 양친은 원심력 관계의 만남이다. 애정 인력이 없는 사이를 자녀 위치에서 실감가게 '꺾쇠' 역할을 했었다.

"우리는 저 아이 때문에 살아왔다."

부모님은 서로 마주앉아 이렇게 회고하곤 했었다.

현실 긍정팀의 부모 사이는 인력 작용이 없다. 부모간에 인력 작용이 없어 원심력 작용으로 등거리를 두고 접점이 없는 사이에서 부모 양쪽의 접점 출생을 하는 자녀 자리는 어려서부터 사랑의 인력 작용의 끈이 부모와 연결이 있어서 양친을 꺾쇠로 이어준다.

사랑을 받고 사랑을 던지는 훈련이 있는 성장으로, 사람을 신뢰하고 존경할 줄 아는 사람으로 현실을 긍정적으로 받아들여 보수 기질이 자리 잡는다.

현실 긍정팀의 부모 사이에는 인력 작용이 없이 원심력이 작용한다. 양친이 원심력 작용 관계일 때 꺾쇠 자리 자녀는 자연적 양친과의 인력 작용으로 내리사랑과 치사랑 경험 훈련으로 성장하기 때문에 효심은 그리움을 품고 정감 어린 사람이 된다. 그러나 현실 긍정 시각의 성장은 새로운 도약 변화에 보수적이다. 장발이 유행하고 판타롱이 유행해도 휩쓸리지 못한다. 시국의 흐름에도 대체적으로 현실을 딛고, 급변보다는 안정 속의 변화를 따르는 기질이 된다. 환상적인 공상과학 화면이나 변화무쌍한 광고 그래픽 같은 것을 보면 창작한 팀에 경의(敬意)를 느낀다.

부모 양친의 접점 자리 출생의 자녀는 그 자리를 지켜주면 양친 사이가 편안해진다. 접점 자리의 자녀가 자리를 비우면 양친 사이는 접점이 없어 의견에 등거리를 두고 맴돈다. 접점 자리 자녀들은 자연적으로 부모와의 사이에 그리움이 있고, 정감이 흐른다는 것은 참으로 자연의 신비이다.

남의 허물을 덮어주려는 기질은 보수기질의 특성이다. 긍정팀의 특성은 허물을 지적하기보다 감싸주려는 기질이다.

현실부정 기질팀
'불신'
- 사랑의 큐피트 화살을 주고받을 수 없는 자리 출생

현실 부정 기질이 내외 사이에 인력 작용이 있는 사이에서 출생하는 경우라는 것을 깨달을 때까지는 참으로 놀라운 발언들을 듣고 확인되었다.
2남2녀 중 차남의 출근 모습을 지켜보는 나에게 이렇게 말했다.
"엄마, 저는 왜 아버지 어머니에게 정이 없어요?"
"어머? 얘는? 너를 얼마나 소중하게 키웠는데 그러니?"
"그건 저도 알고 있는데요, 이상하게 제 마음에 그리움이나 뜨거운 정감이 없어요."
나는 아들의 말을 듣고 픽 웃었다.
그 후 오랜 세월 그 말은 기억하고 있었으나 60세가 넘어서 카운슬링을 거듭하는 중에 이 말은 나에게 다시 깊이 다가왔다.
그 말을 던진 청년은 지금 중년이 되었으나 나의 뇌리에 그 정직한 그때의 20대 청년으로 진지한 분위기까지 마음에 남아 이 글 속에 담는다.

두 번째 발언은 참으로 놀라왔다.

"언니, 나는 엄마가 우리 집에 하루 이상 머물면 한계가 와서 괴로워."

"용돈을 드리고 고급으로 노모 의복을 챙기면서도 가까이 있으면 거북하다?"

세 번째 예는 오랜만에 미국 유학 중 방학으로 귀국한 딸의 손을 잡았을 때다.

"왜 그러세요?" 하고 쳐다본다.

나는 지금도 늘 노모의 손을 잡고 길을 거닌다. 이렇게 손을 쉽게 잡을 수 있는 사이와 손을 쉽게 잡을 수 없는 사이가 있다는 것을 깨달았다.

이 세 사람은 모두 부모와의 사이에서 태어나면서부터 사랑의 인력 작용이 없는 출생이다.

양친 간에 인력 작용이 있어서 어린이가 보호는 받았으나 부모와는 원심력 작용 관계이다. 이런 출생 자녀는 현실을 인정하기보다 부정을 한다. 현실 부정은 개혁 정신을 낳아서 부모와는 삶의 질이 다른 가치 선택을 하려고 하며, 부정적인 사고는 가정 내에 머무르는 동안 평온하기 어렵다.

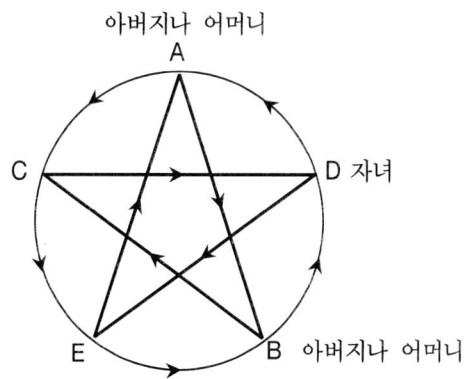

245

도표 상에서 볼 수 있는 것처럼 부모간의 인력작용이 있는 가정에서 부모와 원심력 작용의 접점에 태어난 자녀들은 유아기 때부터 부모의 보호는 받으나 서로 인력 작용이 일어나지 않는다. 따라서 부모와의 사이에 사랑의 인력을 주고받는 감응훈련이 전혀 없어 부정적 개혁팀으로 준비된다.

부모 사이에 스파크를 일으키는 개혁 기질의 현실부정은 눈빛에 싸늘한 공격성이 있다. 또한 대단히 냉소적이고 부정적인 기질은 개혁팀의 특성으로 이해되어야 상호간에 평화가 있다.

사랑의 큐피트 화살을 던질 줄 알고 받을 줄 아는 인력 작용이 있는 성장을 하지 못했을 때, 애정을 신뢰하지 못해 얼굴에 나타내면 표정에서 쉽게 사람을 신뢰하고 존경하지 못함을 읽을 수 있다.

교육받고 사리 분별이 뚜렷한 자녀들의 마음 밑바닥에 나는 왜 부모에게 신뢰와 그리움이 없는가 하고 자문이 생기면, 그것은 정직한 자기 관찰이라고 할 수 있다. 이 팀은 신뢰받고 성장했다는 사실은 알고 있으나 사랑을 주고받는 테크닉이 어설프다.

그래서 부정팀은 성장 기간에 부모 양친 사이를 끝없이 소요스런 분쟁으로 휩싸이게 한다. 부모의 삶의 틀을 부정하고 사사건건 의견이 다르다. 부모와는 다른 길을 가고자 하기에 어려서부터 대인 투쟁 훈련을 거듭하면서 자기 가치관을 주장한다. 이런 본능적 천리를 모르고 부모가 자신의 지성으로 유도, 강요하면 할수록 가정의 소요는 커질 뿐이다.

일찍이 객관적 관찰과 소명이 다른 부정적 시각으로 부정하고자 하는 초점에 주목해야 한다. 부정팀의 자녀는 부모 곁을 떠나보내면 부모 사이의 소요는 씻은 듯이 사라지고 가정 내는 평온해진다.

청소년들의 가출에는 부모를 사랑하기 때문에 집안을 일으켜 보겠다는 의지 가출이 있고, 부모와는 사사건건 뜻이 달라서 자기 세계를 펼쳐 보겠다는 개혁 의지 가출팀이 있다. 사랑의 흐름도를 참고해서 현실부정팀을 분류해서 상대성 이해를 하면 사춘기로 이미 가치 기준이 완성 준비된 출발에 그들의 자율성을 인정할 수 있는 대응이 가능하다.

  부정팀은 남의 허물을 지적해서 개혁하려고 한다.

현실거부 기질팀
- 완벽주의자 전위팀

　현실 긍정팀과 현실 부정팀은 부모와의 사랑의 인력 작용 여하에 달렸으나, 참으로 놀라운 자체 내면 성분 여하에 따라 현실을 무(無)로 거부하는팀이다.

　일찍이 선대인들이 밝혀 놓은 자연 원리에 12지의 상대 원망 관계를 원진 관계라고 전해 왔다. 서로의 성분이 거부되는 원망하는 자(子) 성분과 미(未) 성분, 축(丑) 성분과 오(午) 성분, 인(寅) 성분과 유(酉) 성분, 묘(卯) 성분과 신(申) 성분, 진(辰) 성분과 해(亥) 성분, 사(巳) 성분과 술(戌) 성분 관계이다.

　이 상대 거부 성분이 자체 내면에 공생하면 현실을 완벽하게 거부하는 완벽주의자가 된다. 완벽주의자들은 현실을 딛고 부정하는 부정팀과는 전혀 다르다. 현실을 무(無)로 거부하고 무에서 유를 창조하려는팀이다.

　생년월일을 모르는 상태에서 이 팀을 분류하려면 자기 선택에서 여의치 못할 때는 어른 아이 없이 본능적으로 원망을 하는 사람을 찾으면 된다. 이 같은 만사에 거부하고 원망하는 기질이 새로운 것을 창출해 나간다. 선택 책임을 남에게 전가하면 원망이 된다.

끝없이 순수하고 맑은 이상으로 무에서 유의 창출을 시도하기 때문에 늘 긴장과 경계하는 자세가 된다. 서로 원망하는 성분이 공생하면 광적인 창작성, 창의 열정은 비정형성 자기 조절 불능 상태에 빠지기 때문에 주기적으로는 조울증이 생긴다. 뼈와 살을 깎는 각고 끝에 무에서 유를 창출할 수 있다. 교만과 콤플렉스 양면을 내면에 품고, 교만이 일으키는 불평불만은 이 세상 모든 것이 마음에 들지 못한다. 이 불평불만 거부 내에는 자신의 생명체마저 들어 있다. 뜨거운 자기 사랑이 없고 자기 자신마저 늘 불만족스럽다. 이러한 사람들이 예술가와 정치가일 때에는 자결도 마다하지 않는 교만으로 결행되는 경우가 많다.

창출팀의 원망으로 나타나는 조울증에서 오는 불면증은 약으로는 절대로 치료할 수 없다. 창출팀의 조절불능 대응은 절대적으로 신뢰할 수 있는 뜨거운 지지 파워가 있을 때 가능하다. 자신을 믿어주고 지지해 주는 세력이 있다고 믿어지면 어린이가 보호자를 믿고 잠이 들 듯 잠들 수 있다.

정치가의 경우는 절대지지 세력인 무산(無産)대중의 호응을 받았을 때 가난과 무지 타파는 앞당겨진다.

새로운 창작의 문학, 시, 예술, 음악, 무용 등의 예술가들의 지지는 독자, 시청자 수준에 달렸다.

현실 안주팀과 현실 개혁팀, 그리고 현실을 거부하는 새로운 창출팀의 분류를 글로 담는 목적은 자녀 진출 문제로 각 가정 내의 장유유서에서 또는 관념적 이익의 소외감으로 권위와 이익을 앞세우는 부모 자녀 간의 상담의 근본이 자연 관리 소관이기 때문이다. 원리를 알고 진실에 접근하자는 것이다.

심산유곡(深山幽谷)의 은어(銀魚)같이 맑다

　인간 상관관계에서 애정을 믿고 부모를 공경하면서 현실을 유지하려는 보수적인 자녀와 양친의 애정에 미련 없이 개혁 세계로 나가려는 자녀를 대하는 데는 상당한 의식 전환이 필요하다. 자녀가 여럿이면 보수적인 자녀와 개혁적인 자녀를 만날 수 있다. 자녀가 어릴 때부터 이 점을 분간해서 유의하면 가족간의 이해가 빠를 것이다. 여기에 특별히 보수 개혁 자녀 중에서도 완벽주의자를 둔 부모나 부부간과 같은 가까운 상관관계 되는 사이에서는 절대적인 신뢰간이 되어야 한다는 점이다.

　완벽주의이면서 순수한 이상을 품는 모순은 현실 거부감이 부정적으로 작용해서 불만감이 마음에 가득하니 지나친 완벽주의는 역부족으로 강박감과 피해 의식에 시달린다. 불안 초조하고 편협해지면서 자폐성을 띤다. 의심이 많아 타인에게 자신의 일을 맡기지도 못한다. 꼭 내가 해야만 안심이 되기 때문에 완벽주의자가 국가를 통치하면 불안해서 물러날 수가 없다. 그쪽에서 볼 때 세상 모든 사람이 때 묻은 사람으로 보이며, 심산유곡의 맑은 물에 사는 은어같이 된다. 맑은 물이 조금만 흐려지면 배신감과 피해 의식으로 강박감과 불면증에 걸려 스스로 죽고 만다.

남의 집 화장실에 들어갔다가 찜찜해서 깨끗하게 청소를 하고 나오는 사람도 있을 정도로 완벽하게 순수하다.

타인을 이용할 마음도 이용당해서도 안 된다. 한번 배신당하면 주변 사람을 놀라게 하는 증세를 나타낸다.

자신의 주기적인 조울증은 특수소명의 광적인 창의 열정으로 나타나는 비정형(型)적 자기조절불능의 발로라는 것을 스스로 자각하면 불안감은 진정된다. 시대인으로서 순수하게 맑은 이상으로 생명을 걸고 새로운 창출을 해야 하는 소명을 띠고 출생한 것을 자각하지 못하고, 피해의식에 사로잡혀 원망과 초조 불안 강박감에 빠져버리면 불면증이 생긴다.

사람이 편하게 잠을 못 자면 만병의 근원이 되는 것 중에서도 제일 무서운 것이 신경에 염증까지 오게 되면 '헤르페스'로 병증이 심하면 신경진정제까지 투약하기에 이른다.

바라건대 나는 특별히 선택받은 시대의 전위 창출 부대라는 자각으로 가정에서나 사회에서나 자기가 있는 자리에서 새로운 변화의 전위 역할에 긍지를 가지고 임할 일이다. 살아가는 시간만큼 새로운 창의로 결과를 얻을 수 있음을 믿어야 된다.

아직 어린 자각이 없는 무에서 유를 창출해야 하는 출생 청소년들의 피해감을 이해하는 상담에는 각별한 전문성이 요구된다. 그들은 차시대의 창출 변화 소명을 띠고 이 시대의 소명 부대와는 전혀 다른 진화를 우리들 앞에 펼치고 있음을 인정해주는 자각한 사람만이 접근이 가능할 것이다.

상담 전문가는 자연 원리를 비켜서서 난해한 단어로 심리학을 연구하면 실질적인 상담자와의 마음의 접근이 어렵다는 것을 생각해 볼 일이다.

가족 구성

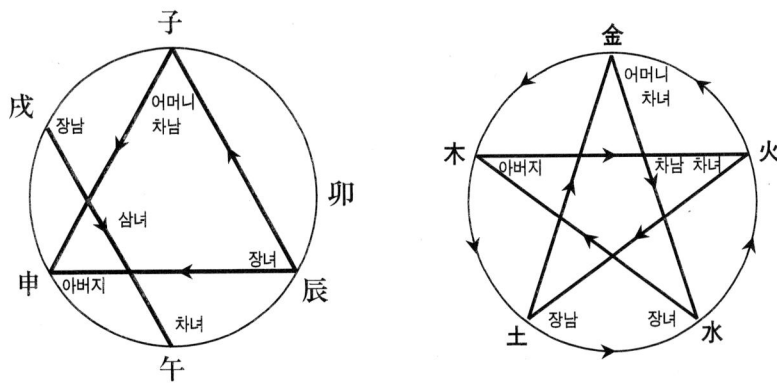

여기 예시된 가족 구성도는 어느 전직 차관 댁의 실례다. 전 가족의 천기, 12지 협력 관계와 오행 상합, 상극의 애정의 흐름도이다.

부모와 2남 3녀가 모두 (+) 천기의 신, 자, 술, 자, 진, 오, 신의 12지 출생이며 5행 상함과 상극은 고루 완벽한 조화를 나타냈다.

어머니와 아버지 사이의 불편한 만남을 장녀가 양손의 끈으로 이어주고 있음을 알 수 있다. 자녀가 부모의 불편한 관계를 이어주는 이런 경우 부모가 생활의 모범을 보여주면, 그 애정을 믿고 자기 교육 인내가 효심으로 인해 행복해질 수 있다.

어머니의 내리사랑을 받으며 아버지에게 치사랑으로 답한다. 이 댁의 아버지와 맏아들 사이에는 불편함이 존재하고 있다. 어른의 내리사랑을 대하기가 거북한 관계로 마음 깊은 곳이 착잡하다. 아버지와 형 사이에서 보이게 안 보이게 돕고 나서는 것이 차남과 삼녀. 아버지의 애정 흐름이 차남과 삼녀에게 내리사랑으로 골육에 심어지는데 이는 은연중에 아버지와 형, 오빠를 이어주는 끈이 되고 있다. 여기에 보답해서 어머니와 차남, 삼녀 간의 거북함을 덜어주는 역할을 장남이 한다. 어머니에게 대한 치사랑이 있어 차남과 삼녀가 형, 오빠에 대한 치사랑으로 늘 애정을 느낄 수 있으니 어머니와 둘째 아들, 셋째 딸의 관계 저울이 편안해진다.

장남과 장녀 사이의 거북함은 장남의 치사랑과 장녀의 내리사랑이 끈이 되면 차녀의 오빠의 내리사랑과 언니에의 치사랑도 끈이 되고 있다. 장녀와 차남, 삼녀간의 거북함은 장녀 자신의 아버지에 대한 치사랑과 아버지의 차남, 삼녀에 대한 내리사랑으로 끈이 되어 (+) 천기의 7명의 가족 평화가 유지되고 있음을 알 수 있다.

12지 협력 관계도의 협력이라는 것에는 물질적 협력과 정신적 협력의 양면이 있음을 참고해야 할 것이다.

병원에 입원한 환자의 치료비를 돕는 것은 물질적 협력이며 그 환자의 주치의를 찾아 예를 갖추어 정중한 환자 대접을 받게 하는 것은 정신적 협력이다.

부모가 병이 나서 입원을 했을 경우 치료비를 원무과에서 청산하는 것

으로 병간호가 끝나는 것이 아니다. 주치의의 정성과 간호원들의 친절
이 동반해야 할 경우 주치의를 찾아 예의로써 대해 환자가 인정 있는 예
우를 받을 수 있다면, 돈을 내는 효와 대접받게 하는 효의 모양새가 다
르게 나타날 것이다. 세간에는 물질적으로 부모를 돕는 경우와 예우를
받을 수 있도록 하는 정신적 협조의 양면이 있는 것을 볼 수 있다.

내리사랑과 치사랑을 어려서 경험 못할 경우 사랑하는 방법을 몰라 성
인이 된 다음 세련미가 몸에 자리하지 못한다. "어머, 굉장히 세련된 사
람이야"라는 말은 사랑할 줄 알고 사랑받을 줄 아는 사람을 말한다. 내리
사랑과 치사랑하는 객관적인 자신의 주체 경험의 순간순간을 일일이 기
억해 자기 얼굴에 그려내기 때문에 세련미가 얼굴에 나타나는 것이다.

그렇다고 사랑도 없이 향락으로 사랑을 장난으로 하는 행각은 진정한
사랑의 세련미가 되지 못한다. 이 경우는 배도 고프지도 않으면서 사냥
이나 낚시를 생업이 아닌 단지 쾌락으로 생각하는 것과 같아서 이때는
얼굴에 바람둥이라는 모습이 나타난다.

전 가족이 (+) 천기일 경우, 대단히 깐깐한 외강 파워 에너지가 되어
충돌하면 볼록형이라 부러지기 쉽다.

전 가족이 볼록형 플러스 외강 가정이라면 이런 집에는 손님이 가기가
거북하다. 마이너스 오목형 손님이 가면 저쪽은 편해도 손님 쪽이 천기
가 약해 어렵다. 거북한 방문이 되기 쉬운 것이다.

여기 예시된 가족 구성은 어느 언론인 댁의 실례이다. 전 가족이 마이너
스 천기인 상태다. 부모 삼남매가 해, 사, 해, 축, 미, 유로 아주 외유 가
족이다. 이 댁에는 천객만래라고 일년 내내 손님이 끊이지 않는다.

사랑의 별자리는 내외의 합이 좋아 자식이 부모의 끈이 될 필요가 없
는 가족 만남이다. 장남과 아버지의 거북한 만남을 장녀가 오빠의 내

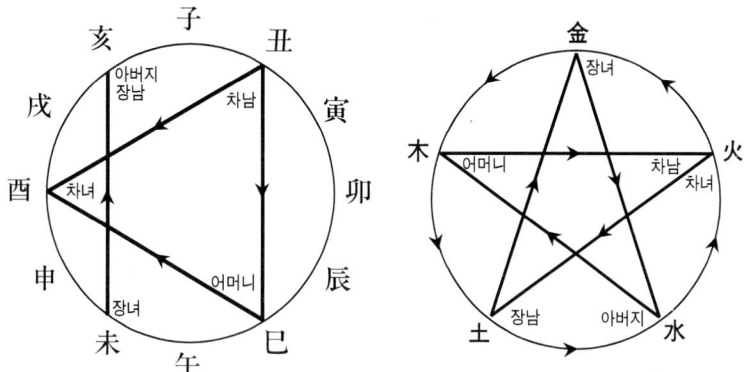

리사랑과 아버지에 대한 치사랑에 듬뿍 젖어 세련된 끈의 역할을 하고 있다. 아내와 큰딸 사이의 거북함은 남편인 아버지가 아내에 대한 부부 사랑과 큰딸에게서 오는 치사랑으로 끈이 되어준다. 남편과 차남, 차녀 의 어려운 관계는 남편의 부부애에 젖은 마음과 두 자녀에게로 흐르는 어머니의 내리사랑이 이어주며, 어머니와 장남간의 불편을 차남과 차녀 가 형과 오빠를 치사랑으로 도와서 끈으로 잇고 있다.

(−) 천기로 모두 외유 가족이라 부드러운 평화를 유지한다. 충돌이 있 어도 오목형이라 부딪쳐도 소리만 나지 가운데 공간은 넉넉하다.

12지의 협력 관계는 사유축(巳酉丑)팀의 주춧돌을 잃어버린 현황에서 노경을 맞는다. 그래서 협력도는 변화해 다음과 같다.

전직 차관 댁은 아버지를 잃었으나 도표 변화는 없다. 도표에 변화가 두렷이 나타 난 만큼 언론인 댁의 협력 모양새도 많은 변화가 있음을 현황이 증명하고 있다. 오 행의 애정 이음도는 한 사람을 잃었어도 차녀가 자리를 지키니 도면 변화는 없다.

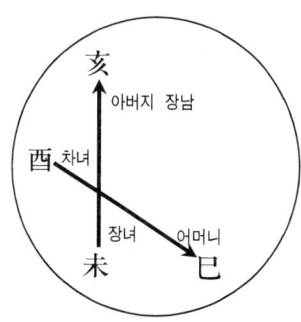

255

결혼과 동거인 등으로 가족이 변화함에 따라 도면 변화가 있을 것이다. 불행하고 평화가 없던 가정에 동거인의 출현이 평온을 가할 수 있는 것이다.

시댁 가족이 별 배려 없이 천객만래(千客萬來) 출입하는 가정이 있는가 하면 쉽게 방문이 어려운 가정이 있다. 내외가 모두 플러스인 젊은 부부가 자기 어린이는 남의 집에 자주 맡기거나 놀러 보내면서 자기들은 남의 집 어린이만 보면 어떻게든 돌려보내려고 한다. 내외가 플러스인 경우 볼록형인 두 사람의 상태는 (凸)형이 되어 타인이 들어갈 빈 자리가 없다.

내외가 마이너스인 경우 오목형 두 사람이 상태는 (凹)형이 되어 천객만래, 뜰이 넓다. 특히 성격적으로 배타적인 경우가 아니면 내외가 오목형 마이너스 가정에서는 손님에게 자리를 많이 양보한다.

가정에는 주로 여성이 플러스인 경우 손님 출입이 비교적 적은 편이 된다. 내외 어느 쪽이 볼록형 플러스 천기와 오목형 마이너스 천기일 경우 (凸)형과 (凹)형으로 꽉 차서 자리가 없다. 들어가도 편안하지 못하다. 이런 선천적인 자연 제약은 심리적으로 이성적인 의식 방향타에 지성적 조화를 꾀하는 의식적인 노력을 하더라도 자연적인 편안함을 이룰 수 없다는 것을 상호간에 유의할 일이다.

戌 (+) •정확한 기술성 〈아카데믹〉 •괴팍스럽다	亥 (−) •느긋한 윤기(潤氣) •무참한 반격	子 (+) •귀(貴)함 •아전인수적 이기심 (我田引水的 利己心)	丑 (−) •인자한 계도(啓導) •엄격함
酉 (−) •예민한 영리성 •자존심 강한 반격 말칼을 던진다			寅 (+) •리더십 •참을성 없는 엄살은 위협이 된다
申 (+) •상대영합(相對迎合)으로 성취함 •불평이 많다 〈憂愁〉의 고적감			卯 (−) •귀여운 애교(愛嬌) •듣는 귀가 밝아 유혹에 약함
未 (−) •고집스런 부지런함 •좌불안석의 성급함	午 (+) •활동성이 높다 •무신경으로 덤덤한 덤병	巳 (−) •외화(外華) 현시(顯示) •상대빈곤(相對貧困)	辰 (+) •꾀가 많고 지휘함 •요령이 좋아서 분명치 못함

생년(生年)의 (+) (−)

생년자리를 ①로 →방향으로 생월성분자리를 찾는다

생월자리를 ①로 →방향으로 생일성분자리를 찾는다

생월(生月)의 (+) (−)　　　　생일(生日)의 (+) (−)

● 남·여 POWER 이동(移動)그래프

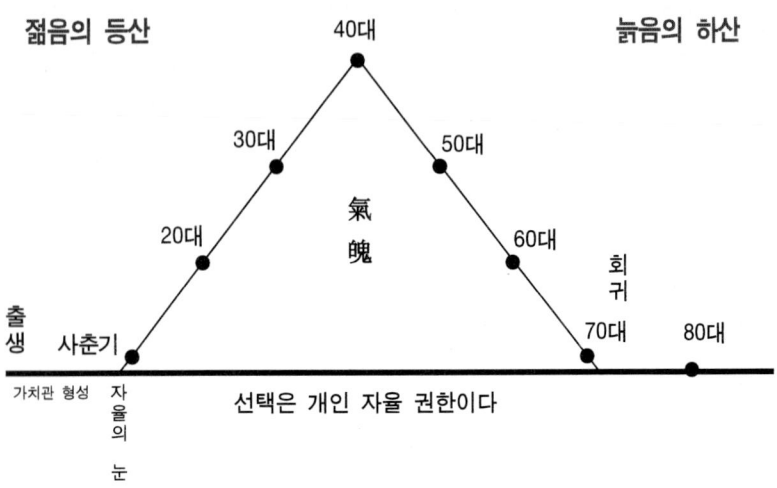

● 10년 주기 정기 진퇴표
숫자는 서력 기원 즉 연도의 끝자리를 나타냄(예: 2는 1902년, 1982년, 2002년 등 끝자리에 2자가 오는 해)

進退	精氣	子年生	丑年生	寅年生	卯年生	辰年生	巳年生	午年生	未年生	申年生	酉年生	戌年生	亥年生
PR	夏氣	2,3.	3,4.	4,5.	4,5.	5,6,8.	6,7,8,9.	6,7,8,9.	7,9,0.	0,1.	0,1.	1,2.	2,3.
경험	春氣	1,4.	2,5.	3,6,8.	3,6,8.	4,7,9.	5,0.	5,0.	6,8,1.	7,9,2.	7,9,2.	0,3.	1,4.
準備	秋氣	0,5.	1,8,6.	2,7,9.	2,7,9.	3,0.	4,1.	4,1.	5,2.	6,8,3.	6,8,3.	9,7,4.	0,5.
경험	冬氣	9,8,7,6.	0,9,7.	1,0.	1,0.	2,1.	3,2.	3,2.	4,3.	5,4.	5,4.	8,6,5.	9,8,7,6.

인간 생명체의 정기는 10년 주기로 나이테가 생긴다.
시계바늘 방향으로 만인이 평등한 정기부침을 겪는다.

제4부
인간론

인간, 아니 '나'는 누구인가?

1. 내가 만난 사람들

　경험을 해보기 전에는 정확한 정보를 얻을 수 없는 경우가 많이 있다. 그리고 스스로 경험을 하기 어려울 때는 타인을 통해 자료를 제공받기도 한다. 종합대학교 부속 의료센터 주변에는 환자를 위한 하숙이 즐비하다. 암환자는 통원 치료를 해야한다는 병원의 지시에 따라 환자들은 매일 또는 격일로 통원 치료를 받아야 한다. 지방에서 올라온 환자들은 치료를 받기 위해 하숙에서 머물게 되는데, 이럴 경우 환자 가족들은 사실 난감한 심정이 된다. 이미 상식이 된 암환자의 사망률에 대한 염려 때문에 차마 환자를 두고 내려갈 수 없어 같이 머물고 있는 경우가 많은 것이다.

　암환자의 약물 치료와 방사선 치료는 너무나 간단하다. 환자들은 주사만 맞고 나오는 약물 치료나 치료대 위에서 일분이면 끝나는 방사선 조사 치료를 위해 병원 침대를 차지할 수 없기 때문에 하는 수 없이 통원을 하고 있다. 부속병원 지하에 있는 방사선과의 대기실에는 이런 환자와 환자를 부축하고 있는 동행 가족을 흔히 보게 된다. 이들 사이에는 다음과 같은 대화들이 오고 간다.

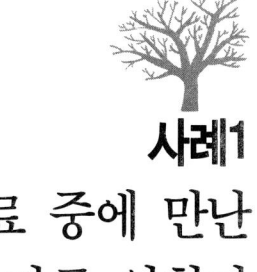

사례 1
암 치료 중에 만난 다른 암환자

이 환자는 혼기에 든 딸 둘과 부인과 함께 하숙에 머무르고 있다. 양성 늑막염으로 6주간의 방사선 치료를 지시받은 의기소침한 이 남자 환자 옆에는 무엇을 도와줄지 난감한 듯 엉거주춤한 자세로 여자 어른 셋이 매일 따라다니고 있었으며 이들은 서로 위로의 말을 주고받았다.

"같이 하숙을 하고 계세요?"

"예, 농사철에 내려갈 수도 없고 안 갈 수도 없어서…."

옆에 앉아 있는 환자를 의식하는 듯 입안에서 우물쭈물 말하다가 그만 삼킨다.

"집이 어디세요?"

"천안이에요."

저쪽에서 그들의 얘기를 듣고 있던 나는 슬그머니 옆에 가서 앉았다.

"아저씨, 암환자는요 죽을 때까지 정신이 말똥합니다. 자리를 깔고 누워있으면 죽습니다. 월요일부터 금요일까지 병원에 오는 것이니까 가족은 내려 보내시고 혼자 의연하게, 단정하게 병원에 다니세요. 저는 매일 안성에서 새벽 5시경에 일어나서 준비하고 병원을 나와 다시 집에 돌아가면 꼭 8시간이 걸리지만, 집안의 가족들이 나 때문에 우울한 것이 싫어서 혼자 다닙니다. 금요일 치료가 끝나는 대로 천안으로 내려가서 아직 암환자는 쉽게 죽는 것이 아니라는 것을 이웃에게 보여주고, 토, 일요일에는 집에서 쉬시고 월요일에 병원으로 직접 나오시면 됩니다. 건강한 사람도 언젠가는 죽습니다. 태어날 때 이미 죽음을 약속하고 나오는 것 아닙니까. 우리 암환자에게 행운이 있다면 죽음까지 시간이 있다는 겁니다. 지겨운 이별이 아니라 아쉬운 이별을 하고 갑시다."

그 환자는 이튿날 혼자 나왔다. 빙그레 웃으면서 임파암으로 8주 치료 진단을 받은 내가 아직 치료 시일이 남아 병원에 다니고 있을 때, 치료 시한이 끝난 천안 아저씨는 홀가분한 얼굴로 숄더백을 매고 인사를 했는데 그 모습에 활기가 넘쳐흐르고 있었다.

사례2
후두암 환자

　환자는 부인, 외로워 보이는 남편의 극진한 간호를 받으면서 전남에서 올라와 하숙을 하고 있었다.
　"농사를 지으세요?"
　"예. 아이들이 걱정입니다."
　"몇 남매세요?"
　"6남매입니다. 이 사람 치료비 때문에 빚으로 재산을 날리고 이젠 아이들이 학교에도 못갑니다."
　"아저씨는 잔나비띠세요?"
　"예. 어떻게 아세요?"
　"부인은요?"
　"쥐띠입니다."
　자녀들의 생년월일을 받아쓰고 나서 나는 이렇게 말했다.
　"잔나비띠 남편과 쥐띠 부인 사이에 6남매라는 자녀가 있는데도 조실 부모하는 자녀가 없으니 걱정마세요. 후두암은 멀쩡한 사람이 수술 받고 벙어리가 되니까 기가 막히는 상황이지요. 부인은 쥐띠의 자기 귀가 있어 아저씨의 극진한 간호 부축을 받으니 참으로 보기가 좋군요. 자녀들이 느닷없이 학교도 못 다닐 상황이 된 것은 부인의 이기적인 처사라고 할 수 있지만 또 다른 자녀의 길이 시작됩니다. 일본의 어느 소설가는 후두암에 걸렸지만 자기 노력으로 공기 식도 발성을 했지요. 뜻이 있으면 통한다고 합니다. 글로 발표가 되었으니 자신을 가지세요."

그날부터 남편은 일일이 부인을 몸짓으로 도와주는 것을 멈추고 무슨 소리든 목에서 신호를 기다리는 간호를 하고 있었다.

사례3
자궁암 환자

환자는 젊은 주부, 자궁암 환자인 이 젊은 주부는 혼자 앉아 있는 것이 불안한지 다른 환자들 앞에 서성거리면서 푸념을 했다.

"아니 내가 빈손으로 시작한 남편을 도와 멀쩡한 가게 주인을 만들었는데, 이제 와서 글쎄 '우리 식구들의 생활비보다 당신 치료비가 더 든다'며 화를 냅니다."

생각할수록 화가 난다나? 생활력이 왕성해 보이는 젊은 부인은 어린 아이가 둘이란다.

"뭘 그리 화를 내세요? 여기서 그 동안 앙케이트를 받아보니 통계가 나오기를 '암환자는 화를 잘 낸다. 잘 운다. 말을 하지 않는다' 등등 울분을 느끼거나 너무 속에 깊이 생각을 담는 경우가 가장 많이 있답니다. 암환자는 마음이 밝고 마음속이 뜨거워야 병이 나을 수 있어요. 젊은 아기 어머니는 생활력이 강해 보이는데 한번 새로 시작하겠다는 마음으로 남편을 멀찍이 두고 보세요. 아마도 요즈음 와서 부인의 왕성한 생활력의 도움이 없어 가게 운영에 힘이 들기도 하고, 또 아내가 병이 든 것이 서럽고 외로운 겁니다. 푸념을 그런 말로 하는 것 아닌가요?"

용수철에 걸린 것처럼 놀라는 눈으로 한참 나를 쳐다보는 눈빛이 말귀를 알아차린 듯하다. 이기심 없는 환자 입장에서의 발언이라 믿을 만하다고 생각한 것이리라. 좌불안석하던 주부는 비로소 다소곳해졌다.

사례4
싸움에는 말리는 사람이 있어야 한다

   안성 대림동산에서 인적 없는 새벽길을 걸어 나와서 첫차를 잡아 타고 공도에서 서울행 직행으로 갈아타 용산 시외버스 터미널 앞에 내릴 무렵이면 등교하는 학생들이 많이 오고 가는 것을 볼 수 있다.
   나는 버스 정류장에서 142번이나 143번 종합병원 앞을 지나는 차를 기다린다. 오늘따라 차는 왜 이다지도 오지 않는지, 장마철의 누기가 많아 비는 오고 있지 않았으나 불쾌지수는 높았다. 항암제 약물 치료 후유증에 지쳐 아주 길에 주저앉아 버스 오기를 기다리고 있는데 등 뒤쪽에서 울부짖는 소리가 들렸다.
   "내 아들이 서울대학교에 들어갔으니 나도 여기서 장사해서 학비를 대야 한다"는 것이다. 돌아보니 뚱뚱하고 몸이 큰 아주머니가 키 작고 몸 전체가 자그마한 여자 둘이서 육박전을 벌이고 있는 것이 아닌가. 울부짖음은 작은 여자의 것이었다. 뚱뚱한 아주머니는 늘 이곳에서 찐 옥수수를 팔고 있던 터였다. 아마도 새로운 침입자를 거부한 싸움인 모양이다.

울부짖음은 계속되고 기다리는 차는 오지 않았다. 슬그머니 싸우고 있는 그들 사이에 들어간 나는 속삭이듯이 이렇게 말했다.

"아주머니 저기 많은 학생들이 보고 있으니 이제 그만 두세요."

전기에 걸린 듯 두 사람은 떨어졌다. 주시하는 많은 눈들은 시선을 다른 곳으로 옮겼고 뚱뚱한 아주머니는 멋쩍은 얼굴로 자기 자리로 돌아갔다.

'대학에 들어간 아들 때문에'라고 울부짖던 아주머니는 찐 옥수수 함지박을 앞에 두고 작은 몸을 더욱 움츠리며 비애스러운 흐느낌을 연속하고 있는 가운데 버스가 왔다. 내가 그들에게 무슨 말을 했는지는 아무도 모른다. 그러나 그 두 사람은 누군가 말리는 사람이 필요했고, 그 시간대가 맞아들어 간 것이다.

사례5
1학년 어린이들

　용산 시외버스 터미널 바로 옆에는 용산초등학교가 자리하고 있다. 아침에 터미널을 나섰을 때, 학교 앞 주유소 옆 길목에서 일학년 여자 어린이들 예닐곱이 둘러서서 울고 있었다. 엉엉 우는 아이, 눈이 젖은 아이, 모두 안타까운 얼굴이다.
　"왜 그러니?" 하고 들여다보니 그 중 한 어린이가 안쓰러운 얼굴로 가운데 있는 어린이를 가리키면서 "제가 울었어요!" 하는 것이다.
　"왜 울었어요?"
　울었다는 그 어린이에게 물었다. "이거!" 하고 가리키는 손가락 끝을 보니 샌들 끈이다. 비가 온 뒤라서 천지가 눅눅하였다. 어린이들 손에는 모두 우산들이 접어진 채 들려 있었다. 젖은 길을 오다가 샌들 끈이 끊어진 것이다. 다행히도 끈은 두 개씩 만들어져 있었다.
　"친구가 샌들이 끊어져서 우는 것을 보고 모두 같이 울었어요?"

269

그러자 울음을 그친 눈망울들이 고개를 끄덕끄덕하면서 안도의 눈빛이 된다.

"괜찮아요. 한 가닥은 멀쩡하니까 걸을 수 있지요. 학교에 다 왔으니까 빨리 들어가요."

"할머니. 집에 가면 엄마가 야단쳐요."

그 아이가 또 울려고 한다.

"아니에요. 그런 일 없어요. 엄마가 '이걸 신고 오느라고 고생했다'고 새 것을 사줄 거예요."

말귀를 알아들은 어린이들의 환한 빛을 보고 떠나오면서 생각했다. 누가 어린이를 "내가 키웠다"고 하는가. 모두 자기 경험의 외로운 선택을 하는 것을….

사례6
어느 작가의 절필 선언

　젊은 작가 몇이 모여 방담 중에 신문지상에 보도된 한 선배 작가의 절필 선언과 이를 곧 보도한 신문사의 태도에 대해 시시비비하고 있는 것을 들을 수 있는 기회가 있었다.
　양시론(兩是論)으로 양쪽이 옳았다는 의견과 양비론으로 양쪽 모두를 나무라는 의견들이다.
　"할머니 생각은 어떠세요?"
　"사람은 누구나 막말을 해서는 안 되지요. 마지막 말을 살아있는 사람이 하는 것은 자신을 난감하게 해요."
　"절필 선언 말인가요?"
　"아마도 류머티스 환자가 너무 고통스러워 죽고 싶다고 하는 정도의 고통은 있었을 거예요. '시대적 고뇌를 정직하게 글로 쓸 용기와 기술에 자신이 없어졌다. 그래서 나는 절필하고 싶다'는 푸념 어린 발언이 아니겠어요? 사람들이 죽고 싶은 것은 죽음 자체를 원하는 것이 아니라 고통의 굴을 뚫고 지나 영원한 휴식의 깊은 잠에 들고 싶다는 것인데, 류머티스 환자가 진통제를 먹고 통증이 사라지면 언제 그랬느냐는 듯이 잘도 걸어다닙니다. 기운을 차리고 용기를 얻어서 새로운 기술로 작품을 창작할 때까지 진통제가 필요한 것 아니에요? 작가의 절필 고통과 류머티스 환자의 사례와는 격조차가 많은 듯하나 인간의 고통 자체에는 차가 없습니다."

요즘에는 정치가가 자기주장을 하다가 안 되면 할복자살을 하겠다고 자주 발언을 한다. 일간신문에 이런 글이 씌어있었다.

어느 나라의 정치가 부인이 "남편이 이번에 당선이 안되면 자살을 하겠다고 합니다. 그러니 귀하의 한 표로 도와주십시오"라고 선거 홍보를 했다. 그래서 부탁을 받은 고위 유권자가 말했다.

"이미 다른 사람을 찍으려고 했으나 댁의 남편을 찍어 드리지요."

그러나 훗날 그 남편은 그 사람의 지지에도 불구하고 당선되지 못했다고, 우연히 그 부인을 만난 고위층 유권자가 말했다.

"부인댁 남편을 지지해 주겠다는 약속은 지켜드렸는데, 댁의 부군은 약속을 안 지키는군요."

말없이 자살로 절필하는 사람은 과거에 많이 있었다. 그러나 살아있는 사람은 마지막 말을 남겨두어야 하고, 들은 사람은 안 들은 것으로 해서 기회를 기다리게 하는 숨겨진 배려가 있었어야 옳았다고 생각한다. 대답이 너무 길어졌으나 공감하는 듯 좌중은 조용했다.

사례7
프롤레타리아 운동하는 인텔리겐치아

 길을 가다 우연히 '안성 청년 대토론회 개최' 광고 전단을 읽었다. 대체적으로 보수 색채가 강한 이곳 청년들이 어느 수준의 토론을 하는지 관심이 생겨서 참석해 보았다. 그 광고에는 개최 내용에 대한 보도기사는 없었다. 참석해 보니 주최는 대학생들이었다.
 '내 고장 안성을 변·개혁시켜 문화사업에 활력을 얻으려는' 취지였다. 그 대회의 참석이 계기가 되어 학생들의 방문 상담을 받았다.
 "할머니, 저는 오랜 세월 마음으로 사귄 여자 친구가 있습니다. 그러나 우리는 맺어질 수 없습니다."
 "왜 그러세요?"
 "훗날 처족 출신 성분이 문제가 될 것 같아 그렇습니다. 그쪽은 부유층이거든요."
 이 청년 학도는 여러 운동권 친구들과 몇 차례 공동으로 방문을 하고 나서 나를 믿고 개인 상담을 신청해 온 것이다.
 "통일의 색채가 그 쪽이 될 거라고 믿나요?"
 "예."

"6·25 사변으로 태반의 유식층과 부유층이 피난을 하면서 이북에 무산 대중 완전 고용이 가능한 것이지요. 이남에 완전 무산 대중은 없어요. 지금은 덜 가진 자도 자기 노력으로 얼마든지 무엇이고 될 수 있는 이 나라의 기층 민중이 그쪽 색채의 혁명을 원할 것 같나요? 유산층인 처족을 걱정하기 전에 학생 자신의 그 얼굴이 문제가 되겠어요."

청년의 눈이 번쩍했다.

"제 얼굴이라니요?"

"학생 얼굴에는 '나는 인테리겐치아입니다'라고 쓰여 있는데요."

청년 학도는 자기 이마를 딱 때리는 것이다. 그리고 수줍은 듯이 웃었다.

"할머니 젊을 때 학생들은 그 시대의 민주주의 운동을 위해 피비린내 나는 투쟁을 했고, 많은 프롤레타리아 문학 작품을 발표했지요. 그 시대는 너무나 사회 전반적으로 가난해서 대학생들이 노동자들의 무지를 대신해서 싸웠지만 역부족이었고 시대는 그렇게 넘어갔어요.

그런데 이 나라의 기층 민중은 광부, 전공, 어부, 농부, 공장 생산 현장의 근로자 할 것 없이 모두 고등학교 졸업자들이에요. 학력이 높은 이들이 자기 이기를 남에게 담보하고 자기 일생이라는 유한 생명의 시간과 공간 관리를 당에게 맡기려 할 것 같아요? 현행 국가 관리법에 제약 받는 것조차 자유스럽지 못해 제가끔 목소리가 높은데요?

걱정하지 말고 20년 후에 자기가 그 시대인의 구성에서 어디서 무엇을 하는 사람이 될까, 이것에 대비할 걱정을 하세요. 생각과 행동은 사람이 하지만 그 결과는 자연 소관입니다. 통일의 색채를 기다리세요. 자연 현상으로 현실화돼서 현실 자연으로 소여되기까지…."

후에도 청년은 출입을 했다. 청년 학도와 나는 더 이상 말이 없이 서로를 인정하면서 만남을 소중히 하였다. 각자의 소신은 따로 가진 채로.

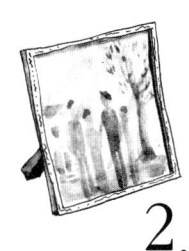

2.
이 세상에
'나' 말고도 존재하는 '남',
그 신비한 존재

내 인생 이게 아니었는데…

K씨가 을지로에 있는 종합병원에 입원하고 있다는 소식을 전해 듣고 문병을 갔다. 병세가 위험하다는 걱정에 비해서는 원기가 있어 보였다. "자기답지 않게 어찌된 일이세요?" 하고 들여다보는데 그의 무연(憮然)한 말이 들려왔다.

"이럴 참이 아니었다구. 내 인생 이게 아니었는데…."

K씨는 일주일 후 세상을 떠났다. "너는 객관적인 관찰로 남의 생활을 위에서 내려다보고 있는 것 같아 기분이 나쁘다"고 술이 거나할 때면 대놓고 푸념하던 동갑 사이였다. 나는 내가 남의 생활을 객관적으로 관찰하며 내려다보고 있다는 느낌이 없었기 때문에 그의 말은 내게 여운을 남겼다.

아름다운 것을 추구하고 즐거움을 향유할 줄 아는 그와의 자리를 기억하는 많은 사람들의 마음에는 그와의 애석한 이별이 그리움을 남겼을 것이다. 생업에서는 엄격히 질서를 지켰으나 사람들과의 좌석에서 한번

취흥이 들어 내쏟는 무궁한 화제는 좋은 안주가 되었고, 어떠한 언어로도 표현하기 어려운 감정을 담아 부르는 노래와 테크닉이 자유자재인 그의 춤솜씨는 보는 사람들을 마냥 희열케 했다. 음식상에 놓인 크고 작은 접시와 중발들은 그의 좋은 악기가 되곤 했다.

한꺼번에 빠른 속도로 화음이 나오도록 하는 그의 놀라운 테크닉에 사람들은 술 마시는 것조차 잊어버리고 흥겨워했다. 그 K씨가 "이럴 참이 아니었다"는 말을 남기고 다시는 음성을 들을 수 없는 곳으로 떠난 것이다.

자기 내면에는 아직도 미를 추구하는 에너지가 감지되고 많은 화젯거리가 이 사회에 충분히 널려 있으니 자제보다는 희열을 나누어야 한다고 주장하며, 그런 즐거움을 만드는 데 자신의 모든 테크닉을 내보이는 것에 인색할 필요는 없다는 것이 그의 평소 지론이었다. 이런 마음으로 당뇨를 미처 걱정하지 못하는 사이 이미 병세가 그 세력을 키워갔던 것이다.

지병인 당뇨병세를 경시한 것이 한이 되어 내뱉은 "이럴 참이 아니었다"는 그의 말에는 자제나 극기로써 넉넉히 피할 수 있는 일이 우리 주변에 많이 있음을 깨닫게 해준다.

이 상무의 낭패

"이 과장은 화장실에도 안 가나?"

같은 직장의 동료들이 불평할 만큼 신실하게 근무하던 경리과장은 부, 차장을 거쳐 상무라는 직함을 명함에 인쇄할 수 있게 되었다. 정부 당국의 무역 진흥 정책에 따라 동료가 사업을 시작하기로 용단을 내려 독립해 나가면서 이 상무는 낭패를 당했다. 그 동료가 홍콩으로 수출하는 전축 스피커를 생산하는 데 대한 융자 상담을 받고 연대 보증을 서지 않을 수 없었던 것이다.

그와는 14년간 같은 직장에 있었고, 또 최고 학부를 나온 그의 지성을 믿었던 것이다. 그러나 사람은 지성이 있더라도 이기심 앞에서는 교양과 명예를 버리는 경우가 많다. 동료였던 김 사장은 너무나 간단하게 부도를 내고 돌아선 후 묵묵부답이었다. 불량 제품의 반품에 의한 실패라 자기 책임이 아니라는 그의 아전인수적 해석에 협의할 여지도 없이 이 상무는 파산하고 말았다.

"싫다"는 순간의 거부를 못한 결과는 많은 시간 가족을 괴롭게 하고 있다. 그의 때늦은 탄식은 정년 퇴직금과 가산(家産)을 잃어버린 노경이 그의 가슴에 심어졌다.

잠시 우쭐하는 허영으로 거절을 못하고 보증을 서 주었던 후유증이 얼마나 가족의 많은 삶의 시간을 적막하게 하며 자신의 노년을 비참하게 하는가.

이미 정년으로 퇴직은 되고 노년 생활이 시작되니, 평생 노력의 흔적이 없는 자리에 영영 회복할 수 없는 한 서린 후회의 말만 남는다.

"이럴 참이 아니었는데…."

서점 주인의 질문

　지방 소도읍에서 두 쌍의 부부가 방문차 들르는 바람에 그들과 차를 마시며 담소를 나눈 일이 있었다.
　약국을 생업으로 한다는 한 내외는 남편이 1949년 기축년생 소띠이다.
　"할머니, 이 사람은 늘 저에게 자신을 돕도록 하는데, 왜 그러지요?"
　옆에 앉은 아주 우아한 부인은 쑥스러이 몸을 움츠리면서 웃고 있다.
　"그야 부인이 인년생 호랑이니, 축년생 소띠 주춧돌팀이 호랑이의 지렛대가 되어줘야지요. 지렛대도 아주 온지렛대로 호랑이 기수를 받치는 초석이 소띠 역할 아닌가요?"
　불만스러운 듯 질문은 했으나 약제사 남편되는 부군은 대단히 행복한 얼굴이다. 자신이 지렛대로써 도와야 한다는 부인의 가치 기준의 격조가 높은 것으로 보아서 그 동안 수행했던 자신의 지렛대 역할 결과가 충분히 품위있는 것에 만족하는 것이다.
　앞에서 듣고 있던 서점 주인은 "이 사람이 저 친구와 동갑인 49년생인데 저는 어때요?" 하며 장난기마저 어린 호기심으로 대답을 기다린다.

"서점 주인 선생은 두 살 위 해년생 돼지띠요. 호랑이띠, 돼지띠, 뱀띠, 잔나비띠의 기수들은 초석팀의 끝없는 뒷바라지와 기둥팀들의 도움으로 자신의 기수 역할을 휀출하게 담당하지요. 49년생 소띠의 잠재된 능력으로 인해 평소 준비만 잘 하면 큰일을 합니다. 나폴레옹과 히틀러가 49년생 기축생(己丑生)과 같은 벽력화(霹靂火)로 하늘의 번개가 번쩍하는 천기(天氣)의 소띠입니다. 앞으로 48년, 49년생 중 많은 인재가 배출되어 큰일을 하는 것을 볼 수 있을 겁니다. 일본을 오늘과 같은 국위로 성장시킨 힘의 근원은 바로 일본의 문예춘추사와 일본 여성에게 있다고 생각합니다. 문예춘추 창시자인 작가 기꾸찌 강(菊池寬)은 48년생과 같은 무자년(戊子年) 벽력화 출생이지요. 그러니 서점 선생은 부인의 잠재능력을 키우는 데 협력을 많이 하시지요."

"그럼 기축년 소띠가 모두 유능하나요?"

"그게 아니지요. 천기는 대단히 번쩍이지만 준비되는 자기 내면의 자산에 따라 큰 차이가 납니다. 나폴레옹과 히틀러 차이만큼이나 준비가 잘못되는 경우 룸살롱 강력범도 나오지요. 준비된 내면의 자산대로 PR 방향이 달리 나옵니다."

그는 단순한 호기심에서 벗어나 나의 설명에 수긍이 간다는 눈빛으로 돌아왔다.

이 두 쌍의 부부는 특히 자녀 교육에 소명 의식을 느끼고 있었다. 이들의 언어는 순화되어 부드러웠고 환경 질서의 유지를 위해서 자신들의 욕구를 저축할 줄 아는 올바른 부모의 자세를 가지고 있었다. 이렇게 고마운 시민 의식을 가진 이들과의 동석은 언제나 즐겁다.

자연인

앞서 조사된 결과를 살펴보면 생명체를 유지 관리하는 주체는 자연의 한계 있는 제약을 받고 있음을 알 수 있다. 의지와 행동은 자기 소관이나 결과는 자연 소관인 것이다. 아무리 깨끗하게 백지로 출발하려 해도 출생하면 소여 현실이 주체 이익을 제약하고 있다. 개성이 강한 삶의 끈이 있고, 사회 규약이 있으며, 국가적 현실도 무시할 수 없다. 요즘 젊은 층은 내면에 원하는 규약에서의 해방으로 민주화를 외치기도 한다.

세계적으로는 개인의 이기가 국가법으로 규약된 나라도 있고, 개인의 이기가 정당법을 위해 규약된 나라도 있다. 부모 슬하에서 규약 받는 성장, 또 버려진 채 공인시설에서 성장을 하기도 한다. 그러나 변함없는 것은 자기를 키우며 자신을 보호하는 자기 자신에게 주어진 안보력에 필요한 개인의 자기 뿌리, 자기 지주, 자기 지붕 처마의 관리라는 삼위일체는 누구나 가지고 있어야 한다는 것이다.

개인의 뿌리가 보이지 않는 내면의 긍지일 때 지주는 행동이며, 지붕은 의지가 되는 것이다. 같은 의지와 행동으로 인한 결과에 긍지를 느끼는 삶이지만, 그 삶의 색깔이 다르고 모양이 다르게 나올 때 남과 대비하는 것 말고라도 스스로 납득이 가지 않는 결과도 많이 있다. 자연인 앞에 놓인 선택은 찬란하며 현혹되리만큼 많이 있으나 사람마다 개인 선택은 그 한계에 있어서 매우 좁다. 준비가 되어 있더라도 에너지가 부족될 수 있으며 이러한 '역부족'은 연민스러울 뿐이다.

자기도 모르는 사이에 허풍을 떨고 있는 자신, 자기도 모르는 사이에 교태를 부리고 있는 자신, 자기도 모르는 사이에 엄살을 부리면서 거중 조절을 하려는 자신, 12지가 가진 가지각색의 표리 양면된 자신에게 스스로 놀라면서 스스로 부끄러운 선택도 많이 했을 것이다.

상담으로 나타난 조사결과는 '대견'과 '연민'이라고 할 수 있다. 밤거리의 여자로 젊은 노동력에 에너지를 지속적으로 제공하면서 가족을 부양해, 정상 가정의 질서를 그늘에서나마 지렛대로 받치고 있는 경우는 자신의 가책과는 상관없이 오늘의 빈곤은 다음 세대의 격세 자원임을 입증하는 연민이다. 룸 살롱가의 폭력배의 경우도 현행범의 형역(形役)을 사는 뒷면에는 백명의 교수들보다 더 사회 순화의 밑거름이 되고 있는 것이다. 가시적인 현실 시각적 의미만이 아닌, 보이지 않는 뒷면의 아픈 이상적 시각의 의미도 있는데 이것도 연민이 아닌가. 어느 누구도 자기 삶의 길에 전개되는 현실과 만나 나름대로 최후의 외로운 결재를 하는 것이다. 불청객 같은 사회의 잡초라고 자책 냉소하면서 자기를 지천하고 자신을 학대하는 그런 삶을 보고 그 누가 외면할 것인가. 그들이 내일의 사회에 기여하고 있다는 것을….

봄에 흙을 일구어서 씨앗을 뿌려 놓으면 푸른 잎은 어느덧 흙 빛깔과 조화로운 질서를 이루며 천지가 평온하게 보인다. 그러나 작렬하는 태양 아래 흙과 푸른 잎의 조화는 무성한 잡초로 인해 균형이 깨어지고 이어 푸른 바다가 되면, 잡초의 세가 본 식물을 능가하고 결국 질서는 파괴되고 만다. 끝도 없이 잡초를 뽑아 퇴비장에 쌓아올리면서 내년에 비료가 되어 모든 식물의 밑거름으로 살아나거라 하고, 아직 자생력있는 풀을 뽑았던 마음에 미안함을 담는다.

누가 무대에서 악역을 맡을 것인가. 어느 무대 상연물도 악역 없이는 조화가 없다. 일인극도 냉소와 경구가 등장한다. 어느 자연인의 선택도 그 나름대로는 처절하다. 누구의 인생도 작품이 아닌 것이 없다. 내가 그 자리에 없을 뿐 억울한 출연자의 손해보는 그 마음의 고허하고 적막함에 미안한 마음과 숨겨진 의미의 위로로써 답해야 할 것이다.

한번 보는 것이 백번 듣는 것보다 낫다고들 한다. 사슬에 묶인 청년이 화면에서 "나같이 되지 마세요" 하고 거기에 있었다. 저런 청년이 되지 말아야지 하는 마음이 든다면 그에게 너무나 미안해하고 고마워해야 할 일이 아닌가. 얼마나 많은 눈이 저렇게 되지 말아야지 하고 자각하고 순화될까. 보이지 않는 영향이지만 그에게 연민으로 다짐해야 할 것으로 생각된다. 타인의 선택에 내가 아무것도 도와주지 못할 때 너는 왜 거기 있는가를 책하기 전에, 우정어린 이해로써 억울함을 위로하는 것이 자연인이 자연인을 대하는 바른 길이라고 생각한다.

맹자가 어머니를 잘 만났다는 것, 기업주가 많은 인재를 만나 등용하는 것 등 '만남'은 은혜로운 것이다. 그러나 남 보기가 윤택하다고 해서 생활의 질이 꼭 좋은 것은 아니다. 어떤 경험치고 인류 사회에 기여하지 않는 경험이 없음을 깊이 관찰해서 자타 간에 자연인으로서 유한 생명과 유한 자질, 유한 능력에 서로의 역부족을 위로하는 만남을 지성으로 삼아야 될 것으로 생각된다. 어린이나 청소년도 자연인으로 대할 때 깊은 신뢰를 받을 수 있다.

우정

'우정'. 남녀간의 우정이 지속될 수 있는가 하고 남녀 대학생 4명이 와서 물었다. 나의 입에서 무슨 말이 나올까 눈빛이 기대에 찼다.
"글쎄요. 기준이 문제가 아닐까요?"
"기준이라니요?"
"남녀간에 우정이 지속되려면 이성을 의식하지 않는 신뢰 관계가 필요한데 이성을 느끼면 우정의 지속은 어려워요."
"이성을 느끼고 의식하면 뭐가 다릅니까?"
"이성을 의식하게 되면 느낌이 다르고 의식증세가 자신을 가만 두지 않으므로 고통스럽지요. 그렇게 되면 자연인으로서 대등한 평등이 깨어지지요. 사랑으로 서로를 원하게 되니까요."
"원하지 않으면 되잖아요."
"원하지 않아도 이성으로서 사랑하고 있는 의식은 이미 우정이 아니지요."

"우정적 사랑과 이성적 사랑의 차가 문제군요."

"자기 마음에 이성에 대한 기준이 분명할 때 아무 것이나 의식하지는 않지요. 분명한 기준이 없는 이성간의 교제는 우정 지속이 어렵고 분간 없는 사이가 되기 쉬워요."

"이성에 대한 기준은 어떻게 형성됩니까?"

"아마도 생후 극히 어릴 때 기준이 생길 겁니다. 나의 경우 어려서 연년생으로 동생들이 생기는 바람에 어머니 품을 떠나 주로 아버지 품에서 성장하다 보니 이성의 기준이 아버지가 되었습니다. 아버지는 한마디로 지성적인 고뇌가 스며 있는 우수한 분이었어요. 그러다 보니 나의 시선은 평소에 아무데서나 만날 수 없는 기준이라 이성을 의식하지 않았지요. 어려서 술을 마시고 폭행을 하는 아버지를 보고 그런 아버지의 집안 식구들이 가장 어려워하는 것을 보고 자란 여성이 커가면서 '나는 아버지 같은 사람은 싫어' 하고 말을 하지만 뜻밖에도 그런 남자의 아내가 되는 경우를 많이 보는데, 이것은 어려서 거칠은 아버지가 집안의 왕으로 보인 것이 골육화로 기준이 심어져서 그런 남자에게 끌렸기 때문입니다. 아버지와 똑같은 기준으로 여자를 쫓고 있는 남자가 참 많아요. 어려서 아버지를 지성적이고 우수한 남성으로 선호했기 때문에 꼭 거기에 맞는 여성을 좋아하게 됩니다. 청순한 재녀를 좋아해요."

"편안하고 야한 여자가 좋은 사람은 항상 자극이 되는 여자를 찾게 되는데 같은 자극이라도 감각적 자극과 정신적 자극이 다르지요."

학생들은 말없이 고개를 숙이고 생각을 하는 듯했다.

"학생들 넷이서 클럽 학습을 하면서 우정의 지속이 어렵나요?"

두 남학생에게 물었다.

"우리 두 사람이 어떤 여성을 아내로 원하는가 하고 얘기를 한 적이 있어요. 한 사람은 편안하고 귀여운 여자를 원하는데 그는 좀 뚱뚱한 성격이고, 야윈 편인 저는 우수한 여성을 원합니다. 현명한 여성을요."

    양쪽이 모두 자기 에너지 충전을 지속적으로 하기 위해 색다른 선택을 한 것이다. 이성을 의식하지 않으면 남녀간의 지속적인 우정관계는 가능하다는데 4명이 밝은 얼굴로 공감했다.

뒷모습이 고와야

남자 대학 졸업반 4명이 찾아와서 하는 말이 "졸업 후의 진로가 걱정이다. 두 명은 취직하기로 정해져 있어 그저 동행한 것이고, 나머지 두 친구가 문제다. 군에도 다녀와서 모두 결혼도 할 수 있다"는 것이었다. 두 사람의 생년월일을 계산해 보고 나서 대학원에 남고 싶다는 학생에게 물었다.

"자기의 선택이 자기만 아는 허영이 아니에요?"

정면에서 묻는 말에 사실은 집안 사정도 어렵고, 학문에도 자신은 없단다. 집안 사정은 둘째이고 학문적 가부는 자신만이 진단이 가능하다.

나머지 청년에게 물었다.

"부모 곁을 떠나서 공부했어요?"

"아닙니다. 집에서 있습니다."

"빨리 부모를 떠나도록 하세요. 일찍 부모를 떠나서 자수성가하는 노력을 해야지 아니면 여자 문제로 이성에게 늘 시선이 가서 그쪽으로 바빠요"라고 하니까 멍한 얼굴을 하고 이미 그렇게 되어버렸다고 한다.

"사실은 여기 4명이 저의 여자 문제로 동행해 준 것입니다."

"그래서요?"

그 여자와 헤어지고 싶은데 가능하냐는 것이다.

"여자가 이별은 마다고 합니까?"

"예, 그런데…."

"이별을 하고 안 하고는 제쳐놓고 우선 아름다운 이별을 하라고 하고 싶어요. 뒷모습이 고와야지요. 서로 함께 했던 시간의 사랑을 확인하고 정녕 이별해야 될 때는 여운이 있는 이별을 해야지요. 훗날 지겨운 기억이 아닌 아쉬운 추억으로 남도록 하세요. 헤어질 때의 뒷모습이 어느 때보다도 강렬하게 아름다웠다는 것을 마음에 심고 헤어져야 거리를 걸으면서 마음이 뜨겁습니다. 씁쓸한 마음을 남기는 것은 어리석어요."

"꼭 헤어져야 하나요?"

"그렇게 되어 있어서 괴롭습니다."

나는 더 묻지 않았다.

국회의원 사위가 되다

"언니요, 미아리 형님이 언니 댁 딸내미를 며느리로 데려올 수 없을까 합니다."

"우리 아이의 짝이 될 사람은 군복무 중이야. 내가 그 대신 중신을 해 주지."

며칠 후 내가 주선을 해서 좋은 만남의 자리가 마련됐다. 33세라는 청년은 건장했으나 이 자리에 나온 게 본의가 아닌 듯했다. 취직도 아니하고 고시 공부만 하고 있으며, 아래로 31세, 29세 된 남동생과 26세의 여동생이 있단다.

활기 없이 차를 나누는 두 사람의 대면이 끝나고 일단 여성쪽이 먼저 집으로 돌아갔다. 일어나려는 청년을 자리에 앉아 있으라고 눈으로 말리고 나서 정색을 하며 말을 시작했다.

"결혼할 생각도 없이 남의 집 규수를 만나러 오면 어쩌자는 거예요?"

그러자 청년 어머니인 친구가 놀란다.

"그런 걸 어떻게 알았어요?"

"대문을 들어설 때 '저는 오고 싶지 않았으나 억지로 따라왔다'고 얼굴과 태도에 씌어 있었어요."

건장한 청년이 얼굴을 번쩍 들었는데 그 눈빛이 조금 생기가 났다.

"아이고, 이 아이가 또 그런다."

청년의 어머니가 한숨을 쉰다. 못 본 체하고 청년에게 똑바로 말을 걸었다.

"청년은 자신이 어떤 사람이라고 생각하세요. 청년 때문에 동생들이 줄줄이 결혼을 못하고 있어도, 자신의 이기적인 행동이 부모에게 효도는커녕 고통만을 안겨 주어도, 또 스스로에 대한 의식주 해결의 책임감도 없이 그저 취직도 미루고 있는 상황을 어떻게 생각하세요? 장성한 남자가 부모로부터의 독립심도 없고 우애심도 없이 동생들의 혼기를 놓치게 하는 사람으로 남에게 비치고 있어요. 어머니와 아버지가 청년대신 청년의 근로를 대신하고 의식주를 해결해 주고 동생들 혼기를 미루어서 가정에 적막감이 흐르는 것이 안 보이세요?"

몸만 커다라니 건강하지 못한 마음이 여려서 고개가 쑥 내려갔다.

"친구요, 그러니 이제 어쩌면 좋아요" 하고 청년의 어머니는 안타까워한다.

"고시 공부가 수차례 여의치 않은 것은 정기가 모자라는 경우도 있으니 일단 결혼부터 해서 배필의 정기를 받아 힘을 합쳐보면 그 길이 자기 길인지 아닌지 알게 됩니다. 깊이 생각해 보세요."

마침내 이 청년이 국회의원의 사위가 되자 동생들의 줄혼사가 벌어졌다. 고시는 중단되고 아버지의 사업 능력의 유전이 있었는지 미국으로 건너가서 훌륭하게 독립했다. 아마도 자신의 변신에 지금도 스스로 놀라고 있을 것이다.

구세군 사관이 된 김양

우연한 기회에 김양이 나에게 소개되었다.
"대단히 착하고 좋은 사람이에요."
지역 유지 부인 몇 사람이 입을 모아 칭찬이다.
"어떻게 착하고 좋은 사람인가요."
내가 물었다.
"구세군에서 어린이에게 노래를 지도하는데 아이들이 잘 따르고 해요. 선생님으로…."
"그러면 월급이 나옵니까?"
본인에게 물었다. 피식 웃었다.
"교회인데요. 뭐."
"나이는 몇이세요?"
"33세예요."
"33세면 동생들도 있겠네요?"

"거진 연년생으로 남동생 하나, 여동생이 둘 있습니다."

"그럼 모두 혼기가 됐군요?"

"예, 모두 짝이 있어도 아직 결혼 전이에요."

"김양, 김양을 누가 착하고 좋은 사람이라고 하나요? 똑바른 친구도 없습니까? 생각이 깊은 사람이 김양을 보면 먹고 입는 것과 잠자리를 어머니, 아버지가 김양을 대신해 땀 흘려 일해 해결해 주고 있어요. 동식물 모두가 의식주 해결을 자신이 합니다. 자기 자신에게 책임을 다하지도 못하면서 교회에서 남을 도우면, 아무리 좋은 일이라도 하나님은 좋아하지 않으세요. 하늘의 뜻이 너 자신을 보호하고 나서 남은 여력으로 남을 도우라는 것이지, 자기 책임을 남에게 미루어 놓는다면 지금 어머니, 아버지가 남 보기에도 얼마나 민망할까요. 독립심도 없고 책임감도 없이 부모에게 고통을 주니 효심도 없어요. 동생들에게 우애심도 없고, 할머니는 김양을 우정어린 친구도 없는 사람으로 보게 돼요."

늙은 사람의 말은 반감이 덜 하는지 동산으로 나를 찾아왔다.

"할머니 말씀이 조목조목 옳았어요. 저에게 아무도 그런 말을 해주는 사람도 없었고 저 또한 지각이 없었답니다. 이제 갑자기 어쩌면 좋을지 몰라 찾아왔습니다."

"결혼이란 상대적인 것이고 생각이 있어도 행동으로 연결이 되지 않으면 갑자기 결과는 없어요. 우선 매일 뭘 합니까. 뭘 읽어요?"

"성경과 종교서적을 읽고 있습니다."

"그 사람의 과거 경험이 오늘과 내일의 연결이 되니 아주 종교 활동으로 생활을 할 수 있도록 해봐요."

말이 뚝 떨어지는데 이렇게 말한다.

"할머니, 지금 교당에서 사관님이 저보고 사관학교로 들어가면 추천을 하겠다고 합니다."

"그런데 왜 안 가나요? 남의 눈치가 보여서 결혼도 못하고, 2년간 학교 다니다 보면 더 나이가 먹을까봐서 그러나요?"

"예, 자신도 없고 또 사관끼리만 결혼할 수 있습니다."

"그럼 더욱 좋잖아요. 결혼 상대의 선택 폭도 가시권에 들고, 사관이 되면 생활도 되고, 정년까지 안정된 보장도 있고…."

그녀가 결심을 하는 데는 시간이 걸렸다.

"시작은 빠를수록 자기에게 유리하다"는 격려를 받고 김양은 사관학교 교복을 입었다. 하복 입은 김양을 선망하는 눈들이 많았으나 추천받기는 어려웠다. 멋있게 망토가 달린 동복을 두 번 입고 벗고 하니, 벌써 졸업하고 임관되어 임지로 떠났다. 지금 그녀의 심정이 어떤지는 아직 듣지 못했다.

허풍으로 상한 아가씨

구세군 사관이 된 김양의 여동생이 친구를 데리고 찾아왔다. 대단히 불안한 상태였다. 차를 끓여 마시게 하면서 나는 느긋하게 물었다.

"생년월일을 아세요?"

"예."

"몇 년 생이세요?" 대답을 듣고 나서 나는 멀거니 "뱀띠군요!" 하고 쳐다보았다. 차를 마시는 것을 기다렸다가 빠른 말로 이렇게 말했다.

"어머니나 아버지는 장 양이 자기 자신의 허풍스런 성격에 고민하고 있는 것을 모르시나 보지요?"

대답도 없이 얼굴이 일그러지더니 굵은 눈물 줄기가 흘러내렸다. 그리고는 얼굴을 숙이고 흐느꼈다.

김양 동생은 옆에서 말없이 고개를 숙이고 있었다. 내용을 잘 알고 있었을 것이다. 한참 뒤에 장양이 눈물을 멈추고 말을 했다.

"저의 고민이 그겁니다. 제 자신의 허풍스런 거짓행위를 부모님이 모르고 계신 것이 더 괴롭습니다. 제가 그런 줄을 통 모르시고 또 알려고도 하지 않으면서 저를 믿어서 더 괴로워요."

"김양을 만나 할머니를 찾아왔으니까 앞으로는 천지간에 내 마음을 알아주는 사람이 있다는 생각을 가지고 마음을 좀 누그러뜨려요. 그러나 아직 나이도 어린데 어머니는 장 양의 얼굴을 걱정하지 않으시나요. 얼굴이 많이 상해 있어요. 세상 아무도 모르게 행동해도 자기 자신은 압니다. 몸속에 객관적인 내가 스스로를 빤히 보고 있지요. 그리고 나서는 '나는 춤을 추었어요. 나는 거짓말을 했어요' 하고 얼굴에 그립니다. 왜 길에서 보면 저 사람은 바 호스티스 같다. 저 아저씨는 운전기사 같다고 말하지요. 자기 얼굴에는 자기의 비밀까지도 객관적으로 정확하게 표현되고 있어요. 장 양은 얼굴이 많이 상했으나 앞으로 어머니에게 한가하게 호소를 하세요. 그리고 스스로 자기 자신을 경계해야 해요. '허풍을 떨지 말자. 너무 쓸데없이 그래봐야 금세 남들은 안다. 그리고 나도 괴롭다' 하고 자신을 제일 무섭게 경계하면, 한 번 두 번 자기를 경계하는 것이 훈련이 되어서 허풍을 떨고 싶을 때 숨을 깊이 쉬고 꿀꺽 넘어갈 수 있어요. 지금 자제가 안 되면 결혼해서 남편 되는 사람을 실망시키게 되고 시댁에서 신용도 잃어버려요."

할머니의 친구가 되어 괴로울 때 찾아오마고 약속한 이 아가씨는 자신의 단점을 고치기 대단히 어려울 것이다. 뱀띠는 천성이 화려한 외화 소명을 띠고 있어서 화려한 기수감이기는 하나, 성장 과정에서 기준 준비가 잘못되면 생일에 따라 화려를 지나 허풍스런 성품이 되는 경우가 더러 있어, 이런 현시욕이 자신을 괴롭혀 깊은 고민에 휩싸이게 된다. 지나치면 무엇이든 병이 되니 참으로 딱하다.

제5부

절대소여(絕對所與)와
지족안분(知足安分) 그 원리

황박사의 진단, 사명당 수양

1992년 정초에 안과병원에서 녹내장의 진단이 내려졌다.

수십 년 동안 머리가 아프고 미식미식하며 어실어실 한기까지 느껴질 때면 감기인 줄 알고 약을 먹으면서, 때로는 눈이 충혈하고 아플 때는 감기에 따라 생기는 증세인 줄로 생각했었다. 눈앞이 안개가 낀 듯할 때도 감기가 심해서 두통이 심해도 당연히 눈앞이 감기 기운으로 흐리나 보다고 생각하면서 참으로 많은 감기약과 두통에 따른 진통제를 많이도 먹었다.

정초에 안과를 찾았을 때는 안구가 가지색깔이 되면서 안구 자체가 너무 통증이 심해서 갔었다.

안과전문병원의 선생님은 신뢰가 깊이 느껴지면서 환자인 나를 편안하게 안정시키는 인력이 느껴졌다.

진찰을 하다말고 한숨어린 진단 설명을 해주셨다.

"할머니, 안압이 굉장히 높습니다. 녹내장이라는 안병에 걸렸어요."

"녹내장요? 어이구."

"녹내장이 어떤 눈병인지 아세요? 무서운 병이에요."

"옛날에 세계적으로 이름난 일본의 남자 발레리나 이시이 바쿠(石井漠, 최승희 스승)가 걸린 병 아니에요? 실명하는…."

"맞아요. 조심해야 합니다. 안압이 높아 가면 두통, 구토, 오한에 전율까지, 끝에는 열이 나고 한 쪽이 실명하면 옆 눈도 따라 실명하게 되는 무서운 병이지요. 대학병원에 의뢰서를 작성해 드릴 테니 한시 바삐 가 보세요."

황 박사가 의뢰서를 작성하는 쪽을 한참 보고 있는 사이 나는 이유를 찾았다. 일단 유사시에 백척간두(百尺竿頭)에 서면 이상하게도 나는 이성적인 자기진정이 가능한 사람이다.

"선생님 제가 병원에 들어설 때까지는 무척 머리가 아파서 속이 미식미식 했습니다만 지금 선생님을 바라보고 있으려니까 제 마음이 진정이 되고 두통이 사라지고 덜 미식합니다. 안압은 자기조절이 가능합니까?"

저만치 넓은 진찰실 책상에서 종합병원에 보낼 환자의뢰서를 작성하다 말고 눈여겨 이쪽을 바라보면서 참으로 애석하다는 억양으로 답이 왔다.

"할머니 안압을 1, 2도 내리는 데는 사명대사의 수양만큼이나 어렵습니다."

사명대사의 수양? 아득한 기억에 '사명당'이라는 글이 떠올랐으나 더는 지식이 없었다.

다음날 종합병원에서 즉시 입원하라는 진단이 내려졌다. 가족들은 불안에 떨었다. 실명한 몸으로 노년을 가족들의 고통 속에 보낼 것을 생각하면, 임파암에 걸려 투병할 때보다 너무나 막막해서 저 앞에 보이는 대로가 백색으로 무인적막 같았다.

　소녀 시절에 남자무용수가 실명으로 무대에 설 수 없다는 기사가 왜 나의 뇌리에 이리도 꽉 박혔는지, 그 의미가 오늘의 녹내장 진단으로 이해할 수 있게 되었다.

　1992년 정초부터 오늘 97년 연초에 이르기까지 사명당의 수양은 황박사의 진단으로, 그리고 실명이라는 공포로 녹내장에 이어져서 우리집 책상에 자주 들여다보게 되는 세계대백과 사전의 송운대사가 바로 사명당이며, 나의 가슴에 그리고 기억장치에서 깊이 만나게 된다. 이성의 눈이 늘 맑은 눈, 밝은 눈, 넓은 눈, 깊은 눈 그리고 뜨거운 눈으로 떠 잊지 못하면 사명당 수양은 깨어지고 어김없이 안압은 높이 올라간다.

　올라간 안압은 두통과 구토증, 오한 등으로 경종을 올려주게 되어 아직도 녹내장은 체내에 건재하고 있음을 자각하게 된다. 노인의 사명당 수양은 관념적 이익에 소외감을 느끼면 불가능하다.

　노년에 녹내장을 불안하게 투병하는 환자를 위해 이 경험담을 쓰고 있음을 이해바라면서, 노인이 노년에 젊은 가족에게 인기가 있으려면 건강해야 하기에, 정신건강이 원인이 되는 녹내장에는 건강한 이성만이 사명당수양에 도달할 수 있음이 그래도 얼마나 다행인가.

병력(病歷)과 심성(心性) 성장

상담을 하는 나를 보고 가족들의 평이 둘로 나누어진다. 쓸데없는 짓 한다, 주제 넘는 짓이다, 잘난 체한다는 쪽의 평이 있는 반면, 맏사위는 "확신 없이 10년을 하시겠습니까?"라고 말했다. 자기 자신은 거저 무심결에 하는 말 같았다. 확신 없이 10년을 하시겠습니까? 와! 그럼, 저 사위가 나를 확신 없이는 행동하는 사람이 아니라는 것을 알고 있구나.

10년이 넘는 상담생활에서 연구해서 나온 자료를 확신을 가지게 위로와 격려를 아끼지 않았던, 인연으로 만난 분들에게 감사하는 마음 가득하다.

여러 종합병원에서 임파암으로 3개월 시한선고를 받은 나를 보고 "어머, 아직 살아계시네"라고들 놀란다. "혹시 오진이 아니세요?"라고 의아해들 한다.

"대림동산 최을경 할머니는 정신력으로 살아있다"는 말도 많이 한다. 안성읍내에서 청년들이 찾아와서 인사 첫말이 "요즈음 나라 걱정 많이 하시지요"라고 했다. 이런 인사는 97년 2월 현재 국내사정을 걱정하고 있는 청년들 자신의 나라안 걱정으로 나온 말이겠다. '내가 이렇게 걱정이 되는데 대림동산 할머니는 많이 걱정할 것이다'라는 생각에서 나온 말이겠다.

관념적 이익에 소외감 없이 노년에 자신을 객관적으로 관찰을 해보면, 젊은 혈기만 앞세워서 분별없이 흘려보낸 세월 속에 자신의 삶의 흔적이 훤히 보이게 되어 있다. 오늘의 나는 어제의 나이고, 어제의 나는 그제의 나인 것을 왜 그때는 그곳에서 꼭 그렇게 행했을까? 그제가 어제를 낳고 어제가 오늘을 낳았음에는 일관된 선택의 기술이 작용하고 있음을 자각했다.

일관된 선택기술을 역산을 하면서 TV화면에 비치는 바둑기면의 복기 장면이 떠올랐다.

나는 마지막 수를 앞서 놓은 바둑돌 복기에서 처음 놓은 원점으로 찾아나가는 기법을 상기했었다. 나의 그 일관된 경험선택의 기술의 열쇠는 정신적 자생력이었다. 그리고 육체적 자생력이었다. 정신적 자생력은 가치관에서 긍지를 찾아 체내에 정신적 에너지를 공급하며, 육체적 자생력은 행동에서 자기긍지를 느껴 육체에 뜨거운 에너지가 축적되어진다.

사람따라 정신적 자생력이나 육체적 자생력 에너지는 방향 감각이 다르다. 돈이 있어야 뜨거워지는 사람, Sex 마니아도 있고, 술에 인생을 걸다시피 술 마시기 위해 사는 듯한 사람도 있다. 나의 경우는 아마도 병력에서 에너지를 얻은 듯하다. 한번씩 큰병을 극복하고, 살아서 병고(病苦)의 산을 넘다보면 이성의 눈이 텼고, 심성이 깊어져 가는 인생 역정이었다.

네 살 때 장질부사로 중이염을 40년간 앓았다. 장질부사의 고열로 병발한 중이염은 40년간 나를 괴롭게 했다. 중이염은 고열과 피고름의 40년간이었다. 들리지 않는 귀로 듣고 있는 듯 시치미를 떼고 사는 40년간 귀머거리 생활을 누가 짐작이나 하겠는가? 그러나 그간은 나에게 대단한 자생력 훈련 기간이었다. 자기를 지키려는 자애심은 의연하게 내면에서 자랐다. 진정한 자애심은 자기를 아끼는 마음에서만 가능하다. 자기를 아낀다는 것은 가질 수 없는 것을 가지려고 해서 자신을 닦달을 해서는 곤란하다. 나는 누구인가를 확실하게 알고 지족안분의 자애(自愛)만이 진실된 자기사랑이 되는 것이다. 무수히 연중행사로 치르는 감기몸살, 맹장염, 44세 때의 양쪽 중이염과 고막수술, 노년에 와서는 임파암으로 투병 3개월 시한선고 받고, 보이기 시작한 자연의 생명체 소여원리 연구로 불면에서 얻은 대상(帶狀)헤르페스의 처참한 자기 연민의 경지, 그리고 실명이 기다린다는 녹내장의 진단에 이은 황 박사의 진단쇼크로 사명당의 수양에 이어졌다.

대상헤르페스와의 투병은 생명체에 소여되는 제약원리를 자료화하는 과정에서 신경과로와 수면 부족으로 얻은 병이었고, 녹내장도 신경과로로 심신의 불안으로 안면(安眠)을 하지 못해 생긴 병이다. 좌측 신장을 수술 받고 우측 신장만으로 살아남았다.

1997년 현재 황 박사의 명진단을 가슴깊이 감사하면서 관념적 이익에 소외감 없이 얼마 남아 있을 것 같지 않은 시간을 아껴 아직도 이성적 자생력에 의지하고 있다. 사람은 자생력이 있을 때 살아있고, 역부족으로 자애하는 힘마저 없어질 때 연민으로 거두어진다는 진리를 믿으면서 여기에 확신을 가지고 책을 내기로 하였다.

소여(所與)를 아시나요

병원집 딸인 최을경 할머니는 네 살 때 장질부사를 앓고 너무나 고열에 시달렸다. 열이 너무 높아 중이염의 합병증으로 고막이 뚫려서 귀가 어두운 아이가 되었다.

"귀머거리"라는 불구생활이 40년이 되던 44세에 귀수술을 받고 들을 수 있는 사람이 되었다.

"귀가 잘 들리지 않는다"는 나의 처지는 피할 수 없는 불구생활 40년이었다.

귀가 잘 들리지 않는 정도가 몇 %인지는 수술을 받을 때까지는 알 수가 없었다. 병원에서 퇴원을 하고 집에 돌아와서 처음으로 하는 첫말이 "왜 이리도 집안이 시끄러우냐?"라고 했다.

영리한 맏딸이 간발의 차도 없이 답하기를 "엄마, 집안이 시끄러운 것이 아니라 그간 엄마가 그만큼 못 들은 거예요"라고 답했다.

순간의 영리한 판단에서 나온 딸의 위로어린 말을 듣고 눈시울이 젖었다.

40년 동안 잘 듣지 못했던 세월의 흘러간 경험들이 스스로 대견도 했고 스스로 연민스럽기도 했다.

주어진 여건(所與)를 딛고 자신을 대견하게 대접했고, 한편으로는 자신을 연민스러이 대접하는 양면성을 살았기에, 오늘의 나를 아는 분들은 말하기를 자신을 사랑하는 사람이라는 정평이다. 진실로 자기사랑을 아는 사람은 자기분수를 아는 사람을 말한다. 삶을 살아오다가 사전에 "所與"라는 글귀를 만났을 때 참으로 감격했다.

15세 때 교실에서 중간고사와 학기말고사 그리고 학년말고사에서 연거푸 시험 문제로 출제되어 골육화로 몸 깊이 심어 교육된 "知足安分"을 상기한 것이다.

우리들에 앞서 살다간 선인들은 자연의 순리를 "소여"라든가 "지족안분"이라는 글로써 삶의 고달픔을 후세의 우리들에게 미리미리 우정어린 예고를 해주었다. "여러분, 분수를 깨달으세요!"라고…,

21세기는 정보화시대라고들 한다. 정보시대를 살려면 개인이 정보인이 되어야 한다. 정보인이란 나를 남에게 "나는 이런 사람이다"라고 상대에게 정확하게 알리고, 그리고 나서 "너는 어떤 사람이냐"는 정보를 정확히 얻어서 너와 나의 합의점을 찾아 접근하는 시대라는 것이다.

영리한 맏딸은 늘 접근이 어려워지면 "엄마, 진실이 가장 가까운 길이에요"라고 말했다.

손가락의 지문이 60억이 넘는 지구상의 어느 누구도 같은 것이 없다면 지문이 같은 것이 없는 이유는 무엇을 말하는가?

여기에 연구된 생명체의 소여원리의 의미를 분석하기 위해 데이터(Data)를 제시하나 많은 검색을 기대하는 바이다.

청소년의 자율의 눈

지금 이 나라 국민이 원하는 제일 초점은 경제인 듯하다. 그러나 수많은 시대를 살다간 선인들은 배가 허기지지 않고 몸이 춥지 않으며, 잠잘 비바람 피할 보금자리만 있으면 족하다고 했다.

대림동산에 요즘 APT가 공사중인 것을 바라보면서 짧은 한평생에 사람의 기를 압도하는 고급차나 사람의 기를 압도하는 큰집이 왜 큰 의미가 있는지 묻는 마음이 된다.

건축장에는 목수팀, 미장팀, 레미콘(콘크리트팀), 타일팀, 난방팀, 페인트팀, 유리공사, 샷시팀, 전기, 주방, 수도 등등 공사팀마다 자기 차를 몰고 와서 출근을 하고 있다. 틈틈이 시간이 나면 봉고차나 승용차에 들어가서 잠시 눈을 감고 잠을 잔다. 목수가 다섯이면 차가 다섯 대가 들어온다. 이런 건축 현장 상황 변화에 비해 사람의 심성 성장 변화는 눈에 보이질 않는다. 풍요로움이 심성 성장을 동반하지 못한다면 옛 선인들의 '의식주가 갖추어지면 예의가 갖추어진다'는 심성 성장 기대는 바랄 수 없는 것인가?

퇴근을 기다리는 크고 작은 차들을 보면서 의식주가 갖추어지면 심성이 성장하는 것이 아닌가? 사람의 삶과 죽음의 사이에 허락된 주어진 시간에 이만하면 족하다는 유유자적이라든가, 호연지기라든가, 의연함이라든가, 처변불경(處變不驚)의 어진 사람들이 보일 텐데, 어른 아이 없이 거진 심성 성장이 멈춘 거리 풍경이 넘친다. 민주화를 외치면서 장유유서를 내세워 무책임하게 타인의 선택에 개입들을 하고 있다.

책임을 대신해 줄 생각도 없이 장유유서를 내세워 권위로써 자녀의 자율의 눈을 가로막는다.

청소년의 자율적 선택을 가로지르려는 어른들 자신에게 소여된 지족안분의 분수한계가 이해가 되고 인정이 되면 사회는 좀더 진정이 될 것이다. 거리나 사회나 전국이 너무 흥분해서 정신을 못차리고 있댜. 이 정신을 못차리는 원인이 너무 풍요를 원하기 때문이다. 덜 가지고 예의 바른 진정된 사회가 되는 길은 이치를 깨달을 때만이 가능하다.

청소년들이 어려서 엄마와 아빠 사이에서 다음 사랑의 별자리의 어디에 태어나는가에 따라 일생 변할 수 없는 숙명적인 성장 경험을 한다.

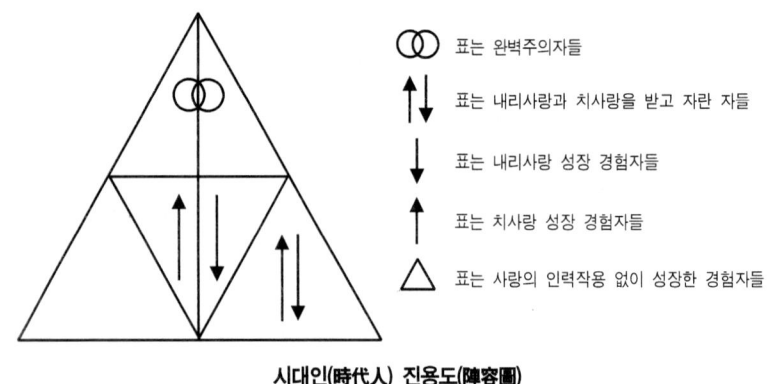

시대인(時代人) 진용도(陣容圖)

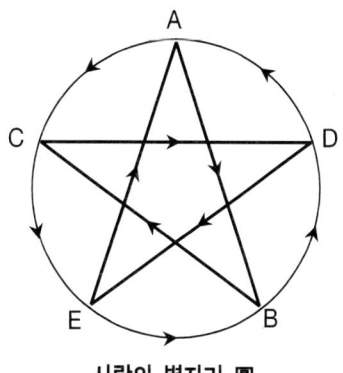

사랑의 별자리 圖

　시인이나 작가들이 밤하늘의 별을 쳐다보고 나의 운명의 별자리는 어느 별자리인가 시로 읊고 글로 쓰고 있으나, 운명의 별자리는 하늘의 별이 아니라 이 도표의 "사랑의 별자리"의 어디에 태어나는가에 숙명적인 자연의 환경적 관리제약이 들어 있다. 이 도표가 너무나 정확하고 세련되고 매력적이라는 평을 받는 것은 수천 명에게 임상실험이 됐으며 놀라운 반응을 얻고 있다.

　어머니와 아버지 자리는 어디이며 나와 형제들의 자리는 어디인가. 그리고 남남간에 너와 나의 별자리가 어디인가에 따라 자신이 살고 가는 시대와 시대인의 진용이 분별된다. 이 진용별 진출법을 자율적으로 자율의 눈을 뜨고 나의 책임하에 나의 길을 가련다고 진출하는 청소년들을 대하는 어른들은 대견하다는 마음의 시선으로, 또 반면 거기는 "힘들어"하는 연민의 마음으로 떠나보내야(송출)함을 깨달아야 할 것이다. 무책임하게 그들 앞에 팔을 벌려 가로막아도 경험은 개개인마다의 그만의 것이다. "경험은 사랑해야 한다"고 타일러서 보내면서 "힘들 때는 도와주마"고 대견함과 연민으로 격려와 위로만이 필요하다. "경험은 사랑해야 한다"는 현수막을 들고 환송할 때 그들의 눈시울은 젖는다.

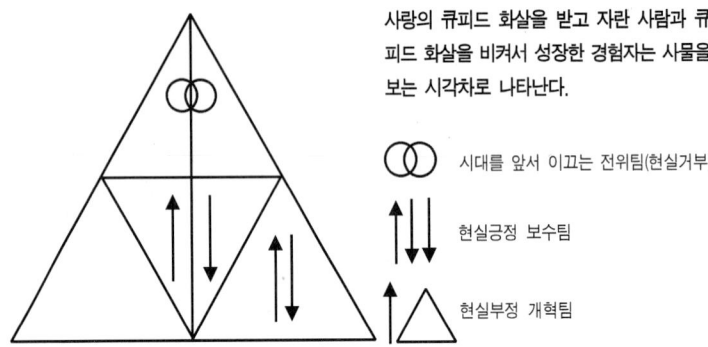

　어린이의 양육성장에서 훗날 어느 팀으로 진을 치는가는 일상생활에서 나면서 분별된다. 찬찬히 관찰하면 보수팀은 유순하고, 순종하는 어린이의 눈은 신뢰의 눈빛이다. 내리사랑과 치사랑의 경험성장을 하고 있어서 사람을 사랑할 줄도 알고 사랑받을 줄도 안다.

　사랑을 주고 받는다는 경험은 사랑의 인력작용이 사랑의 전류가 사랑의 텔레파시(精神感應)가 있는 관계를 말한다. 이 진용들은 신뢰할 줄 아는 사람들이며 보수적이다. 보수적인 사람의 특성은 남의 허물을 지적하는 일에 보수라는 점이다. 허물을 덮고 남의 좋은 점부터 먼저 시각에 잡힌다. 정부터 먼저 드는 것도 그 때문이다.

　개혁팀은 보수팀과 대조적이다. 남의 허점을 지적하고 남의 허점부터 눈에 들어오기 때문에 정이 들기가 쉽지 않다. 사랑의 인력작용 없이 자라나서 먹고 입고 잠자리 보호는 받아도, 부모와의 사이에 감응 작용이 없는 성장이라 미련 없이 부모를 떠나려고 하고, 반항 공격적이며, 부모 사이에 스파크를 일으킨다. 이런 반항 공격 경험성장은 사회에 진출해서 개혁팀으로 진을 친다.

이 두 팀의 장단 양면은 자연 이치의 양면 플러스와 마이너스, 양과 음, 태양과 달, 남자와 여자, 산과 바다, 물과 불 등등으로 이해하면 된다.

보수팀은 유순하고 허물을 덮으니 화평은 있으나 변화를 가져오지 못한다. 밥에 돌이 들어 있어도, 불법자가 있어도, 덮어두고 고발하지 않으며 시정 변화가 없는 반면, 개혁팀의 냉소적인 지적은 돌이 없는 밥과 준법의 시정의 변화 개혁을 가져온다.

평화로우나 개혁이 없는 팀과 항시 화평은 없으나 냉소적인 지적으로 개혁을 가져오는 양팀은 자연의 환경적인 시대인 관리 세력이다.

청소년의 진출 근본 원리를 앞세워서 그들을 이해 깊은 시선으로 대할 때 사회는 좀더 진정이 될 것이고, 그에 앞서 어른들은 소여와 지족안분의 경지에서 청소년들의 자율의 눈(그들의 시각차)을 주시해야 할 것이다.

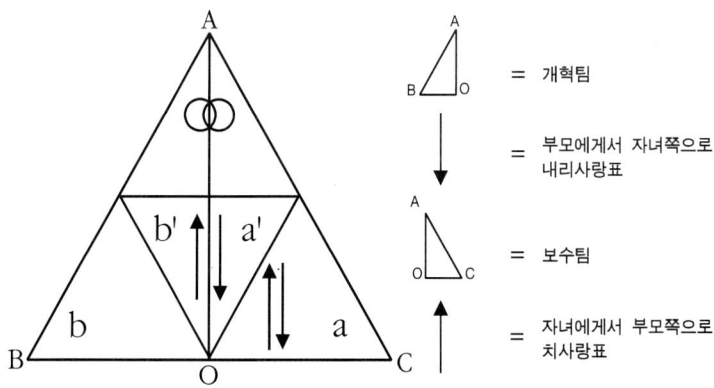

a진 = 내리사랑과 치사랑 감응성장(感應成長)팀
a' = 치사랑 경험없이 내리사랑 감응성장팀
b진 = 내리사랑 치사랑 불감응성장팀
b' = 내리사랑 경험없이 치사랑 감응성장팀

소여된 자연원리에서 부모 자식간에 "사랑의 큐피드 화살"을 내리사랑으로 많이 받을수록 애정 신뢰 성장을 함을 알 수 있다. 사랑의 화살의 감응작용이 없이 성장하면 아무리 의, 식, 주가 보장되어도 애정 불신 성장이 됨이 밝혀졌다.

나는 누구인가 자가진단법

"내가, 언제 어디에서 무슨 일로 왜 그런 길로 갈까?" 그것이 알고 싶어서 이 나라의 성인 65%가 점을 치러 다닌다는 보도가 있었다. 수조 원의 돈이야 나라 밖으로 외화로 유출되는 것이 아니니, 나라 안에서 돌고 돌아 거기 있으니 걱정될 것이 없다마는 대단한 심신의 고달픈 인력 에너지 소모이다.

"내 마음 나도 몰라"라고들 하는데 남이 내가 언제 어디서 무슨 일로 왜 그렇게 할까를 알 수 있을까?

들어앉은 가정집에서 응접실을 개방하고 차를 마시면서 대화가 있는 사랑방 상담실을 10년이 넘게 하다 보니 카운셀전문가(?)가 되어 있었다. 사람과 사람 사이의 상관관계가 환하게 보이게 되니까 요즈음은 카운슬링이 아니라 "나는 누구인가 자가진단법" 학습을 시키게 되었다.

이 세상 우주만물의 현상에 삼라만상이라는 표현이 사전에 있고 소여라는 단어가 사전에 있음을 볼 때, 먼저 살고 떠난 옛사람들은 뒤에 오는 우리에게 무엇을 말하고자 하는가. 동서양의 철학자는 참으로 같은 의미를 표현하는데 재미있는 말을 남겼다. 동쪽에서는 "지족안분"이라고 분수를 깨달으라고 했고, 서쪽에서는 "너 자신을 알라"고 했다. 요즈음 젊은이들이 시니컬하게 "주제파악"이라고 다분히 자극적으로 표현하고 있다.

"나는 누구인가"가 확실하게 자가진단이 되면, 그럼 "너는 누구인가"가 훤하게 보이게 되어 있다.

옛 어른들이 대청에 앉아서 우아하게 말씀들을 나누신다. 고운 모시옷 자락에 부채 바람을 일으키면서 넓은 뜰에서 쉴 사이 없이 한시도 가만히 못 있는 어린이들을 바라보면서 던지는 말, "아이들의 그릇이 크고 작은 모양이 보입니다그려" 하며 말없이 미소 지으면서 고개들을 끄덕인다.

그러나 그 어른들 눈에 사람의 그릇의 크고 작음은 보일 수 있어도 훗날 그 그릇이 어디에서 어떤 일에 어떻게 쓰일지는 아무도 모른다. 눈에 보이는 그릇의 크고 작음은 분별할 수 있어도 그릇의 쓰임새는 눈에 보이지 않는 어린이의 감각에 있음에 어른들의 또 다른 표현으로 말한다.

"그릇도 그릇이지만 안목이 무섭지요."

눈높이의 이 안목이 뼈와 살에 골육화가 되어 스며 있는 감각방향이라는 것을 옛 어른들은 쉬운 말로 남겼다.

그릇과 안목만 있으면 경험선택이 가능한가? 사람의 몸에 안목이라는 마음만 있으면 경험을 할 수 있는가?

유명한 여배우가 30세가 눈앞에 있는데 아무도 나에게 청혼자가 없다고 두어 번 발언을 하더니 병원 원장 부인으로 들어앉았다. 발언을 해서 행동을 개시해야 짝이 없다는 상황이 남에게 전달이 되는 것이다.

상담실에서 학습을 해서 경험선택의 원리가 사람됨의 그릇과 안목과 행동력의 삼위일체가 될 때 운세는 경험의 흔적으로 주어진다는 이치를 깨달으면 "나의 그릇", "나의 안목", "나의 행동력"의 자가진단에 흥미가 생긴다. 나는 누구인가를 깨달으면 지족안분의 분수를 알게 되어서 자기긍지와 자기연민으로 자애심에 도달하니 이 경지가 진정한 자생력이 될 수가 있다. 나를 알고 스스로를 대견해하는 격려의 마음과 스스로를 연민스레 위로하는 마음 없이 자생력이 활력을 얻기는 어렵다.

나는 누구인가 자가진단은 우주만물의 삼라만상의 무상의 변화가 만유인력과 원심력 작용으로 부상(浮上)과 진퇴, 주고받음의 원리에서 이루어진다는 것을 알게 된다.

옛 어른들은 어려운 말보다 쉬운 말로 누구나 알아듣게 그릇이라든가, 안목이라든가, 행동력이라는 표현으로 자기가 자기 앞날을 점을 칠 수 있음을 암시했다.

"당신의 그릇, 당신의 안목, 당신의 행동 열정을 합쳐서 당신의 자생력의 자가진단을 해보세요. 내 마음 나도 모르는데 누가 내 점을 남에게 물으십니까?"

생년, 월, 일은 빈그릇

戌 (+)	亥 (-)	子 (+)	丑 (-)
•정확한 기술성 〈아카데믹〉 •괴팍스럽다	•느긋한 윤기(潤氣) •무참한 반격	•귀(貴)함 •아전인수적 이기심 (我田引水的 利己心)	•인자한 계도(啓導) •엄격함

酉 (-)			寅 (+)
•예민한 영리성 •자존심 강한 반격 말칼을 던진다			•리더십 •참을성 없는 엄살은 위협이 된다

申 (+)			卯 (-)
•상대영합(相對迎合)으로 성취함 •불평이 많다 〈憂愁〉의 고적감			•귀여운 애교(愛嬌) •듣는 귀가 밝아 유혹에 약함

未 (-)	午 (+)	巳 (-)	辰 (+)
•고집스런 부지런함 •좌불안석의 성급함	•활동성이 높다 •무신경으로 덤덤한 덤벙	•외화(外華) 현시(顯示) •상대빈곤(相對貧困)	•꾀가 많고 지휘함 •요령이 좋아서 분명치 못함

성분과 기세(氣勢)조사표

- 생년자리는 평생 소명 성분, 생일과 생일자리 성분은 운신을 돕는 성분이다.
- 생년자리를 ①로 잡고 시계바늘 쪽으로 생월자리를 찾는다.
- 생월자리를 ①로 잡고 같은 방법으로 생일자리를 찾는다.

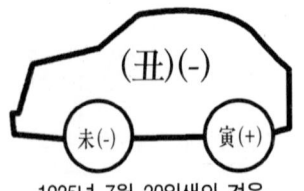

1925년 7월 20일생의 경우

생년성분 축 (-)
생월성분 미 (-)
생일성분 인 (+)

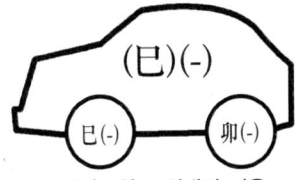

1917년 1월 11일생의 경우

생년성분 사 (-)
생월성분 사 (-)
생일성분 묘 (-)

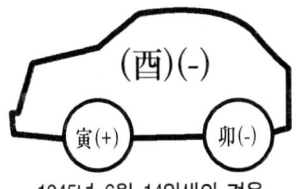

1945년 6월 14일생의 경우

생년성분 유 (-)
생월성분 인 (+)
생일성분 묘 (-)

이 그림을 보고 자기의 그릇됨을 알고 보니, 나는 큰 그릇인가, 나는 작은 그릇인가를 알고 나면, 그릇은 그릇이나 생년월일은 모두가 빈 그릇임을 알 수가 있다.

차로 대입해 보면 차의 동체가 생년성분이고 앞바퀴가 생월성분이며 나의 뒷바퀴가 생일성분이 되는 것을 알 수 있다. 그러나 어디까지나 생년월일이라는 것은 빈 그릇 빈 차라는 것을 이해해야 한다. 이것이 분명히 이해가 되면 생년월일의 그릇을 활용하는 주체는 따로 있음도 이해가 될 것이다.

인간의 생명체가 "삶"이라는 존엄성을 너나없이 숙연하게 인정한다면 생년월일이라는 그릇을 활용하는 주체에 주목을 해야 한다. 대림동산의 푸른 풀밭에 많은 차가 정차하고 있다. 아파트 공사가 한참이라 타고 온 목수, 미장, 타일, 유리, 샷시, 전기 등등 팀별로 저녁이 되면 뿔뿔이 돌아간다. 대형 트럭부터 소형 승용차까지 다양하게도 주차하고 있다. 이제 돌아갈 시간이 되면 차의 '엔진이 돌고', '누군가 핸들을 잡고' 운전을 하고 간다.

생년월일은 단지 빈그릇이며 사람이 어디서, 언제, 무슨 일로, 왜 그런 경험을 하게 되는가의 주체는 감각기준이라고도 하고 가치관이라고도 하는 마음이 있고서, 행동력이라는 일정 엔진이 돌아갈 때 생명체는 경험을 하고, 경험의 무늬가 남아서 사람들은 경험 흔적에 팔자라고도 하고 운세라고도 하여 많은 관심을 갖는다.

나도 모르는 언제 어디서 내가 누구에게 무슨 일로 예, 아니면 아니오 라고 할지, 나 아닌 남이 어떻게 알겠는가? 그것도 돈까지 내면서 점을 쳐야 할까?

하늘이 알고, 땅이 알고, 내가 안다는 말이 있다. 나의 마음이 내켜서 준비가 된 만큼 사람은 정확하게 준비된 만큼 기회를 만나게 되어 있다. 생년월일의 그릇은 경험에 있어서 3분의 1을 차지하나 가치관과 행동력은 3분의 2를 차지한다.

서로서로 가치관의 합의가 없이는 화평이 없다. 자기 자신의 가치 기준이 행동할 때 그릇은 같아도 가는 길이 다르고 도착점도 다르다.

이성의 눈을 뜨고 자기 몸안에 뼈와 살에 골육화된 준비 감각을 객관적으로 보면, 나는 누구이며 어디서 무엇을 하려는가를 자신만이 빤히 알 수가 있다. 마음이 내켜야 준비를 하고 준비가 되어야 기회를 만난다는 소신이 마련되면, 자신의 앞날의 경험문양을 확실히 점칠 수가 있으니 자기 점은 자신의 이성의 눈만이 알 수 있는 것이다.

이상의 설명이 깊이 이해가 되었으면 다음에 각 개인의 "의견이 왜 다른가"의 자료를 만날 수 있다.

절대소여(絶對所與) 데이터
－삐딱하다구요?

사람의 힘으로 어쩔 수 없는 상황을 '절대'라고들 한다. 아버지, 어머니의 자식으로 태어나서 결혼이라는 제도에 따라 남의 집 아버지, 어머니의 아들, 딸들이 또 자식을 낳아서 인생항로를 같이한다.

상담실에서 가장 많이 듣는 고통이 사람과 사람 사이의 상관관계의 어려움이다.

많은 선지자들이 그 시대의 경험을 딛고 가르침을 남겼으나 21세기 정보화시대에 과연 각자의 처지가 분명히 같을 수가 없는데도 어린 청소년들을 획일적으로 이해시킬 수가 있을까? "너 자신을 알라"라는 추상적인 발언보다 구체적이고 가시적인 납득을 시켜야 하기에 정리된 이 자료에 관심을 기울여 볼 일이다.

요즈음 현실부정의 시각으로 반항들을 하면 "삐딱하다"는 핀잔을 준다. "이유 없는 반항"이라고들 한다. 과연 그럴까? 눈이나 비가 오면 미끄러워 교통사고가 많다고 모래를 뿌리고 있는 광경이 TV화면에 비친다. 그 이치가 마찰력을 높여 속도에 조절을 가하려는 것이다.

어느 나라 없이 여당이 있으면 꼭 야당이 있어야 한다. 어느 나라 역사에도 마찰팀 없이는 역사 창조의 속도 조절이 어렵다.

시대마다 세기말적 증세라고 비관적 글들이 남아 있으나 마찰과 비마찰의 상관관계는 절대적인 소여이다.

자신이 니힐문학가인 아버지가 대학생 아들을 데리고 왔다. 아들이 사사건건 삐딱하다는 것이다.

"상담실 데이터(1)을 보세요. 마찰팀과 비마찰팀의 분별도예요. 생명체가 수태를 하면서 제일 먼저 분류되는 것이 마찰팀과 비마찰팀의 시각차 형성입니다. 이 세상에 이유 없는 반항은 없습니다. 아버지와 아들의 시각차이지요."

"마찰팀과 비마찰팀을 분별하는 시각차는 어떻게 형성되는 겁니까?"

"아주 좋은 질문을 했어요. 질문을 받으면 질문에 앞서 무엇을 알고 있는가를 판단할 수 있습니다. 이 그림을 보세요. 역사를 창조하는 시대인의 소명별 포진도예요.

a팀은 현실긍정보수진용입니다. a′는 a팀 중에서도 개혁적인 좌류입니다. b팀은 현실부정개혁진용입니다. b′는 b팀 중에서도 보수적인 우파입니다. 가정이나 학교 또는 직장 등에서 조사를 해보면 각자의 진지 분포가 정확하게 나타납니다."

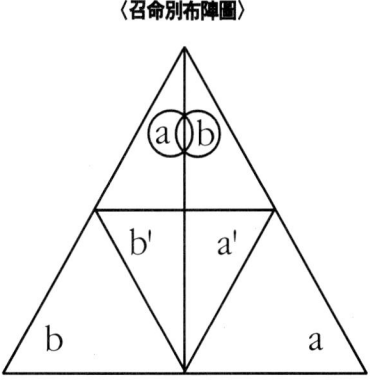

〈召命別布障圖〉

"시각차별 분류 방법이 따로 있습니까?"

"그런 질문에 답을 하려고 이런 도표를 작성했어요. 이 도표는 '소명별 포진도(召命別布陣圖)'라고 이름을 지었지요. 시인들이나 작가들이 글로써 시로써 많이 쓰는 운명의 별자리는 밤하늘의 별이 아니라 '사랑의 별자리'의 절대적인 소여입니다. 사람의 힘으로 변화시킬 수 없는 자연으로부터 주어지는 여건이 사람마다 다릅니다."

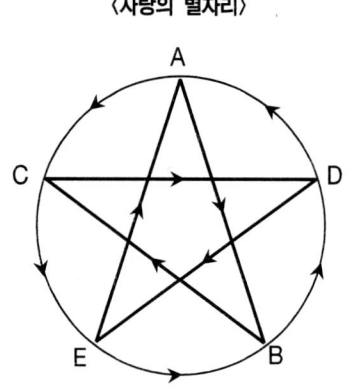

〈사랑의 별자리〉

 이 도표에서 부모와 자식의 관계를 넣어보면 사랑의 화살을 부모로부터 받고 성장한 사람과 사랑의 화살을 부모로부터 전혀 받지 못하고 성장한 사람을 분류할 수 있다.

 의, 식, 주를 보장받고 자라지만 사랑의 화살을 받고 자란 부모와의 감응작용이 있는 경험 성장과 의, 식, 주는 분명 보장받았으나 사랑의 화살을 받지 못한 감응작용 없는 경험성장의 차에서 마찰팀과 비마찰팀이 분류가 된다.

 놀랍게도 감응작용이 있는 경험성장은 애정을 신뢰하는 긍정적 시각으로 부모와 자식간에 그리움이 있으나, 감응작용이 없는 경험성장의 경우, 애정 불신으로 부정적 시각으로 부모 자식간에 그리움이 없이 어딘지 껄끄럽다.

시각이 다르면 눈빛부터 다르다. 유순한 눈빛과 반항적인 눈빛이 서로 다르다. 이런 이치를 알고서 청소년들을 대하면 그들 나름의 입지를 존중하고 이해를 할 수 있다.

아무리 잘 먹고 잘 입혀서 돌보아도 사랑의 화살이 내리사랑 되지 못하고 화살을 맞은 아릿한 통증같은 감응작용 없이 성장했을 경우, 애정 불신으로 가정 밖으로 자율적 독립이나 노출을 하려고 든다. 진정 자식을 사랑한다면 그들의 진용으로 송출을 해야 한다. 눈물을 삼키고 소명 위치로 보내야 한다. 반항하는 기질은 이유를 밝히고 키워줘야 하는 것이다.

완벽주의 전위팀에 보내는 편지

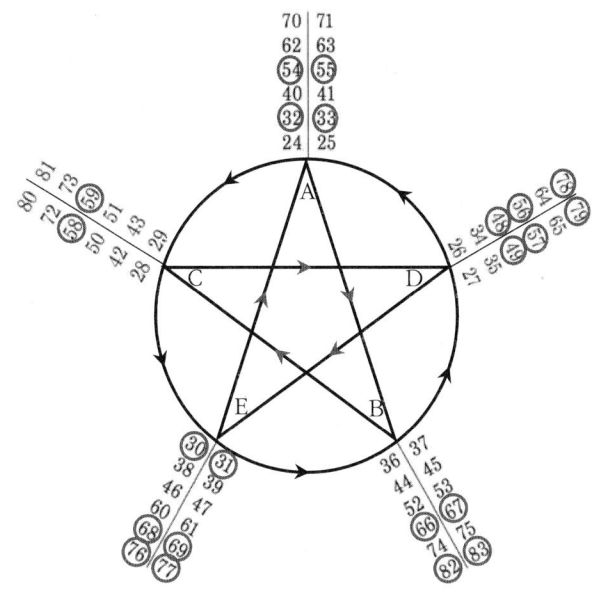

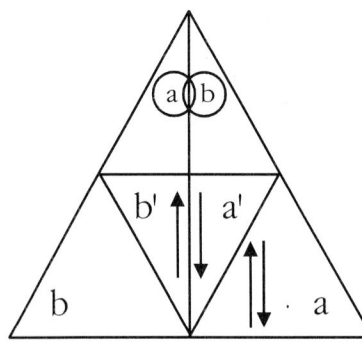

a = 부모 어느 쪽이든 내리사랑과 자식 쪽의
　　부모 어느 쪽이든 치사랑 성장
a' = 부모 어느 쪽이든 내리사랑 성장
b = 부모와 자식간에 내리사랑 치사랑이
　　없는 성장
b' = 자식이 부모 어느 쪽인가에 치사랑 성장
(ab) = 시대를 앞서 이끄는
　　　완벽주의 전위진(별도설명)

미장원에서 머리를 손질하고 있는 여성이 화사하게 웃고 있다. 웃는 얼굴이 아름다운 사람은 보는 사람 마음을 끌어당긴다. 나는 물었다.

"몇 살이세요."

"62년생이에요."

대답을 듣고 나서 또 물었다.

"음력 2월에 태어났나요?"

"예, 어머 그걸 어떻게 아셨어요?"

"62년생은 리더십이 강한 기질이지요. 호랑이가 음력으로 2월에 태어나면 귀여운 호랑이가 되고 애교가 있는 곰상스런 리더십을 발휘하게 되지요."

"할머니는 참 신기하시네요. 맞아요. 저를 모두들 곰상스럽다고 해요. 호호 하하하."

참으로 웃는 얼굴이 화사한 여성이다.

한여름 찌는 삼복 무더위에 쿵쾅탕 벼락이 떨어지는 소리와 함께 번개가 번쩍 번쩍 위협하는 듯 하더니, 창 넘어 동산에서 바라보이는 천지가 캄캄해져 버렸다. TV브라운관에서인가 불꽃이 번쩍 하더니 일순간에 정전이다. 다음날 날이 밝아오니 집집마다 전기공사 기술진들이 동원되어 왔다. 공사에 손이 바쁜 기술자가 손을 놀리면서 쳐다보고 있는 할머니에게 설명을 하고 있다.

"천정에 습기가 차면 플러스 전류와 마이너스 전류가 젖은 공기에 합선이 되어서 배전판의 퓨즈가 끊어지게 됩니다. 장마에 누기가 차 있습니다."

손을 바삐 쓰면서 지식을 깨우쳐 주려고 하고 있다.

"기사 아저씨는 몇 년도 생이세요?"

"예, 54년생인데요?"

왜 묻는가라는 억양이다.

"음력으로 54년 12월생이군요."

"맞습니다. 용케도 맞추시네요. 어떻게 아십니까?"

신기하다는 말투이다.

"기사 아저씨가 젊은 나이에 보는 사람에게 공사내용의 이치를 밝혀서 전기의 흐름 원리를 계도하려고 하는 자세는 54년생일 경우 12월에 태어나면 몸안에 계도 성분이 있어서 지식을 남에게 전달하고 싶어집니다."

"그래요. 맞습니다. 저는 늘 제가 아는 범위에서 누군가에게 설명하고는 합니다. 그게 그렇군요."

기사 아저씨는 참 신기한 할머니도 다 보았다는 표정이다.

이상의 관찰능력은 1985년 초에 시작된 상담생활에서 어느덧 10년이 넘어서니 알뜰하게 축적된 연구 결과이다.

지구상에는 역사를 창조하는 주역들이 60억이 넘게 살고 있다. 그 창조된 역사는 주기적으로 만유인력 작용과 원심력 작용으로 자연의 관리를 받는다. 현실 자연 현상은 역사로 기록이 되어간다.

흥망성쇠라든가 애별리고(愛別離苦) 그리고 부침(浮沈) 등등으로 그래프의 선이 올라간 만큼 언젠가는 내려가는 포물선을 긋는다는 것은 이미 상식이 되어있다. 그러나 아픈 데도 없이 의욕이 내려가고 식욕도 없어지고 할 때 사람 몸의 기운이 십년 주기로 봄, 여름, 가을, 겨울의 오르고 내림의 각자 주기를 모르고 자녀를 대하면 난감하다. 이런 정기(精氣)의 오르내리는 이치는 사람의 힘으로 조절할 수 없다.

여기에서 선인들이 사전에 남긴 단어 중에 천근 무게로 다가오는 말이 있으니 '소여(所與)'라는 단어에 주목해야겠다.

주어지는 여건이라는 이 말에 깊이 접근해 보면 누구나 자기자신의 분수를 알 수 있다. 서양쪽에서는 "너 자신을 알라"고 하고 동양쪽에서는 "지족안분(知足安分)"을 말한다. 역사 윤회의 주역인 인류 60억이 눈에 보이지 않는 인력 작용과 원심력 작용을 관리받는 생명체의 의미를 10년이 넘는 한길의 상담연구로 진단해 보았다. 태어남과 살아짐의 생과 사의 삶의 길에서 생명체는 자율을 보장 받을 수 있는가?

선인들이 후세의 우리에게 말하고자 한 사전 속의 '소여'라는 단어는 무엇을 말하고자 하는가?

십년이면 강산도 변한다는 말이 많이 쓰인다. 상담실의 연구는 임상 진단결과 대단히 정확하고 세련되고 매력적이라는 평이다. 연구결과에 이름이 붙여지기를 "절대 소여 연구"라고 규정되었다. 아래 도표는 지구상의 인류가 한 시대를 책임지면서 역사를 창조해 가는 길 위에서 있어야 할 자기 포지션을 나타내는 그림이다.

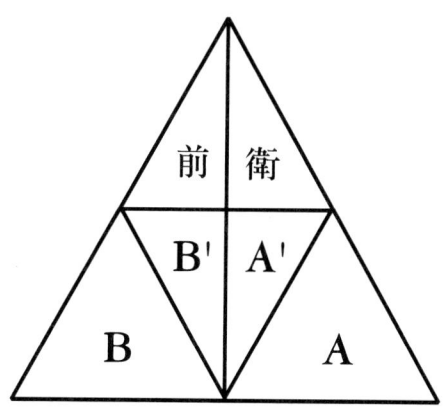

A는 현실을 긍정적으로 보는 시각자의 진지이다.

A′는 A의 시각자보다 보수적이나 좌류파라는 뜻의 진지이다.

B는 현실을 부정적으로 보는 시각자의 진지이다.

B′는 B의 시각자보다 개혁적이나 우류파이다

A가 보수적인 현실긍정팀이면 A′는 A의 좌류파적 시각이니 유동적이다.

B는 개혁적인 현실부정팀이며 B′는 B의 우류파적 시각이니 개혁진의 유동적 존재가 된다.

오늘 여기 밝히고자 하는 자료는 A와 A′B와 B′중에서도 특수한 시대 소명 임무를 띤 전위 진용에 대한 연구이다.

전위라 함은 시대를 앞서 이끄는 전위팀이라는 뜻이다. 새로운 것을 추구하는 창의 열정을 광적으로 가진 아이디어 뱅크이다. 어린아이가 현실의 모든 것이 마음에 들지 않고 이것도 저것도 마음에 고리타분해서 새로운 것으로 추구할 때 그들은 모두 이 팀에 해당된다.

황량한 가난과 처참한 무지속에 허덕이는 겨레를 보고 어린 나이에 이 나라의 보릿고개를 없애고, 누우런 황달기 있는 얼굴에 어느 때인가 화색이 넘치게 하겠다고 마음먹은 어린 박정희를 보고 사람들은 황당하다고 웃으면서 "미쳤다"고들 했다. 그러나 그 어린이는 한결같은 광적인 창의력으로 "배워야 산다. 하면 된다!"는 기치를 올리면서 시대를 앞서 이끌 때 무에서 유를 창출해 나간다.

"바로 그 아이디어 뱅크"가 이 나라 강산에서 젊은 일꾼 노동력을 활성화하는 것이었다.

그 활성화의 근본환경은 전국 빈곤 가정의 '입 덜기' 대전략(大戰略)으로 시작이 되었다.

한참 많이 먹어야 하는 젊은 입들을 덜어준다면 나머지 식구는 배를 채울 수가 있다는 발상이다. 전위팀 어린이의 현실을 거부하고 새로움을 추구하려는 개체 내면에 환상의 세계가 있다. 무에서 유를 창출하려는 것이다. 피를 말리는 뼈를 깎는 전위적 시각의 이 전위 포지션 사람들을 가리켜 완벽주의자라고 한다.

완벽주의자이기에 역부족으로서 콤플렉스에 빠지면서 스스로를 늘 부족하게 생각하고, 광적인 창의 열정은 때때로 비정형성 자기 조절 불능으로 조울증에 빠지게 만든다.

그러나 완벽주의자 본인이나 측근의 모든 사람들은 긴장을 풀고 진정해서 조울증의 이유를 찾아보자. 이유는 자신에 대한 자애(自愛) 부족으로 스스로를 무능하다는 열등감에 죽음을 생각하여 자신을 인정하지 않을 때임을 알 수 있다. 나는 대견하다는 생각을 하지를 못한다.

그러면서도 내면에 대단한 우월감이 도사리고 있으니 함부로 위로나 격려도 하기 어렵다. 완벽주의 전위 시각자는 너무나 순수한 이상의 세계에서 진실을 추구하기 때문에 진실로 신뢰하는 사람에게만 가슴을 연다. 그쪽에서 보면 이쪽의 모든 현실 안주자들이 때 묻은 사람으로 보이기 때문에 평소에는 대단히 자폐적이다.

오늘 여기에 이 팀에 대한 자료를 발표하는 이유는 청소년들의 자살충동이 자기내면의 의욕상실로 가기 앞서, 측근의 따뜻한 이해와 격려보다 피해 의식의 자극으로 오는 열등감의 자체가 자살을 유발하고 있기 때문이다.

모든 전위팀의 완벽주의자에게 보내는 이 편지로써 시대를 앞서서 이끌어야 하는 소명의식을 깨닫게 하려는 것이다. 자기의 소명임무에 긍지를 느끼면 뜨거운 자기사랑의 경지에 도달할 수 있을 것이다.

이 지구상에 상대성이 아닌 것이 하나도 없는 듯하나, 유독 지구가 멸망해도 유구히 남는 것이 시간임을 믿어야 할 것이다. 노력한 시간만큼의 결과는 반드시 있다고 생각해도 될 것이다.

완벽주의 전위팀에게 건투를 빌면서 여기에 전위팀의 출생표를 제시하는 바이다.

여기에 발표하는 이 많은 질서 있는 출생자가 인류사회에서 어떠한 역할을 하려고 태어나는가를 조사 연구한 데는 참으로 처절한 상황 검색이 있었다. 본인의 절규에 가까운 뼈를 깎는 상황을 보고 이해하지 못하는 부모, 형제자매와 결혼으로 만나는 상대 상황은 많은 가정에 이해 못할 고통을 주고 있음이 안타까운 양상이었다.

시대를 앞서 이끌어야하는 소명은 본능적으로 뜨거운 창의 열정이 되어 대단히 환상적인 내면세계를 품고 있어서 다양한 창작 의욕이 다분히 광적이리만치 전위적 감응을 표출한다. 시대변화의 전위팀으로서 "새로움"에 대한 욕구는 과거에 없던 직업이 이 팀에 의해 창출되고 있다.

10月 11. 23. 6. 18. 30.	**11月** 10. 22. 8. 20.	**12月** 9. 21. 6. 18. 30.	**1月** 8. 20.
9月 12. 24. 8. 20.	無에서 有를 創出하는 前衛팀의 出生表 <짝수해 出生表> 陰曆으로		**2月** 7. 19 6. 18. 30.
8月 全日	前衛 改右 保左 改革 保守		**3月** 6. 18. 30. 8. 20.
7月 2. 14. 26. 8. 20.	**6月** 3. 15. 27. 6. 18. 30.	**5月** 4. 16. 28 8. 20.	**4月** 5. 17. 29. 6. 18. 30.

10月 9, 21, 8, 20	11月 8, 20, 6, 18, 30	12月 7, 19, 8, 20	1月 6, 18, 30
9月 10, 22, 6, 18, 30	無에서 有를 創出는 前衛팀의 出生表 <홀수해 出生表> 陰曆으로		2月 5, 17, 29 8, 20
8月 11, 23, 8, 20	前衛 改保 右左 改革　保守		3月 4, 16, 28 6, 18, 30
7月 12, 24, 6, 18, 30	6月 全日	5月 2, 14, 26 6, 18, 30	4月 3, 15, 27 8, 20

그들은 새로움의 전위적 아이디어 뱅크라는 것을 확정하고 이해 깊은 우정으로 위로하고 격려하면 "살아가는 세월만큼" 꼭 변화 개혁된 결과를 얻고 있음이 확인되었다. 바라건대 전위적 완벽주의자의 개인 스스로 자신을 위로하고 격려하면서 자신의 내면세계의 환상적인 창의 열정에 긍지로써 자부심을 가져주면, 뜨거운 자기사랑은 자생력에 큰힘이 될 것이라고 경의를 보내고자 한다.

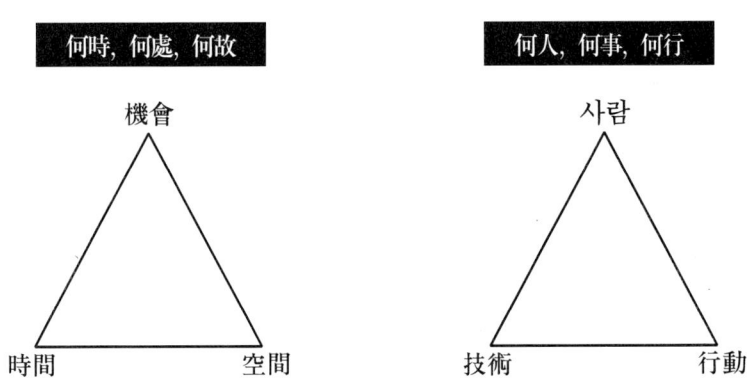

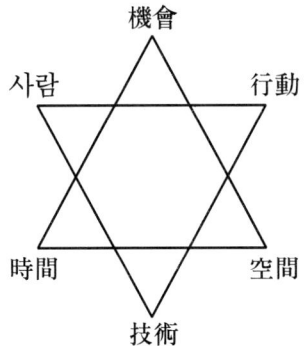

제6부
상담교실

    1985년 1월 6일 도하 일간지 조간 1면 좌측에 새해 연간 기획의 일환으로 "최을경 할머니와 의논하세요"라는 기사가 발표되었다. 내용은 이러했다.

    -독자 여러분의 인생상담란 "최을경 할머니와 의논하세요"가 여성 가정 페이지인 6면에 마련됩니다. 최을경 할머니는 한국일보에 연재되고 있는 <여기자 칼럼>에 그의 편지가 몇 차례 소개되므로써 폭넓은 팬들을 갖게 된 분이며, 안성에 있는 최을경 할머니 댁은 그 분과 얘기를 나누고 싶어하는 많은 독자들의 편지와 방문이 끊이지 않고 있습니다. 평범한 가정주부인 이 분과 살아가는 지혜를 의논하여 훈훈한 결론을 얻으시기 바랍니다.

"최을경 할머니와 논의하세요"

–한국일보 지상 상담 사례

한 사람의 여자로 일생을 살아가다 보면 나름대로 소망을 품고 가정관리를 열심히, 그리고 성심으로 하려는 노력이 오히려 역부족으로 느껴지는 때가 한두 번이 아니다. 그저 하늘을 쳐다보며 '왜 이러한가' 하는 푸념을 수없이 내뱉는 사이 중년 시절이 훌쩍 다 가버렸다. 이미 갱년기를 맞이한 육체는 노화가 시작되었고, 흰머리와 주름져 가는 얼굴과 손등은 태어날 때 계약된 생과 사의 시한을 벌써 알리고 있다.

42세 되던 어느 날 결혼식에 참석하기 위해 그래도 화장도 하고 머리를 만지려고 미장원에 갔었다. 거기에는 중국인과 결혼하여 아들을 연년생으로 줄줄이 낳았다고 동네에 소문이 파다한 30대 초의 한 여성이 어린이들을 데리고 놀러와 있었다.

미용 정발대에 앉아 있는데 한 어린이가 내 옆으로 쫄랑쫄랑 걸어왔다. "어머 예뻐라" 하며 쳐다보고 웃으려는데, 그 어린이가 갑자기 "앙!" 하고 울면서 달아나는 것이다. 당황스런 목소리로 "왜 그러지요?" 하고 묻자 그 아이의 어머니 되는 30대 여인은 "쟤는 늙은 사람만 보면 울어요!" 하고 대답하는 것이다.

"늙은 사람만 보면 운다? 그럼 저 거울에 비치고 있는, 결혼식에 가려고 화사하게 치장한 내 모습이 아직 42세 중년, 나는 그런대로 보기가 좋은데도 나 아닌 남의 눈에는 늙은 사람이라니…."

서럽기보다는 떨떠름한 마음으로 머리를 다듬느라 나는 미용기구 부딪치는 소리를 한쪽 귀로 흘리면서 곰곰이 생각했다.

미장원을 나올 때까지 그 어린이의 엄마는 자기 말이 얼마나 큰 영향을 던져 주었는지도 무심한 채 제 일에 몰두하고 있었다. 집에 돌아오는 골목길에 들어서면서 나는 다음과 같은 사실을 깨달았다.

"발가벗은 임금님은 어린이의 정직한 마음에서만 보인다"는 것을….

그것은 큰 충격이었고 오히려 이러한 사실을 깨달은 뒤가 더욱 처신하기 어려웠다. 너무 추하기 전에, 더 늦기 전에 무엇인가를 해야겠다는 마음, 이렇게 누구에겐가 쫓기는 듯한 초조한 나날이 이어졌다. 병원에서 시한 선고를 받은 기분과 같았다. 학교 자모들간에 필동변인(筆洞變人, 이상한 사람)이라는 별명을 얻은 중년 여인의 나는 더욱 그들과 상이한 사람이 되어가는 것을 느꼈다.

자나깨나 죽음만을 생각했다.

"당신은 그때 꼭 귀상(鬼相)이었어."

그때의 나를 추상(追想)하노라면 친지들은 이렇게 소감을 말한다.

하늘을 쳐다보는 날이 많아졌다. 어려서 유학 간 이국땅에서 쳐다본 하늘이 아니었다. 그 당시 어린 마음으로 쳐다본 하늘은 그리운 부모가 사시는, 그리운 조국이 보이는 그런 하늘이었다. 중년, 늙음의 입구에서 바라본 하늘은 너무도 깊고 넓고 푸르렀다. 모든 시름을 바람 부는 대로 구름이 가듯이 실어 날아다 줄 것만 같았다.

"발가벗은 임금님을 발가벗었다고 정직하게 지적할 수 있는 어린이의 맑은 눈에 비치는 나는 늙은 사람이다. 저 하늘에 구름이 가듯 자연에 나를 맡기자."

이렇게 눈을 감으며 자신을 찾을 수 있었던 것은 처절한 자신의 극복과 자각이 있었기 때문이다.

왜들 이러한가?

정성스럽게 자녀를 키우고 있다고 믿어졌던 친지댁의 막내딸이 가출했다. 전국을 수소문한 끝에 결국 강원도에 가서 찾아왔으나 재차, 재재차 그 아이는 가출을 했다. 그 아이는 소문난 명문 학교의 여고생이었다.

또다른 지방 도시의 유지댁 출신으로 자신도 여전 출신인 댁에서는 초등학생이 가출을 했는데, 3년 만에 청량리 역전에서 구두닦는 그 아이를 찾아왔다. 이 아이의 학문길에 차질이 생긴 터라 이 댁 가족은 아들을 위해 전 가족이 캐나다의 토론토로 이민을 갔다.

왜 이런가?

청수네 아버지는 추위를 많이 타기에 매일같이 집안의 실내 온도를 올리라고 호령이다. 그러나 영민이네 아버지는 자신의 몸이 더운 탓에 추위를 몹시 타는 아내를 무시하고 보일러 불끄기가 바쁘다 보니 집안에 평화가 없다. 영민이네 엄마는 추위가 무서운 나머지 서럽기조차 하다. 야행성 체질인 영숙이는 늦게 잠드는데 그 대신 아침잠이 많다. 영철이는 주행성 체질이라 초저녁잠이 많은 반면 새벽 컨디션이 좋아 새벽 공부가 잘 된단다.

왜 이런가? 왜 자녀의 진학에 제약이 있는가? 왜 노력한 만큼 경제적으로 윤택하지 못한가? 왜 나의 병고는 끝이 없는가?

왜 가족간의 끈끈한 애정과 우애가 평화롭게 유지되지 못하는가 등등…. 평온과 불안과 파상적 시련으로 괴로울 때는 하늘을 쳐다보는 게 버릇이 되었다. 그 더없이 넓고 깊은 푸르름에서 반문의 해답을 찾으려고 했다. 세상만사에 의미 없는 현상은 없을진대….

수많은 시련을 경험하고 목격하면서 그 시련마다 '왜 그러한가'를 끊임없이 관찰했다. 무엇이나 골몰히 생각하고 연구하다 보면 끝이 보이는 것인가. 뜻하지 않게 40년 동안 난청이었던 귀가 15일간의 입원으로 감쪽같이 양쪽 모두 들을 수 있게 되자 감사의 눈이 환하게 트였다.

인간 세계에 나타나는 오묘한 자연의 관리와 제약을 관찰하면서 자연인 개체마다 별개의 소명이 작용하고 있다는 것을 감지하게 되었다. 우연한 기회로 일간지에 지상 상담을 하게 되면서 지상에 발표된 사례 외에도 직접 답장을 쓰는 편지 상담을 수천 통이나 하게 되었는데, 이러한 편지 상담에 필체의 차이로 인한 성격도 분류할 수 있었다. 또한 전화 상담도 무수히 많이 음성과 사용하는 용어로도 그 성격의 분류가 가능했다.

직접 방문 상담에 응하면서, 지상에 발표된 상담은 보편적인 경우를 설정한 것이기 때문에 구체적인 개인이나 가정에 일률적으로 적용이 될 수 없음을 알려주었다. 감기 걸린 환자에 대한 보편적 처방은 아스피린을 복용케 하는 것이지만, 체질에 따라서는 아스피린 때문에 두드러기가 나는 경우도 있으니 일률적 처방이라는 것은 불가능한 것이다. 이렇게 직접 상담자와 면담을 5년 넘게 경험하면서 나는 비로소 "왜 그러한가?" 하는 반문의 대답을 얻을 수 있었다. 다음의 지상 상담으로 이에 대한 연구가 더 깊이 있게 이루어질 수 있었다.

질문 1 사랑하는 사람에게서 답장이 없어 괴로워요

저는 고3학생으로서 어느 여학생에게 첫 번째는 '사랑한다', 두 번째는 '사귀고 싶다', 세 번째는 '미안하다'는 내용이 담긴 편지를 차례로 보냈으나 제가 실업학교 학생이어서 그런지 답장 한 장 없습니다. 가슴이 터지려 하고 공부도 못하겠습니다.

대답 실망 말고 스스로 성장하는 노력을 하세요

'사랑이란 사랑하는 것이에요. 사랑받는 것이 아니에요'라고 읊은 시인이 있습니다. 사람은 누구나 사춘기에 들어서면 사랑하고 싶어집니다.

사랑한다는 자체는 아름다운 것이지만 사랑을 주는 방법과 받는 방법이 서툴면 사랑하는 것이나 사랑받는 것이 모두 흉하게 되지요. 학생은 그 여학생에게 불쑥 편지로 '사랑한다'고 했고, 두 번째는 후퇴해서 '사귀고 싶다'고 했으며, 세 번째는 '미안하다'고 했다지요?

이것을 반대로 했으면 사랑의 열정이 차츰 높아가는 느낌을 줄 수 있었겠지요.

우리나라의 가정교육이 자식들 앞에서 사랑을 표현하는 모범을 보여주지 못하기 때문에 누구나 이 문제에 서툴고 어색합니다. 젊은이들이 '나는 너를 좋아한다'는 감정전달을 세련되고 영리하게 할 줄 안다면 자기 자신의 정서적인 성장에도 매우 좋다고 생각합니다.

좋아하는 시집이나 책을 선물한다든가 리본으로 접힌 편지를 한 송이 꽃에 끼워서 떳떳이 전달하는 것을 부모님이나 선생님 또는 친구들이 미소로써 보아주는 사회가 되어야겠지요. 몰래 숨어서 우물쭈물 비굴하게 하는 행동은 자신을 참혹한 마음으로 몰고 갈 뿐이에요.

그러나 학생은 자기 자신과의 싸움에서 스스로를 구해줘야 합니다. 우선 실업학교 학생이라고 그 여학생이 만나기를 꺼린다면 그 여학생은 영리하지 못하군요. 제3의 물결이 이 나라에 상륙한 지는 이미 오래되었으며, 또한 21세기는 세분된 전문 분야의 기술 시대라고 합니다. 그 여학생을 진정 애타게 좋아한다면 자기 사랑을 스프링보드로 삼아서 크게 비약, 성장해야 합니다. 우수한 기능자가 되어서 그 학생 앞에 우뚝 서세요. 요즈음 거리를 보세요. 안정되고 자신감을 가진 사람은 기능 소유자뿐입니다. 기능이란 누구도 훔쳐갈 수 없는 그 사람만이 소유할 수 있는 것 아니겠어요? 당분간 편지는 쓰지 말고 또 거리에서 만나더라도 눈인사만 하세요. 그리고 분연히 자신의 사랑을 위해 크게 비상하세요. 그러는 동안 그 여학생에 대한 학생의 사랑이 과연 진실인지 단순히 사춘기의 감정일 뿐인지도 자연히 알게 되겠지요.

질문 2 여자 앞에선 말을 잘 못하는데…

적극적인 성격의 형과 아우가 있는 22세의 내성적인 청년입니다. 여자 친구를 사귀고 싶지만 여자에겐 말도 잘 못 건네곤 합니다. 제 성격을 고치는 방법이 있을까요?

「경남 김해에서」

대답 지성을 쌓아 당당해지도록

우리집 근처에서 30년 가까이 일하고 있는 건축, 보수공사팀을 보면 목수, 미장, 벽돌, 타일 페인트공 모두가 기술로는 '장관급'이라 우리집에 일하러 올 때면 '기술 장관들'이라 하지요.

　몇 달을 일해도 묵묵히 설계에 따라 재단하고 자기 맡은 일에만 열중하는 목수 아저씨는 아주 내성적입니다만, 일하다가 어떤 문제에 부딪치면 모두 그분만 찾습니다. 다른 기술자들이 주시하는 가운데 말없이 진지하게 어려운 문제를 시원하게 해결하는 순간은 모두에게 탄성을 자아내게 합니다. 겉으로는 내성적으로 보이지만 그분의 자신감은 걸음걸이나 일상 거동에서 적극성, 능동성을 잘 느낄 수 있습니다.

　젊은 청년이 자신의 성격을 좀더 밝고 적극적으로 고쳐 보려고 하는 것은 미래의 자기 앞길을 좀더 긍정적으로 발전시켜 보려는 의지라고 생각되어 찬성입니다. 천성에서 오는 기는 고치기 어렵지만 자기 내면은 자기 교육으로 얼마든지 키울 수가 있다고 생각합니다.

　청년은 형과 아우와 같을 수 없습니다. 자신의 천성에 따라 각자가 별개의 삶을 살아가는 것이지요. 자신을 부정하지 마세요. 남들이 적극적으로 놀고, 사람을 사귀고, 술을 마시고, 춤을 추는 동안 방에서, 논둑에서, 혹은 건축 현장에서 많은 생각을 하거나 책을 읽고 있다는 자신감과 긍지를 가지고 있는 사람은 많습니다.

　"언젠가 나도 이런 구두를 신을 수 있는 사람이 되겠다"는 희망을 갖고 남의 발밑에서 구두 닦는 청년. 이 모두에겐 자기 내면의 자신감과 긍지가 있습니다. 누구를 만나든 윗사람이든 아랫사람이든 똑바로 그 사람의 눈을 쳐다볼 수 있도록 항상 노력하세요. 땅만 내려다보고 걸으면 안 됩니다. 여자고 남자고 말을 하는 훈련부터 시작하여 돈이 없어도 옷이 없어도 당당할 수 있도록 책을 많이 읽어 지성적 교양을 쌓아야 합니다. 청년이 이런 노력을 한다면 저절로 당당해질 것이고 여자친구는 자기 발로 청년 앞에 다가설 것입니다.

질문 3 외모 때문에 성격이 변해 고민스러워요

저는 대학 2학년 여학생입니다. 영문학을 공부하는데 얼굴이 너무 못생겨서 차츰 성격이 괴팍하게 변해가는 것 같고 사람을 만나는 것조차 싫습니다. 저를 구하는 방법은 없는지요?

「울산에서」

대답 자기만의 장점 찾아야 해요

뜨거운 삼복 더위에 강나루로 수영을 하러 갔던 여학생이 집에 돌아와 희열에 젖은 목소리로 "엄마, 나 이젠 자신이 생겼어"라고 합니다. "느닷없이 무슨 자신이냐?"라고 어머니가 묻자 "제가 수영을 하는데 자꾸 옆으로 오던 남학생이 집 앞까지 따라왔어요"라고 대답하는 것입니다.

키가 남보다 작다는 것에 공연히 위축되어 외출도 싫어하고 항상 짜증을 부리고 사람 기피증까지 있던 여학생이 빼어난 수영 솜씨로 한 남학생의 마음을 설레게 한 것이 그토록 기뻤던 것이지요.

학생은 '수영 솜씨'가 아니라 남들이 하기 어려운 영문학 공부를 한다는 것에서 자기 긍지를 가질 수는 없는지요?

일생을 살아가면서 자기의 정신 세계만은 모든 것으로부터 독립되도록 지켜야 합니다. 자기의 용모나 신체적인 허점, 가족이나 직업 등이 만드는 외부 환경으로부터 정신 세계가 의연히 독립된다면 하등 그 일로 그리 위축될 것이 없습니다.

"너무나 얼굴이 못생겨서 미안하다"면서 자신의 허점을 자산으로 개발한 코미디언도 있고, 작은 키이지만 육체적으로 단련된 근육을 자랑하며 어린이의 우상이 된 사회자도 있으며, 너무 못났다는 것을 트레이드 마크로 바꾸어 버린 유명한 여성 지휘자도 있습니다. 이들과 같이 자기

만의 장점을 확보하고 거기서 자신을 가지세요.

"음식 잘하는 못난 아내와 이혼하는 남자는 없다"는 말이 있지 않아요? 자기 전공을 살리면 많은 사람에게 보이지 않는 영향을 줄 수 있다는 것을 스스로 인정하는 날 비로소 신체적인 열등감에서 빠져 나올 수 있습니다. 좀 못생기면 어때요. 내면의 지성으로 품격을 갖추세요. 이목구비는 반듯하면서도 머리는 텅 빈 백치적인 아름다움에 비해 교양미나 지성미는 싫증이 나지 않지요. 용모뿐 아니라 능력의 한계를 느껴 고민하는 일, 병으로 고민하는 일, 자기 주변이 너무 복잡하여 고민하는 일 등 이러한 무수한 고통을 이기는 방법은 자기를 아끼는 자기 사랑에서만이 가능합니다.

만일 남보다 억울하게 느껴진다면 더욱 나를 사랑하고 나를 측은히 여겨 자존심을 갖고 의연히 정신적 독립을 해서 상대적인 자기 모멸성을 버려야 하겠지요. 자학하지 말고 자기를 더욱 사랑하세요.

질문 4 홀어머니 두고 유학을 가야 할지 걱정입니다

저는 대학의 전임강사입니다. 외동딸인 저만을 의지하고 사시는 홀어머니를 모시고 있는데, 오랜 꿈이던 외국 유학이 마침내 이루어져 유학을 떠나야 할 입장에 놓여 있습니다. 그런데 어머니께서는 저와 헤어져 수년간 혼자 사시는 것을 매우 두려워하고 계십니다. 60이 넘은 외로운 어머니를 버려두고 유학을 가는 것이 옳을까요?

대답 학문하는 자체가 곧 효도지요

　부모님을 걱정시키지 않고 몸을 소중히 하여 건강하게 잘 자라는 것이 '효의 시작'이며, 훌륭하게 입신하여 이름을 날리는 것이 '효의 끝'이라고 합니다.
　건강하게 성인이 되어 대학의 전임강사가 되었다면 벌써 효는 다한 것입니다. 물론 그 다음엔 부모님을 편안하게 해드릴 책임이 남겠지요.
　이런 경우는 어머니가 먼저 솔선해서 결정하시길 바라고 싶군요. 자식을 기다리며 항공 우편으로 편지를 쓰고 우체국을 드나드는 즐거움은 큽니다. 어머니가 만일 이런 자녀를 보내지 않고 옆에 잡아두면 결국 자식의 앞길을 막았다는 자책의 나날이 이어질 것입니다. 학문의 기회를 놓치지 않고 뻗어가도록 훠이훠이 보내시면 어찌 앞날의 기쁨이 없겠습니까? 그러니 따님께서는 떠나도록 하세요. 오늘의 이별이 더 나은 내일을 약속한다면 마음껏 뻗어 올라갔다가 돌아오십시오.
　홀로 사는 어머니의 고생이 괴로워서 추운 겨울 눈길을 걷고 걸어 찾아온 어린 것을 배움터로 선걸음에 되돌려 보낸 자식 가르침의 본보기는 우리 시대 어머니면 누구나 다 아는 일입니다. 학문을 하는 그 자체가 효이므로 배우기 위해, 연구하기 위해 부모 곁을 떠나는 것은 남의 눈을 살필 부끄러운 일이 될 수 없습니다.
　그러나 그렇다 하더라도 어머님이 도저히 마다하실 때는 자연의 순리라 믿으시고 기꺼이 포기하세요. 착한 결정 뒤에는 반드시 다음 기회가 준비되는 법입니다.

질문 5   혼전 애인 나타났는데 어쩌면 좋을지요

저는 어려운 환경에서 자라 사랑하는 사람이 있었으나 가정 사정으로 지금의 남편과 결혼한 지 10년. 그동안 두 아이의 엄마가 되었습니다. 그런데 얼마 전 사랑하던 사람이 나타나서 아직 저 때문에 독신으로 있다고 하여 저는 매일 정서 불안 상태입니다. 저는 어떡하지요?

「35세 가정주부」

대답   옛 사랑은 추억으로만 간직하세요

무얼 고민하는 겁니까? 뭐든지 멀리 두고 볼 때는 아름답지 않은 것이 없지요. 이 세상에서 두 아이를 두고 사랑에 마음 설렐 만큼 '멋있는' 남자가 있다고 생각하세요? 아니에요. 절대로 자식 버리고 따라갈 만큼 가치가 월등한 남자란 이 세상에 있을 것 같지 않네요. '인생을 아무렇게나 다루기엔 위험하고, 너무 중하게 여기는 것은 또 바보스럽다'고 쓴 작가도 있습니다만, 사랑하는 상대야말로 그렇습니다. 사랑을 상상하고 꿈꿀 때는 순수하고 아무리 불태워도 못다 타버릴 것 같지요. 그러나 살다보면 어느 사람치고 허점 없는 사람은 없습니다.

10년이나 지난 지금에 와서 그 사람이 진정 아기 어머니를 사랑한다면 아이가 둘이나 있는 옛 사람 앞에 나타날 수 있을까요? 물론 이기심 없는 사랑이 없으니 자기가 사랑한 만큼의 몫을 받고 싶은 것도 사랑하는 사람의 본능이겠으나, 홀몸도 아닌 자녀 있는 옛 사랑을 사랑하기 때문에 다치지 않게 해야 하는 것이 또한 깊이 사랑하는 마음이겠지요.

남자의 감정은 가정 밖으로 나갔다가도 다시 돌아올 수 있지만 여자의 감정은 한번 집을 뜨면 돌아오지 못합니다. 바라건대 곱게곱게 자신을 타일러서 마음의 안정을 찾으시기 바랍니다. 옛날에 사랑했노라는 추억이 훨씬 아름답지요.

질문 6 신혼 남편의 외박이 잦아요

저는 26세의 주부입니다. 결혼한 지 2년이 지났는데 아직 아이는 없어요. 남편은 여자관계도 없는 듯한데 자주 집을 비우고 월급봉투도 제대로일 때가 없습니다. 가까이 사는 시댁과도 자주 불화가 일고 있어 앞길이 암담합니다. 어떻게 하면 좋을까요?

「서울 불광동에서」

대답 즐거운 가정 분위기를 만드세요

신혼인데 남편이 집에 들어오고 싶어하지 않는 이유를 생각해 보셨는지요. 또 가까이 있어 자주 오갈 수 있는 시댁과의 관계가 원만치 못한 이유도 생각해 보셨는지요. 마음의 눈을 저만큼 두고 자기 자신을 한번 객관적으로 바라보는 게 어떨까요? 혹시 새댁은 천성이 극히 이기적이 아닌지요. 아이도 없는 새댁은 하루 종일 무얼 하며 지냅니까? 가까운 이웃에 있는 시댁에 가서 점심도 같이 먹고 집안일도 도와드리면서 화목하게 지낼 수 없습니까? 젊은 재치로 화사하게 미소 지으며 이웃들에게 춘풍 같은 신선감을 뿌리면서, 적은 논이나마 나난이 할 수 있는 별미 음식을 만들어 주변을 즐겁게 하는 가정 관리를 해야 합니다.

남편은 아내와 자기 집안과의 불화로 고민하고 있을 것이며 직접 대고 말하기보다 아내를 피하는 게 아닐까요? 이런 경우 아내가 영리해서 시댁 식구를 인정하고 화합을 하면 남편 역시 금방 되돌아옵니다.

새댁은 자기가 가진 쥐띠 특유의 귀함을 잘 살려 나 자신을 위해서 남편과 시댁을 귀하게 대접하고 화사하게 키워 가세요. "고맙다", "미안하다", "내가 잘못했다"는 세 가지 말을 많이 쓰도록 노력하며, 집에 돌아가고 싶지 않아 적막하게 거리를 방황하는 남편의 심정을 생각하세요.

옛날 어느 중년 신사에게서 들은 말인데 "집에서 마음이 상해서 나가는 날은 가까운 버스 정류장이 저 멀리 보인다"고 합니다.

질문 7 무식한 남편 폭력, 외박까지…

저는 42세의 주부로서 14살과 9살의 자녀가 있습니다. 44세인 남편은 경제적으로 무능력하며 요즈음 들어 폭력을 휘두르고 술과 외박을 일삼습니다. 저는 사는 것이 너무 힘들고 무서워서 집을 나가고만 싶습니다. 최악의 상태인 저에게 도움의 말씀을 주세요.

「서울의 한 주부」

대답 한번 더 연민과 책임으로

뭐라고 위로의 말을 하기 힘들 정도로 괴로우시겠군요. 저에게 오는 편지 중에 가장 많은 것이 이런 내용이어서 저도 가슴이 아픕니다. 제 말이 무리일지 모르겠으나 마지막 결정을 하기에 앞서 한번 남편의 입장에서 생각해 보시는 게 어떻겠습니까?

남편은 혹시 자신의 무능력이 서러워 술을 먹고 외박을 하며, 이 세상에서 제일 가까운 자기 아내에게 그 서러움을 푸는 게 아닐는지요. 아내가 남편의 머리를 안고 같이 울어줘도 자기 무능력에 대한 서러움이 어찌 풀리겠어요. 그러나 술이 깬 다음에는 남편을 연민 어린 눈으로 보지 마세요. 더욱 화가 납니다. 술이 취해 있을 동안 그를 유심히 보세요. 여기 이 사람이 내가 그 많은 사람 중에서 선택한 내 남편이며 내 자식들의 아버지라고 생각한다면 "나는 나 자신을 사랑하기 때문에 나의 남편 또한 귀하게 대접하여 주어진 만큼의 복을 누리리라"는 대답이 나오지 않을까요?

남편이 결혼 후 폭음 버릇을 못 버리고 다른 여자를 가까이 한다는 것은 아내로서 대단히 부끄러운 일입니다. 내가 그를 선택한 책임과 자식에 대한 책임이 있지 않습니까. 이 세상에 없던 자식을 두 남녀가 만나 태어나게 했으니 버려서는 안 됩니다. 어느 작가가 "남편 버린 여자는 사랑할 수 있어도 자식 버린 여자는 사랑할 수 없다"고 쓴 글을 읽은 적이 있습니다.

이 세상에서 조건 없이 서로 잘 할 수 있는 사이가 부부간입니다. 용서도 이해도 제일 많아야지요. 눈물을 거두고 다시 한번 연민과 책임감으로 내 가족을 다스려 보세요.

질문 8 부모님께서 결혼을 재촉하시는데

24세의 여성입니다. 7남매의 여섯 번째인데 많은 형제와 주변의 결혼생활을 보는 동안 왠지 결혼에 대해 공포심을 품게 되었습니다. 세상에는 교육을 받았으면서도 무식하고 난폭한 남성이 많이 있음을 알고 있습니다. 할머니는 결혼을 어찌 보시는지요. 지금 사귀는 남자 친구가 있고 부모님도 결혼을 재촉하시는데 어찌하면 좋을까요?

「서울에서」

대답 성실성, 변함없는 짝을 택하세요

사랑이란 이기심 없이 자신을 주는 데서 마무리될 수 있겠지요. 그러나 두 사람의 공동생활인 결혼에 있어서 서로가 최선을 다해 공동생활을 지켜나가겠다는 진심이 있어야 합니다. 서로 정직한 정보를 교환해야 참다운 선택이 가능합니다. 정확하고 정직한 약속으로 출발하여 서로의 인격을 존중하고 사랑하고 이해하며 살아가는 것이 결혼이겠지요. 종점에서 뒤돌아보면 짧은 인생길의 길동무가 되어 서로 고무하고 격려하는 상대가 배우자입니다.

그러나 종점에서 뒤돌아보면 짧은 길이 출발점에서 생활할 땐 아득히 멀고 험하게 느껴지며, 실제로 이 길을 같이 가자면 찬란한 기쁜 날보다 권태롭고 우수에 찬 무기력한 허무의 날이 많습니다. 이럴 때 길동무로 싫증내지 않고 같이 갈 수 있는 짝을 찾아야지요. 언제 어디서나 변함없는 성실한 사람만이 좋은 결혼 상대가 됩니다. 하루를 살다 죽어도 결혼의 첫 조건은 성실입니다. 많은 재물, 높은 학벌이 있어도 성실이 없는 사람과 길동무하기는 어려워요. 남편은 좋은데 시부모는 싫다는 여성도 성실성이 없는 거지요. 당신은 좋으나 딴 식구는 모른다는 남편도 성실치 못한 거지요. 가정을 소중히 하고 처자식을 아끼는 남성이 이 세상에서 제일 아름답고 보기 좋은 이유가 여기에 있지요. 여성도 마찬가지입니다. 가정과 가족을 성실히 소중하게 하는 것이 자기 자신에게 충실하고 성실하게 사는 사람이기에 아름답게 보이지요. 변함없는 성실은 남을 감탄케 하고 존경을 부릅니다. 다른 어떤 조건보다도 성실함을 택해 상대를 고른다면 결혼을 두려워할 필요는 없다고 봅니다.

질문 9 손 하나 까딱 않는 남편이 싫어요

결혼 생활 2년을 맞은 젊은 주부입니다. 연애 시절엔 몰랐는데 남편이 손가락 하나 까딱하길 싫어하고 모든 걸 아내인 제게만 시킵니다. 고

장난 전기를 고치는 것에서 자신의 양말과 넥타이 고르는 일까지 저에게 미룹니다. 자신이 읽은 신문을 자기가 접어치우거나, 양말과 넥타이 정도는 자신이 고르게 할 수 없을까요.

「김미경」

대답   애교로 버릇 고쳐가야 해요

결혼하자마자 손톱깎이 하나까지 자기 물건을 모두 챙기고 자기 양말, 넥타이 고르기에 참견도 못하게 까다로운 남편과 살고 있는 아내들에게는 대단히 부러운 남편이시군요.

사실 양복과 넥타이의 색조화는 어렵지요. 부인에게 "여보, 나 오늘 뭐 매고 갈까?" 하는 남편의 소리는 생각만 해도 정겨운 풍경입니다. 어쩌다 밖에서 영 어울리지 않는 색을 입은 남성을 보면 참 딱하더군요. 아마 그런 남성은 손에 잡히는 대로 매고 나왔기 때문이겠죠.

그러나 꺼진 등이나 높은 곳의 위험한 일은 남편께서 신사도를 발휘하는 게 좋습니다. 그런 것까지 아내가 한다면 참 흉하군요. 집안을 껌껌한 채 두고 "여보, 나 머리가 좀 아파요. 당신 전등 좀 봐 주실래요?" 하고 유도해 보세요. 어쩌다 한번 도와 줄 때면 "아이 고마워라" 하고 표현하세요. 남편들이란 때때로 만년 모성이 필요한 사람들처럼 굴기도 합니다. 같이 사는 집에서 남편이 일 좀 했다고 뭐 고마울 것 있나 하지 마세요. 서로 칭찬하고 고마워하면 절로 마음이 환해 오지요. 아마 모처럼 일 한번 하고 "여보 고마워요" 하고 아내로부터 정다운 인사를 받으면 남편도 뭔가 흐뭇해합니다.

아내에게만 집안일을 시키려는 남편의 버릇은 젊어서부터 고쳐나가야 합니다. 버릇이 되면 나이 먹어 늙어서까지 남편은 꼼짝도 하지 않는 노부부가 됩니다. 그렇게 늙은 부부를 자주 보는데 부인 쪽이 비록 건강하더라도 '늙은 할머니' 혼자서 일하는 것은 보기 딱하고 또 그래서도 안 되지요.

질문10 남편이 처가는 안 가겠다는데

지난해 결혼한 여성입니다. 결혼 초기에 사소한 문제로 남편과 친정 부모가 불화를 빚은 일이 있는데 그 때문인지 남편은 처가에 가기를 싫어합니다. 어쩌다 모임이 있어 가더라도 식사만 끝나면 "바쁜 일이 있다"며 돌아가 버립니다. 어떻게 남편과 친정의 사이를 좋게 할 수 없을까요?

대답 성급한 친목은 역효과를 냅니다

혈연이 아닌 관계는 가까운 사이일수록 예의가 앞서야지 권위나 강요된 의무를 앞세웠다가는 회복이 어렵습니다. 며느리나 사위나 새 식구들은 한 사람의 인격체로 서로 존중하는 사이에 신뢰와 정이 솟아야 하는데 너무 성급한 친목을 가지려다 어렵게 되는 일이 많습니다.

처음부터 처가나 시가에서 활짝 어울리는 성격이 있고 몇 년이 지나도 아내 없이는 처가에 가지 않는 성격도 있습니다. 아직 정도 들기 전에 처가와 불화가 있었다면 한참 시간을 두고 기다려야겠지요.

부인으로서는 조급하고 안타까운 일이겠으나 기다리도록 하세요. 친정 부모께서 진심으로 사위를 청하신다면 사위 또한 서서히 마음이 풀릴 것입니다. 의도적으로 남편의 마음을 돌리려 하면 그럴수록 반발을 하거나 쑥스러워서 더욱 멀리 가는 성격이 있으니 강요하지 마세요.

또한 두 분 사이에 아기가 태어난다면 귀여운 재롱이 두 가정을 오가면서 화해의 다리를 놓을 수도 있지요. 남편을 원망하지 말고 이해하면서 시댁 가족에게 더욱 정성을 다하면 오래 불화할 리가 없지요.

질문11 후처로 아이를 갖고 싶은데…

전처와 사별한 남편과 결혼한 지 2년이 됩니다. 남편에게는 두 자녀가 있지만 저는 아직 32살입니다. 아이를 갖고 싶은데 남편은 제가 자식을 낳는 것을 반대합니다. 지금에 와서 교사직을 그만두고 결혼한 것이 후회가 됩니다. 자식을 가지고 싶다는 것이 잘못일까요?

「마산에서」

대답 먼저 반대하는 남편을 설득하세요

직업까지 버리고 전처 자식을 기르고 있는 사람에게 자식을 낳지 못하게 하기에는 부인의 나이가 너무 젊습니다. 우선 묻고 싶습니다. 자기 인생의 주인은 누구입니까? 자기 자신이 아닙니까?

나 자신이 내 인생의 주인이 되려면 자기 자신에 대한 의무와 권리 행사를 충실히 해야지요. 자신에 대한 의무는 끝없는 자기 교육이고, 권리는 자기 교육으로 이룬 가치 기준에 의한 선택의 자유가 아닐까요.

남편과 아내가 되었다고 해서 서로의 인생을 지배할 수는 없습니다. 한번 지나가면 돌아오지 못하는 인생의 주인은 자기 자신이지요. 아직 젊은 나이에 내 인생을 남편이 결정하게 할 수는 없지요.

전처소생 자녀의 지지를 먼저 얻어 아이들도 참여한 자리에서 남편을 설득해 보세요. 그들의 지지로 아기출생을 결정하게 되면 그들도 긍지를 느끼고. 태어난 아기도 한층 사랑으로 크지요.

질문12 귀가 시간 연락 안 하는 남편 때문에 괴로워요

결혼한 지 3년 되는 29세의 주부입니다. 남편에게 결혼 초부터 귀가 시간을 미리 알려달라는 부탁을 계속해 오고 있으나 남편은 말을 듣지 않습니다. 저녁도 안 먹고 12시까지 기다리다가 싸움을 하는 날이 많습니다. 어떤 작전을 세워야 할까요?

「서울 신사동 주부」

대답 아내의 초조함을 인식시키세요

매일 일찍 돌아와 달라는 것도 아니고 늦어질 때 귀가 시간을 미리 알려 달라는 아내의 부탁을 무시하는 남편이 참으로 많지요. 갓 결혼하여 아내로. 주부로 첫발을 내딛는 새댁들이 가장 먼저 부딪치는 마음 상하는 문제가 남편의 귀가 문제라고 생각됩니다. 이것은 상대방의 입장에서는 사소하게 생각될지 몰라도 매일 당하는 아내의 입장에서는 사소한 문제가 아니고 일생 동안 같은 괴로움을 안고 살아야 하지요.

이 문제가 쌓여서 큰 불화의 원인이 될 수도 있으므로 미리부터 현명하게 대처하는 것이 좋을 것 같습니다.

우선 새댁이 먼저 해야 할 일은 자기 자신의 정신적 독립을 이루는 것입니다. 부부가 서로 정신적 독립을 하면 물과 기름처럼 된다고 걱정들을 하지만 정신적으로 독립하지 못한 남녀가 모여 성숙한 부부가 될 수는 없겠지요. 새댁 자신이 정신적으로 구속받기를 원치 않는다면 남편도 정신적으로 구속하려 하지 마세요. 하루하루의 일과와 귀가 시간을 새댁이 지배하려고 하면 피곤한 부부 사이가 됩니다.

  신뢰와 애정을 키워가면서 근본적으로는 상대방의 자유를 인정해야 합니다. 단지 귀가 시간을 미리 알리지 않는 것은 아내의 저녁 시간을 초조하게 하고 화나게 하는 것이므로 이 점을 분명히 인식시키고 반드시 미리 알리도록 설득하세요. 그리고 남편이 늦을 때는 8시 혹은 9시로 시간을 정해 놓고 부인 혼자라도 식사를 하세요. 12시까지 식사도 안 하고 기다리는 것은 서로에게 도움이 안 됩니다. 책을 읽는다든가 자기 글쓰기도 좋을 것이고, 뜨개질이나 수예 같은 걸 배워 기다리는 시간을 활용하면서 남편의 귀가 시간에 얽매이지 않도록 해보세요. 가정이 따뜻한 장소가 되어 간다면 남편도 거리에서 시간을 보내지는 않을 것입니다.

질문13 시어머니가 따로 사시겠다는데

  65세의 시어머니께서 방을 얻어 혼자 사시겠다고 합니다. 2남 2녀의 형제 중 저의 남편은 차남인데 어머님은 두 아드님 집을 왕래하며 살아오셨습니다. 저희들에게 무슨 불만은 없다고 하시면서 오래 다니시던 교회 앞에 방을 얻어 친구분들과 자유롭게 살고 싶다고 하십니다. 어머님은 그 동안 저축하신 돈으로 방을 보러 다니시는데 어떻게 하면 좋을까요?

「서울 연희동」

대답 건강하시면 어르신 뜻대로 따르세요

  딸과 함께 사는 내 친구가 노경의 심사를 참지 못해 "유료 양로원으로 가고 싶다"고 말했더니 딸이 "어머니, 우리 사회에서는 아직 부모가 양로원에 가시면 자식들이 얼굴을 들지 못해요" 하면서 말리더랍니다. 친딸도 그러하거늘 며느리의 입장에서 시어머니의 제안을 따르기 힘들겠어요.

오늘의 젊은 세대는 먼 훗날 그들의 자녀에게 아름답고 당당한 어머니, 아버지로 기억되겠지만 오늘의 노인 세대는 자식에게 모든 것을 다 바쳤으면서도 자식 앞에서 떳떳하기 힘든 처지에 있음을 이해해 주세요. 일제 찬탈의 시대적 가난과 무지를 인계받은 당대 노인 세대들은 배워야 산다, 하면 된다고 가르치며 건설 역군을 배출했으나, 당신들은 너무나 초라하게 젊은 날을 모두 보내며 자식들을 위해 완벽하게 희생하고 말았지요. 인생을 오직 자식들만을 위해 성심껏 살아온 노인들, 오늘의 핵가족의 물결에 밀려 그만 적막하고 갈 길이 없게 돼버린 우리 부모님들에게 위로와 보호의 마음을 아끼지 말아야 할 것입니다.

우리 또래의 늙은이들은 이제 세탁기 하나 제대로 작동시킬 줄 모르고 컴퓨터가 뭔지 발음조차 할 수 없습니다. 그러나 여러분을 기른 어른들이니 절대로 존경하는 마음을 늦추어서는 안 됩니다. 이 시대의 노인들처럼 격동기를 살아오면서 또 자식세대에게 완벽하게 희생한, 역사상 아주 드문 일입니다.

그러나 과도기란 언제나 괴로운 것이며 노년의 어려움은 스스로 극복할 수밖에 없는 것입니다. 내 생각에는 어머님이 몸을 움직이실 수 있는 동안 자유롭게 혼자 사시도록 해드리는 것도 좋을 듯합니다. 단지 혼자 나가서 사시는 동안에 "독립해서 살고 싶다"고 말씀하셨던 어머님의 쓸쓸한 심경을 이해하면서 "어머니, 우리는 늘 어머니가 들어오시기를 기다리고 있습니다"라고 말씀드리세요. 반드시 같이 있어야 효를 할 수 있는 것은 아니니 우선 어머니 뜻을 따르도록 하세요.

질문14 부모 용돈 드려야 할지요

　결혼한 지 한 달 되는 28세의 장남으로 분가하여 살고 있습니다. 부모님은 작은 가게를 하여 경제적으로 큰 어려움없이 동생들을 교육시키고 계십니다. 제 월급은 32만원인데 열심히 저축하여 집을 사려고 합니다.(85년) 앞으로 부모님께 용돈을 명목상으로라도 드려야 할까요? 안 드리면 섭섭해 하실까요?

「서울 갈현동에서 박근배」

대답 통장 만들어 드리세요

　부모 자식간의 관계를 어떻게 생각하고 있는지 우선 박근배씨 부부에게 묻고 싶군요. 부모에 대한 자신의 생각이 어떤 것인지에 따라 대답이 달라질 것이니까요. 스스로 우러나오지 않는 혈육간의 보살핌은 빛을 낼 수가 없으며 강요된 효심은 짜증과 미움이 됩니다. 먼저 부모, 자식의 관계를 바로 인식하면서 부모에 대한 고마움을 바탕으로 삼는 일이 필요하겠지요.

　제가 보기에 결혼한 지 한달 된 신혼부부가 머리를 맞대고 부모님께 드릴 용돈을 의논하는 것 자체가 아름다운 효심이라고 생각합니다. 이런 경우 돈의 많고 적음이 사랑의 무게가 될 수 없겠지요. 부모님께서 생활 걱정을 안 하실 만큼 여유가 있다면 부모님 이름으로 은행 적금을 들어드리는 게 어떨까요. 3년 기간의 1백만원짜리라면 월 2만5천원 정도 부으면 되고, 이 정도 액수는 32만원 봉급의 신혼 가게에 큰 부담이 안 될 것입니다.

　"부모님이 잘 길러주신 덕에 잘 살아가고 있는 저희들을 지켜봐 주세요"라는 인사와 함께 통장을 드리면 자식 보듯이 늘 기쁘게 보실 수 있지요.

부모님께 용돈을 드리는 일은 젊은이들이 잘 신경을 써서 혹시라도 슬픔을 드리지 않게 해야 합니다. 사람이 나이가 들면 공연히 섭섭함을 느끼게 되고 또 아무리 자식이라도 남에게 받는 일은 비굴해지기 쉬우니까요.

질문15 혼자서만 일처리하는 남편이 미워요

두 자녀를 둔 주부입니다. 어느 날 남편이 귀가해서 하는 말이 "더 이상 아이가 필요 없어 정관수술을 받았다"는 것이었습니다. 저 역시 더 이상의 아이를 원치 않아 정관 수술 자체에 대해선 반대하지 않으나, 그런 중요한 일을 아내와 의논하지도 않고 혼자 처리한 태도에 배신감마저 느꼈습니다. 시간이 지나도 마음이 풀리지 않는데 이 문제를 어떻게 극복해야 좋을까요.

대답 의논하는 습관을 갖도록 하세요

일생을 신실하게 살아온 가정에서 부인과 상의 한마디 없이 직장 동료에게 연대보증을 서 준 결과 처참한 노년을 맞이한 댁을 알고 있습니다. 사람에 따라서는 병이 나거나 수술을 해도 가족에게 알리지 않는 성품이 있습니다. 남편도 아마 그런 성품이신 것 같군요. 부부 사이에는 아무리 작은 일이라도 서로 의논해서 결정하는 습관을 키워가는 일이 중요하고, 어느 한쪽이 이를 지키지 않을 때는 사소한 불만이 쌓여 소외감이나 불행감을 갖게 되기도 합니다. 그러니 부인께서 "여보, 내가 당신에게 의논도 안 하고 불임수술을 받았다면 당신 마음이 좋겠어요? 앞으로는 당신 혼자 처리하지 마세요"라고 분명히 뜻을 밝히고 섭섭함을 털어버리도록 하세요.

　가끔 아내가 눈물을 흘리며 야속해 하는데 남편은 그 일이 왜 그리 아내를 화나게 했는지 이해를 못해서 어이없는 얼굴로 앉아 있는 경우를 주변에서 보게 됩니다. 댁의 경우 이런 경우가 아닌지 모르겠군요. 불임 수술은 아내가 하는 것보다 남편이 하는 쪽이 간단하고 덜 고통스러운데도 절대로 자기가 수술을 받지 않는 이기적인 남편들이 많습니다. 이런 남편들을 생각하면 부인의 마음은 저절로 풀리겠군요.

　그러나 '의논하지 않는 습관'은 후에 큰 가정불화로 발전할 위험이 있으므로 이번 기회에 그 점을 분명히 지적하고 개선하도록 노력하시지요.

질문16　직장을 고집하는 아내를 설득할 수 없어요

　아내는 국영 업체 관리 사원으로 있는데 보수는 그리 많지 않습니다. 직업 환경도 나쁘지 않아 결혼 후에도 이제까지 계속 근무하고 있습니다. 그러나 요즘 5살, 7살 된 두 남매가 갑자기 버릇이 나빠지고 성적이 뚝 떨어져 걱정입니다. 제 생각에는 아내가 직장을 그만두고 아이들 교육에 전념해 주었으면 하는데 아내는 직장을 그만둘 수 없다고 합니다. 우리집은 제 월급만으로도 충분히 살 수 있으며 아내의 직장은 장래성이 있다고 보기 힘듭니다. 아내를 설득할 방법이 없을까요.

「36세의 남편」

대답　집에서 아이들을 돌보게 하시지요

　끝이 분명히 있는 인생살이에서 주어진 환경 여건을 십분 활용하여 자신의 능력과 자질을 다양하게 발전시켜 보고 싶은 부인의 심정은 충분히 알만합니다. 그러나 아내의 직업이 놓치기 아까운 전문직이 아니고 자신이 돈을 벌지 않아도 가정 경제에 어려움이 없다면 직장을 그만두고 아이들을 돌보는 게 어떨까요?

따뜻한 애정 속에서 자란 사람과 애정이 부족한 속에서 성장한 사람은 크게 다릅니다. 사랑을 주는 방법과 사랑을 받는 일에 익숙치 못하면 사람을 불신하고 인간에게 믿음을 못 가지는 성격이 되기 쉽지요. 자녀를 사랑하고 따뜻한 가정에서 키우고 싶다는 남편의 요망이 이기심에서 나온 게 아닐진대 그 말을 따르는 게 좋겠지요.

그러나 스스로 마음 내키지 않는 강요된 선택은 바람직하지 않으며 그렇게 직장을 그만둔다 해도 좋은 어머니가 되기는 힘들 것입니다. 그러니 아내에게 강요하지 말고 아내의 입장에서 충분히 생각해 본 후 대화를 나누도록 하시지요.

한발 먼저 늙은 사람으로서 말씀드리고 싶은 것은 노년에 편안한 마음으로 자식들을 바라보는 것처럼 안심되는 일은 없다는 것입니다. 댁의 자녀에게 '문제'가 있다고 생각되진 않지만 무조건 직장을 가져야만 '자아실현'이 된다는 젊은 여성들의 주장에 노파심에서 나온 염려를 해보는 것입니다. 잘못 자라 고통을 겪는 자녀를 늙어서 바라보게 된다면 그 이상의 불행이 없다는 걸 말씀드리고 싶군요.

질문17 시어머니 언행이 거칠어 몹시 언짢아요

저는 외국 유학 중 남편을 만나 결혼하였습니다. 귀국하고 보니 자수성가한 남편의 가족들이 모두 거칠고 시어머니의 요구와 간섭은 때때로 폭력에 이르기까지 해 망연자실할 지경입니다. 이런 상태가 저의 자식들로 하여금 아빠를 경멸하게 만들까봐 겁이 납니다. 대처하는 방법을 상의드립니다.

「서울에서」

대답 인내, 연민으로 극복해 보세요

가난하고 예절과 질서가 없는 집안에서 태어났으나 자기 자신을 자기 교육으로 길러서 우수한 여성을 아내로 맞아 일가를 이룬 경우 피차에 어려움이 많은 것을 주변에서 흔히 봅니다.

그러나 혈육이기 때문에 어쩔 수 없이 서로 적응하려고 노력해야겠지요. 자식 것이 내 것인 양 당연하다는 듯 도움을 요구하고 간섭하려는 칭칭 감긴 소란 속에서 시집살이를 해온 한 부인이 "이 세상에서 제일 무서운 것은 무지더군요" 하고 눈물짓는 것을 보았어요. 이럴 때 가난과 무지에 대한 배우고 가진 자의 태도는 한없는 연민이어야 합니다.

무지한 상태에서의 폭력은 흥분할수록 더욱 커집니다. 무지에 대처하는 가장 좋은 방법은 이성적인 정중함밖에 없습니다. 무지한 상태와 맞서서 욕을 해보세요. 이쪽에서 금세 밑천이 떨어지고 맙니다. 그러나 정중하게 "그러세요. 저러세요" 하고 예절바른 고운 말로 나오면 이번에는 상대의 밑천이 떨어지게 되지요. 너무 이성적이면 모가 나고, 감정에 흐르면 흥분하기 쉽고, 고집을 세우면 편치 못하다고들 합니다. 지정의(知情意)가 조화를 이루어 이성적인 태도가 한번 몸에 자리잡으면 언제 어디서나 어느 누구나 함부로 할 수 없는 의연함을 갖게 되는 것입니다.

무지한 사람의 부끄러운 태도는 용서가 되지만 교육받은 사람의 흉한 태도는 지울 수 없는 경멸이 됩니다. 떨쳐버릴 수 없는 혈연의 정으로 괴로움을 받는 외로운 남편을 같이 아파해 주세요. 시댁은 부인 자녀들의 뿌리가 됩니다. 내 자식을 위해, 내 남편을 위해 연민과 사랑으로 시댁 가족을 대하다 보면 순조로운 관계에서 결코 얻을 수 없었던 뜨겁고 진한 사랑의 관계에 이를 수도 있을 것입니다. 힘드시겠지만 깊이 깊이 마음을 다지고 노력하세요.

질문18 어린 딸이 성폭행을 당해 죽고 싶습니다

가난하지만 착하고 공부 잘하는 자식들을 정성껏 키우려고 노력해 온 아버지입니다. 그런데 얼마 전 마을 뒷산에 놀러갔던 딸애가 친구와 함께 불량배에게 추행을 당했습니다. 아직 어린 딸애가 그 일로 인해 평생 겪을 아픔을 생각하면 온 식구가 같이 죽고 싶을 뿐입니다. 우리 가족은 앞으로 어떻게 하면 좋을까요.

「경기도에서」

대답 밝게 지내도록 관심을 가져주세요

먼저 부모님이 빨리 이성을 찾으셔서 대처하셔야 되겠습니다. 사회가 날로 험해짐에 따라 강도나 불량배에게 추행을 당하는 경우가 늘고 있습니다. 이런 일은 사고일 뿐이니 그 일로 인해 더 이상 불행해 하면 안 되겠지요.

어릴 적의 기억은 환경이 바뀌고 세월이 흐르면 망각할 수 있으므로 부모님의 지나친 자학적 행위는 오히려 자녀에게 잠재의식으로 남아 어린이를 위축시키게 되니 조심하세요. 부모가 자주 수군거리거나 가까운 가족들의 참견이 없도록 어른들이 빨리 잊어 주셔야 합니다. 자기 뜻이 아니라 남에 의해 강요당한 불행을 겪은 사람은 고통이 클수록 나중에 크고 깊은 성장을 하는 경우도 있습니다.

그 어린이의 남다른 경험도 훗날 도리어 심성 깊은 인간 성장으로 이어질 것을 믿으시고 어른들의 선입관에서 나오는 극단적인 근심을 거두세요. 되도록 아이가 밝게 지내도록 늘 신경을 쓰시되 부모의 걱정하는 마음을 내보여서는 안 됩니다.

가까운 친척에게라도 더 이상 의논하지 마시고 부모가 굳게 고통을 이기세요. 사고를 사고로 잊어버리되 사고를 당한 아이에게 후유증이 남지 않도록 의사나 간호원처럼 잘 지켜보셔야지요.

질문19 친정 흉보는 식구들 때문에 괴로워요

저의 시어머니는 저를 앞질러 제 남편의 뒷바라지를 하시며 제 친정아버님의 허점(사업 실패로 부도냄)을 저의 어린 아들딸에게 되풀이 해서 밝히곤 합니다. 요즈음에는 남편까지 합세해서 친정의 흉을 보니 견디기 힘듭니다. 어떻게 이 고통에서 벗어날 수 있을까요?

「35세 주부」

대답 대화와 편지로 납득하게 해보세요

자식 부부 사이에 끼어들어 며느리가 해야 할 자식의 수발을 가로막고 나서는 주책없는 시어머니가 되지 않으려면 일찍이 40대부터 모자관계에 대한 자기 훈련이 있어야 합니다.

또 며느리나 아내 자신의 허점이 아닌 처가 식구들의 잘못을 꼬집는다는 것은 억지에 가까운 비겁한 일이지요. 더구나 자라나는 어린아이들 앞에서 혈연이 아니라도 보고 들어서 좋을 일도 아닌 외할아버지 흉을 보는 것은 내 손자의 교육을 위해서도 바람직하지 못합니다.

남편의 잘못된 효 의식이 아내를 적막하게 하고 자식에게 혼돈을 주고 있음을 남편에게 대화로 납득시켜 보세요. 막무가내로 교양 없이 치닫거든 말로 싸우지 말고 편지로 해보세요. 남편도 아마 자기 나름대로 고민을 하고 다시는 하지 말아야지 하고 다짐도 하지만, 자신도 모르게 아내를 괴롭히는지도 모릅니다. 이 세상 남편 중에는 의지할 수 있는 대상이 못되는 남편도 있다는 점을 아셔야 합니다. 더 현명한 시선으로 그분들의 인간적인 원색적 노출도 연민과 이해로 받아들이고, 독립된 자기 세계에서 허물어지지 마시고 도움 없이 자신을 구출하시기 바랍니다. 그래도 화초 부인보다는 현부인 쪽이 갈등이 없는 법이지요.

질문20 혈연 소용돌이 속에서 불면의 나날을 보내

2남 1녀를 둔 48세의 주부로서 80대의 시부모를 모시고 있습니다. 시댁이나 친정이나 형제가 많아서 고부간의 갈등과 동서간, 친형제간의 얽히고설킨 소용돌이 속에 정신을 차릴 수 없이 살아왔지요. 그런데 언제부터인지 불안하고 잠이 안 오고 말도 간간이 더듬게 되었으며, 만사가 허전하여 살고 싶지 않습니다. 병원에 가 보았으나 이상이 없다고 합니다. 자식들에게도 마음 붙이기가 어렵고 어찌해야 좋을지 모르겠군요.

「충주에서」

대답 노화 탓이니 스스로 격려해야지요

부인은 아마도 나이 들고 있는 게 아닐까요. 보이지 않게 서서히 찾아오는 늙음을 우리는 절대로 인정하고 싶지 않지만 어쩌겠습니까. 어떤 귀부인이 말하기를 "하나님의 자비로우신 배려로 늙음이 우리 자신도 모르게 서서히 온다"고 하더군요. 매일 조금씩 늙어가는 변화는 눈에 보이지 않으나 몇 달 만에 몇 년 만에 만난 사람은 "지난날 아름답던 나의 친구는 어디가고 여기 분장한 늙은 사람이 있지?" 하며 놀랍니다. 첫 며느리를 보기 전, 40대로 들어서면서 먼저 해야 할 일은 자신의 보이지 않는 노화를 인정하고 그에 대한 정신적인 준비를 하는 겁니다.

가장 먼저 해야 할 준비란 부모와 자식의 시대는 분명히 다르다는 것을 인정하고 과거의 부모 시대에 연연하지 않는 것입니다. 오늘의 젊은이들은 지금 시대에 적응하느라고 무척 힘겹고 벅찬 형편이라 부모를 외롭지 않게 돌봐 줄 여유가 없지요.

둘째로는 자식의 재산과 소신은 자식 것이라는 걸 미리 깨달아야 합니다. 멀리 날아간 과거보다는 오늘을 지혜롭게 살 수 있도록 자신을 격려·칭찬하고 스스로 대견하게 생각하도록 하세요. 스스로를 격려하다 보면 늙음의 적막이란 있을 수 없고, 지금까지 열심히 살아온 자기 자신에 대해 보람을 되찾으며 노년을 설계할 수 있게 된다고 봅니다. 그것은 한발 먼저 늙은 제 경험이기도 하지요.

질문21 딴 여자 만나는 남편 때문에 괴로워요

1남 2녀를 둔 단란한 가정의 주부입니다. 그런데 52세 된 남편이 요즈음 딸과 같은 나이의 여자와 만나고 술을 많이 하면서 돈까지 마구 씁니다. 자식들 보기가 민망한데 어찌하면 좋을까요.

대답 자신있게 대처해야지요

"나이 불과 50살에 '영감'소리 웬 말이냐. 마누라 잔소리 귀에 싫어 더는 못살겠네"라고 쓴 남편의 낙서를 읽고 깜짝 놀랐다는 주부를 본 적이 있습니다. 결혼 생활을 하는 동안 몇 번의 위기가 있습니다만 중년에 맞는 위기는 서로가 당황하게 됩니다.

결혼 계약이란 남편하고 한 것이지 제3의 여인과는 상관이 없습니다. 우선 이 점을 명심하고 행동해야 합니다. 늙어서 가난하다든가 병으로 고생이 심할 때, 또는 장성한 자식 일로 마음 고통이 클 때 등등, 환경에 따라 보기 좋고 귀하게 늙기가 어렵습니다. 짝을 잃고 혼자 늙을 때의 적막감은 더욱 크지요. 부군께서 늙음을 타지 않게 세심한 뒷바라지가 있어야 합니다.

때가 늦으면 자식까지 낳아서 어쩔 수 없는 기정사실이 됩니다. 날아간 세월만큼 앞날은 짧아진다는 것을 남편과 미리미리 정담으로 서로 위로하고 원망보다 우정을 되찾아야 합니다. 이 경우의 외도는 향락이라기보다 인정하고 싶지 않은 자신의 늙음에 대한 허망한 서글픔 때문인 경우가 많으니, 장성한 자녀들 앞에서 문제 삼지 말고 자신있는 태도로 훤칠하게 대처하시면 합니다.

질문22 퇴직 남편의 심한 잔소리에 너무 힘겨워요

56세의 주부입니다. 정년퇴직한 남편이 집안을 따라 다니면서 개밥 주는 것까지 시시콜콜 잔소리를 하여, 저는 하루 종일 참느라고 몸살이 날 지경입니다. 다 자란 자식들 앞에서 싸울 수도 없고 어쩌면 좋을지요.

「충주에서」

대답 일 잃은 심정 이해하셔야지요

행복한 마음이 되는 조건은 일과 휴식과 사랑과 존경이 평형을 이룰 때라고 합니다. 일과 휴식과 사랑은 자기가 할 수 있으나 존경은 남이 해주는 것이니 행복하기란 참으로 어렵습니다.

일터를 잃어버린 부군께서는 얼마나 허망하고 착잡하겠습니까. 자신도 모르게 안정감을 잃고 허우적거리는 심사가 짜증과 간섭으로 표출이 되어 개밥이 차다, 생선뼈가 들어 있다는 등 사사건건 투정을 하게 되는 것이겠지요. 부군의 심정을 어머니 잃어버린 젖먹이의 마음일 것이라고 이해하세요.

"그 동안 하신 일이 얼마나 대견합니까? 참 장한 정년퇴직이니 편히 쉬세요" 하고 위로하셔서 긍지를 가지고 보람 속에 휴식을 취하게 하면 간섭도 줄어들 것 같군요. 같이 하실 만한 집안일을 분담시켜드리면서 "당신만 늙은 것이 아니라 나도 같이 늙어가고 있으니 서로 대견해 하며 위로하고 삽시다"라고 권해보시지요.

김치 담그는 부인 옆에 앉아서 마늘 까주는 남편이 곱게 보이는 나이이며 그런 시대가 아니겠습니까?

질문23 외아들 장가 안 가겠다는데…

60대의 어머니입니다. 37세의 외아들이 독신으로 살겠다고 하여 대가 끊길까봐 근심하고 있습니다. 아들에게는 혼자 살아야 할 이유가 없는데 아들은 혼자서 자유롭게 사는 쪽이 좋다고 합니다. 아들을 설득할 수 있는 방법을 알려 주십시오.   「신씨 할머니」

대답 자식에게 맡겨두세요

자식이 37세나 되었는데 돌보아 줄 아내가 없다는 건 참 안타까운 일이지요. 그러나 대가 이어지고 안 이어지고는 사람의 힘으로 되지 않는 자연의 섭리지요. 우선 청년이 결혼하지 않고 독신으로 있겠다는 데는 여러 가지 이유가 있을 수 있겠습니다. 높은 이상을 목적으로 전념하기 위해 처자를 돌볼 수 없다는 이유도 있겠고, 곱게 자란 남의 집 딸 데려다 행복하게 해 줄 자신이 없다는 경우도 있지요.

나에게도 '노총각'인 아들이 있는데 아들을 설득하다 지친 나 자신은 이렇게 생각하기로 했습니다. 우리들이 자식을 기를 때 자식 스스로 자기 관리를 할 수 있는 교육을 해 왔다면, 성인된 자식이 부모 모르는 곳에서 사회와 책과 타인을 만나며 자기가 선택하고 자기 인생을 책임지는 것이 아닐는지요. 그러므로 부모는 때때로 우정어린 충고는 할 수 있어도 결혼만은 어느 부모도 행복한 결과를 보장할 수 없으므로 억지를 부릴 수 없다고 생각합니다.

물질에만 네 것과 내 것이 있는 것이 아니라 소신에도 분명 주인이 있으니 어찌합니까? 대가 이어지는 걸 부모 생전에 보고자 함은 부모의 이기라고 스스로 생각하면서 우리들이 그 문제를 얼마간 잊어주는 것이 좋을 듯합니다.

장성한 자식 문제로 괴로워하는 부모님을 많이 봅니다. 그러나 우리가 만일 어제 이 세상을 떠났다고 가정한다면 어떻게 오늘 내 자식을 책임지겠습니까. 늙어 가면서 부모님들도 빨리 자기를 훈련해야겠다는 생각입니다. 그것은 자식들에게서 한발 물러서 이기를 버리고 자연의 섭리가 있음을 믿는 훈련입니다.

질문24 장남하고 사는데 소외감을 느껴요

나는 5남매를 남부럽지 않게 길러 다 결혼시키고 장남과 살고 있는 노인입니다. 아들은 매일 늦게 돌아와서 저희 내외와 아이들끼리 떠들썩하고는 내가 같이 살고 있는 것을 잊었다는 것처럼 보입니다. 아침에는 밥도 먹는 둥 마는 둥 회사로 달려가 버리니 말 한마디 붙일 틈도 없군요. 그러니 사는 보람도 없고 허전해서 딴 노인들은 어떻게 참고 사는지 묻고 싶어요.

「61세 할머니」

대답 홀로 시간을 관리해야 됩니다

오늘의 노인 치고 부인 같은 소외감을 느끼지 않는 분은 드물 것입니다. 대가족 제도의 큰 울타리 속에서 노인 중심, 웃어른 중심으로 운영되던 가정이 어느덧 젊은 부부 중심의 핵가족으로 변하여 노인은 들러리가 되어버렸으니 어찌하겠습니다. 부모님을 지성껏 모시며 젊은 날을 보내온 우리세대로서는 특히 야속하고 이겨내기 힘든 세태가 된 거지요.

그러나 요즘 젊은이들을 가만히 보면 그들도 '편한 세대'는 못되는 듯 합니다. 기업주도 월급쟁이도 가정에서 충분한 휴식을 취할 여유가 없이 극심한 생존 경쟁 속에서 뛰고 있으니 어머님께 충분한 사랑과 관심을 바치지 못하는 것이지요. 우리 세대의 가장들은 자기 고장에서나 움직이며 가족을 먹여 살렸지만, 요즘 젊은이는 세계를 상대로 뛰지 않으면 안 된다고나 할까요.

섭섭하신 마음에서 벗어나 아드님을 이해하려고 해보세요. 아들, 딸들이 우리 노인들 걱정하지 말고 훨훨 자유롭게 일할 수 있도록 끈끈한 혈연을 놓아주는 것이 어떨지요.

오늘 부인의 처지는 우리 시대 노인들의 공동 문제이니 부인만의 보람 없는 결과는 아닌 듯싶습니다. 삶의 의미는 자녀들의 오늘의 결과에다 멈추고 남은 시간을 홀로 관리할 지혜를 생각해 보세요.

이것은 우리들의 문제만이 아니라 '예비 노인'인 그들의 문제이기도 하지요.

질문25 모시기 꺼리는 둘째아들

68세의 할머니입니다. 5년 전 둘째 아들을 따라 미국에 건너와 살고 있습니다. 얼마 전 심장 수술까지 받고 재미있게 살고 있으나 둘째 아들이 무슨 말끝에 "어머니는 형님이 책임지는 것이 옳지 않는가?"라고 하더군요. 경제력 없는 나는 집을 나가 혼자 살 수도 없고 어쩌면 좋을까요. 한국으로 가야할지 결정이 어렵습니다.

「LA에서 할머니」

대답 큰아들과 상의해서 결정하세요

아마도 부인의 차남 생각에는 궁극적인 부모 부양책임은 맏아들에게 있으나 어머니의 병은 자기가 미국에서 고쳐드리고자 했을 것입니다. 수술이 무사히 끝나 즐겁게 사시는 것을 보고 "이제는 안심할 수 있으니 한국에 나가셔서 장남하고 사시면 어떨까" 하는 생각이 난 것이 아닐까요.

듣기로는 미국이란 나라는 한시도 놀고먹기가 어렵다고 합니다. 아드님 내외가 어머니 병환으로 많은 부담을 치르고 보니 어머니 스스로 귀국을 결정해 주었으면 하는 것이 아닐는지요.

섭섭하다고 느끼시기에 앞서 이해 깊은 눈으로 상황을 보시기 바랍니다. 노인이 한 분 더 같이 산다고 해서 얼마나 더 부담이 될까 싶지만, 거처하는 방도 하나 더 있어야 하고 한 사람 분의 식비, 의복, 광열비 등 제반 비용이 더 듭니다. 부모가 자식을 길렀다는 것과 관계없이 젊은이들의 출발에 짐이 무거워지는 건 사실입니다. 그러니 긴 심장 수술과 병후 간호로 지친 둘째 아드님께 휴가를 좀 주시고, 한국의 큰아드님 댁에서 머무시도록 결정하시는 게 좋을 것 같네요. "너희 동생이 내 병을 고쳐 주었으니 이젠 한국에 돌아가고 싶다"고 형제간의 우애가 상하지 않도록 큰아들과 상의해 보시지요.

늙어서 제일 으뜸가는 좋은 운은 자식과 같이 살면서 일일이 생활 걱정하지 않아도 되는 경우입니다. 행여 섭섭하다고 훌쩍 집 나가시지 마세요. 경제력이 있다고 독립하는 노인은 자식과 같이 살 수 없어서 택하는 차선의 방법입니다. 혼자 사니까 자유로워서 좋다는 것은 같이 살 수 없어서 자기의식을 그렇게 훈련하는 것일 뿐이지요.

질문26 삶의 방향 찾지 못했는데…

저는 대학 4학년생입니다. 머지 않아 졸업을 하게 되고 군대 생활도 마쳤으나 아직 삶의 방향과 가치를 찾지 못했습니다. 어떻게 하면 찾을 수 있을까요.

「방문 상담 대학생 4명」

대답 이기적이지 않은 기준으로 선택을 해보세요

중학교 2, 3학년 때쯤의 사춘기에 사랑을 느껴 본 일이 있는지요. 확실히 나는 이것을 사랑했노라고 말 할 수 있는지요. 사람은 남녀간의 사춘기가 되면 어렴풋이 무언가 사랑하고 싶은 갈망이 생깁니다. 이때 아주 곱게 사랑하는 대상을 찾는다는 것은 참으로 중요한 일입니다. 사랑의 대상이 동성간의 친구일 때는 많은 대화와 토론으로 서로의 성장에 큰 영향을 주게 되고, 사랑의 대상이 이성일 때는 능동적인 경우와 수동적이거나 내성적인 경우 처리가 다르지만 역시 큰 영향을 받는다고 생각합니다. 사춘기의 사랑이 조국과 사회로 향할 때 그것은 매우 소중한 삶의 결정으로 자랍니다.

자기 사랑에 눈이 떠서 자기 자신의 주인으로서 자기 교육에 몰두하는 경우도 있습니다. 맹렬한 독서를 하는 경우도 있고 부모나 주위 환경 또는 사회성의 영향으로 배금(拜金)사랑이 되는 경우도 있습니다.

이 사춘기의 사랑의 향방이 인간됨의 가치관에 절대적 비중이 됩니다. 울적하고 짜증 잘 내고 방황하는 청소년에게 사랑의 대상을 잘 찾아주면 또는 인도해 주면, 스스로 자신의 가치 기준을 확립하면서 방황과 갈등에서 풀려나게 됩니다. 그러므로 학생들도 가장 관심 있는 사랑의 대상과 가치 기준을 선택해 보세요.

그러나 자신의 능력은 자기만이 압니다. 너무 이기적이거나 타인의 눈을 의식한 허세이거나 보이지 않는 내면의 외로움에 상대적으로 영합이 되는 선택이어서는 안 되지요. 남이 가는 길을 보지 마세요. 어디서 무엇을 해도 능력껏 나의 길을 가면서 자기 내면세계에 정직한 자신의 인정만이 긍지가 됩니다. 이제 남은 것은 선택이군요.

우연한, 참으로 우연한 인연으로 기회를 만나 1985년 1월 6일 일간지의 〈새해 연간 기획〉에 「최을경 할머니와 의논하세요」라는 상담칼럼을 맡아달라는 부탁을 받았다.

10일에는 〈여성초대석〉란에 남의 문제를 같이 걱정하는 상담자로서 구체적인 인터뷰기사가 보도되고, 그 후 곧 시작된 지상 상담이 9월 7일에 대학생들의 진로와 가치관에 대한 방문토론을 끝으로 칼럼을 마감했다.

대학생들과 진로와 가치관에 대한 토론대화를 하고 있을 때 나는 이미 필체와 음성과 사람 됨됨이에서 개체가 자기 운신, 경험, 선택에 생년월일에 따라 성격적으로 작용하는 자연 관리를 발견, 분류할 수 있었기에 더 이상 상담의 글을 쓸 수 없게 되었던 것이다.

이 시점에서 문제에 대한 진단이 다른 사람들에게 모두 적용될 수 있는 절대적인 해답이 될 수 없다는 것을 느끼고, 이 때부터 개인에 대한 연구를 더 깊이 하기 시작하였다. 여기에서 나온 것이 앞서 설명된 데이터에 의한 내용이다. 그래서 개별 면담을 통하여 상담을 해주는 것이 가장 바람직하다고 여겨 직접 편지를 쓰거나 전화를 이용하였다. 그러면서 오랜 실험과 통계 작업을 통하여 나름대로 확고한 믿음을 얻은 '자연의 인간관리' 원리를 터득하게 되었던 것이다. 4남매를 둔 수수한 가정주부로 '주역'을 읽은 것은 중년에 접어들어 늙음과 죽음을 생각하면서였다. 갈등과 회의로 선택에 정신을 집중하고 나서 경건한 마음으로 팔괘를 던져 나오는 괘의 모양에 따라 그에 해당하는 글을 읽어보는 주역은 하나의 교양 수양서이며 그 행위는 제비를 뽑는 행위와 같다고 느꼈다. 괘의 풀이는 현실 자연의 관리 제약을 받고 있는 개개인의 처지와는 상관없이 인간 수양의 길잡이로 읽을 양서이기는 하나 점을 치는 의뢰심을 갖게도 한다.

지상에 발표된 상담만으로도 반응은 대단했다. 전세계로 보내지는 일간지의 독자로부터 멀리 캐나다, 미국, 남미의 브라질, 중동의 건설 현장, 서해 5도의 해병, 동남아의 인도네시아, 전국 방방곡곡에서 수천 통의 편지에 답장을 쓰고 무수한 전화를 받고, 줄 이은 방문에 응하게 되면서 KBS1, KBS2, MBC, 3개 방송에 소개되기에 이르렀다.

이상의 기술은 앞서의 연구가 허술히 경험된 것이 아님을 강조하고자 하는 것이다.

이한아 양의 편지

안녕하세요?

우선 제 음력 생일은 1981년 12월 5일입니다. 이름은 이한아이고 고1여학생입니다. 솔직히 전 인간 본연의 문제를 인간이 해결할 수 없다고 생각해 왔고, 앞으로도 그럴 생각이에요. 하지만 전 요즘 너무 복잡하고 '모든 것이' 초라해 보여 아무한테나 매달리고 싶은 걸요. 왜 우린 삶을 살아야 하죠? 살면서 더욱더 고통스러워질 뿐인데, 많은 사람들도 그렇게 생각하잖아요. 저도 어렸을 때가 지금보다 행복했고, 선생님들도 학창 시절로 돌아가고 싶다고 말씀하시죠. 마음먹기에 달려 있다는 말은 받아들이기 힘들어요. 전 나약한 인간일 뿐이에요. 환경의 영향을 그대로 받아들이는.

저는 좀더 커 보이고 싶어요. 평범해지기는 싫어요. 솔직히 전 대학이라는 곳에 가보고 싶어요. 그곳은 좀더 자유로운 환상의 세계일 것 같아요. 근데 웃기는 건 제 소질을 여태 발견하지 못했어요. 이제는 뭐 별로

하고 싶은 것도 없고 잘하는 것도 없어요. 만약 있어도 그건 취미일 따름이지 특기가 될 수는 없고요. 전 '대학'이라는 곳에 들어가도 방황하고, 주변을 두리번거리며 그렇게 지낼 것 같아요. 신이 누구에게나 한 가지씩 잘하는 걸 주셨다고 하는데, 전 17년 동안 그걸 찾지 못했어요. 사람들 아니 주변 사람들이 그러는데 전 모든 걸 부정적으로 바라본데요. 저도 70%정도는 공감해요. TV를 보고, 신문을 읽고, 눈에 보이는 것 모두를 바라보는 제 시각이 조금 삐딱한가 봐요.

「이한아(고1, 경남 진해시 진영읍)」

(문제 하나) 날로 고통스러워지는 삶을 굳이 유지해야 하는 이유가 무엇인가요?

(문제 둘) 저는 너무 평범한데 제가 꾸는 꿈과 희망은 너무나 원대해요. 공부는 열심히 하지 않고 허황된 결과를 바라는 저를 도저히 용서할 수 없어요.

(문제 셋) 세상에 신은 있나요? 신이 있다면 왜 이렇게 세상이 불공평하냐고 묻고 싶어요.

한아 양 보세요.

'하나'가 아니고 '한아'라는 이름이 참 세련되고 예뻐요. 한아 양은 사랑의 별자리에서 아빠 엄마의 큐피드 화살을 받고 성장했나요? 의식주가 보장되는 것과 사랑의 화살을 받는 것은 의미가 다릅니다. 시각이 비판적인 것은 흔히 말하는 삐딱하다는 것과는 달라요. 이 세상 만물은 플러스(+)와 마이너스(-) 양면으로 구성되어 있답니다. 긍정 시각과 부정 시각, 시비(是非) 양면의 시각이 있어 서로 타협하고 발전해 가는 겁니다. 한아 양 스스로가 말한 70% 긍정은 부정적 시각(사고)에 공감하는 것이지요. 이제 세 가지 문제를 살펴보기로 해요.

첫째, 날로 고통스런 삶을 유지하는 이유

'새옹지마(塞翁之馬)'를 배웠지요. 옛날 중국 어느 고장의 새(塞) 氏 할아버지에게는 외동아들이 있었답니다. 어느 날 집에서 기르던 말이 외양간에서 없어졌어요. 온 동네 사람들이 몰려와서 "영감님, 얼마나 상심이 큽니까?" 하고 위로를 하니 "불행 뒤에는 좋은 일이 있으니 기다려 보자"고 했습니다. 며칠 후 희한하게도 없어진 말이 돌아왔습니다. 그것도 다른 말을 한 마리 데리고 돌아왔습니다. "어이구, 영감님이 얼마나 횡재입니까?" 하고 모두들 부러워하니, "아닐세, 무슨 불행이 또 있을지." 며칠 후 돌아온 말을 타다가 외동아들의 다리가 부러졌습니다. "아이구 이 일을 어쩌지요" 하고 위로하니, "사람의 일은 두고 보아야 해"라고 대답합니다. 장애인 아들이 청년이 되었을 때 전쟁이 일어나 많은 청년들이 전장에 끌려가고, 새 씨의 외아들만이 살아남았습니다.

한아 양, 불행과 행운은 종이 한 장 사이에서 삶의 올을 짜고 나갑니다. 가로와 세로로 정자와 난자가 만나서 생명체가 되는 의미가 감사하지 않나요. 생명(生命), 살아 있다는 것, 그 의미를 긍정적으로 보는 사람에게는 '고통'이 도약을 위한 삶의 스프링으로 느낍니다. 반대로 생명체에게 주어지는 '고통'을 부정적으로 보면 그 고통은 저주 대상이 되지요. 그러나 인간으로 태어나서 유구히 지속되는 인간사에 무엇인가 자기 나름의 기여(寄與)를 하고 영원 속으로 사라지는 것으로 우리 삶을 바라 볼 수도 있잖아요. 이렇듯 시각의 차이, 곧 아름답다고 느끼고 가는 사람, 허무하다고 살고 있는 니힐리스트들과의 시각차(視覺差)

는 플러스 마이너스가 양립하여 있습니다. 부정적 고발과 비판에 충실하던 김대중 대통령을 보세요. 긍정 시각을 가진 통치자들의 뒤를 이어 그 기반위에 섰지요. 이처럼 '긍정팀'과 '부정팀'은 씨줄 날줄이 창조하는 인간 역사의 양쪽 '올'이었음을 역사는 증명하고 있습니다. 한아 양에게 주어진 역할은 부정적인 시각으로 비판하고 고발하면서 준비에 열정을 쏟으세요.

둘째, 한아 양은 너무 평범한데 꿈은 크다?

자신이 평범한지 아닌지는 아직 모릅니다. 문제 제기 솜씨를 보면 평범하지는 않은 듯해요. 한아 양은 "영리하고 예민"하며 "상대 비위를 잘 맞추어서"(相對 迎合) 일을 성사시키는 능력이 있으며, "자신을 귀하게 대접받고자 하니" 천박하지 않으나 "마음이 쓸쓸하고 우수가 몸 안에 있어서 때때로 불평"이 있습니다. 너무 이기적으로 불평하기보다 귀티 나는 판단력으로 좋은 성과를 얻으세요.「한아 양의 음력 생일은 81년 12월 5일로, 해 성분은 달(酉, -), 월 성분은 원숭이(申, +), 날 성분은 쥐(子, +)입니다.」

CASE SPECIAL에서 소개한 성분 분석 결과임 -편집자

셋째, 세상에 신은 있나요?

한아 양! 자신의 힘으로 어려운 일을 만날 때면 기도하고 싶어집니까? 사람이 기도하고 싶은 마음, 푸른 하늘 저 멀리 무엇인가 기원하는 마음의 대상이 바로 신입니다. 신이 있느냐 없느냐의 문제가 아니고 기도하고 싶은 경건성이 사람 몸에 있어서입니다. 그러나 사람은 신이 아닙니다. 기도하고 싶은 이성이 있지요. 생명체마다의 이성이 있는 곳

에 배어 있는 경건성이 창조의 위대함에 고개를 숙이는 겁니다. 불공평하다는 생각은 아직 하지 마세요. 나이가 들고 늙어보면 삶의 색깔과 질이 다를 뿐이고 사람에게 주어진 고통의 양에 있어서 만인이 평등하다는 걸 깨닫게 됩니다. 결국 사람은 똑같이 늙은 사람으로 남습니다. 이 세상에 부러운 인생은 없다는 것을 살고 나서 깨닫게 됩니다. 지금 꿈 많은 젊은 청소년은 경험을 사랑하고 뜨겁게 훗날을 위한 준비를 즐겁게 하며, 스스로 대견해 하세요. 남보다 커 보이고 싶다는 소원이 있다면 분명하게 자기가 원하는 사람이 되기 위한 준비가 있어야 합니다. 김대중 대통령이 준비된 나를 뽑아 달라고 했지요. 준비된 자 앞에 기회는 정확하게 때가 되면 찾아옵니다.

― 1월 15일 동산에서 최을경 할머니가 ―

양현주 양의 편지

최을경님께 올립니다.

전 별자리 점이나 관상, 초능력, 예언 이런 것들에 흥미가 많아요. 근데 제 주위엔 자료가 별로 없어서 많이 알고 있진 못합니다. 그런데 CASE SPECIAL에 있는 별자리 찾기를 보고 나니까 제 호기심이 발작을 일으켜서 이렇게 편지를 띄웁니다. 알고 싶은 건 무지 많은데 IMF 시대에 종이를 아껴 써야 하니까, 또 선생님의 쉬는 시간을 제가 다 뺏을 수 없어서 몇 가지만 여쭤볼게요.

먼저 제 자신과 가족들에 대해서 좀더 자세히 알고 싶어요. 전 음력으로 81년 2월 21일에 태어났어요. 그리고 우리 아버진 49년 5월 11일, 어머니는 56년 2월 6일(우리 가족 가운데 유일한 전위팀의 완벽주의자에요), 또 오라버니는 78년 10월 29일이지요. 그런데 저는 별자리를 찾아보고 좀 놀랐어요(CASE SPECIAL에 소개한 자료 -편집자). '나무자리'인 저를 제외한 나머지 식구는 '불자리'였거든요. "그랬구나!" 하는 생각이 절로 들었어요. '치사랑'밖에 없는 건 당연하네요. 타 죽지 않으려면, 나머지 식구들의 희생양(?)이 되지 않으려면 어떻게든 잘 보여야 하니까요.

저는 중3 때부터 변하기 시작했어요. 세상을 보는, 받아들이는 가치관이 확 바뀌어 버렸어요. 모든 것이 제겐 부정적으로 보였어요. 그래서 부모님께 반항하기도 하고 친구들에게 쌀쌀맞게 대했어요. 연합고사 치기 전까지는 무척 심했어요. 요즘엔 감정 조절을 잘하고 있지만 겉으로만 그렇고 부정적인 시각은 여전해요. "인간이라는 이중적인 존재가 싫어!" 얼마 전부터 제 마음속에 자리잡은 생각입니다. 요즘 친구들이 절 보고 많이 달라졌다고 말해요. 좀 활발해져서 좋은 면도 있지만 옛날의 순수하고 때가 묻지 않은 모습이 오히려 좋다나요. 선생님! 아빠, 엄마와 같은 자리인 오빠는 어떻게 해석해야 하는지, 우리 가족 가운데 유일한 전위팀인 엄마가 앞으로 어떤 가능성이 있는지 얘기 좀 들려주세요.

「양현주(고1, 경남 창원시 용호동)」

현주 양 보세요.

현주 양의 독해 능력에 매우 기쁘답니다. 여러 명의 편지를 읽어본 결과, 현주 양의 가족 상황 진단이 아주 정확하였습니다. 곽 기자가 CASE에 소개한 기사가 대단히 정확해서 가족의 별자리와 현주 양의 어머니가 전위팀 포지션이라는 것을 진단한 게 아닌가 싶어요. 할머니는 현주 양의 편지를 읽고 기쁨에 환성을 울렸어요. 왜냐하면 할머니가 연구한 내용은 그 동안 사회에 제대로 공개가 되지 못한 채였습니다. 그래서 이 할머니가 없는 훗날을 위해 이 사람 저 사람 만나는 대로 알

리곤 하지만, 세상 사람들은 카운슬러가 얼마나 중요한 역할인지를 잘 인식하지 못해요. 돈이 되는 장사에만 눈길을 주거나 병원에서 마음의 병을 고친다고는 하나 그것은 임시 치료에 가깝지요. 그러나 카운셀 클리닉은 근본정신을 진단하는 분야라서 갖춰야하는 자격이 대단히 까다롭답니다.

별자리의 같은 자리 의미는 남녀노소 구분 없이 '친구' 라는 개념으로 이해하면 정확해요. 친구란 "영원히 라이벌"로, 경쟁 상대가 곧 친구 (혹은 우정)이지요. 오빠는 아빠하고 엄마하고 스스럼없이 행동하지요. 그런데 현주 양만은 그렇지 않습니다. 아빠 엄마에게는 분명하게 딸과 부모 사이로 행동합니다. 거기에 현주 양은 '아빠', '엄마', '오빠'에게 사랑의 큐피드 화살을 쏘면서(I LOVE YOU), 마음속에는 그들을 향한 그리움을 간직합니다.

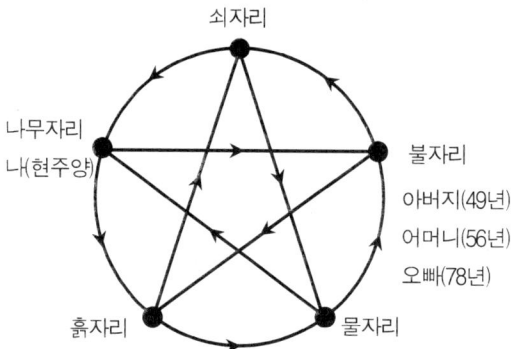

- 전위팀에 속한 어머니에게 현주 양은 어떻게?

인류가 변해 가는 데는 그 시대마다의 전위적인 창작에 의한 변화를 알 수 있도록 하는 역할자가 있습니다. 박정희 전 대통령, 비디오 아티

스트 백남준, 옛날 사람으로는 니체, 쇼펜하우어가 전위팀입니다. 이들은 한 시대의 선도 역할을 했으며, 늘 환상적이고 '새로운' 꿈을 꾸는 개혁자였지요. 콩나물을 키우면서, 농업에 종사하면서, 저마다 자기 분야에 서 있으면서 광적인 창의 열정에 뼈를 깎는 환상적 내면을 가진 사람이 있답니다. 할머니도 사 남매를 키울 때는 짐작도 못했습니다. 그러나 이제 전위팀 소명을 가진 사람을 밝혀내고 가슴이 아립니다. 전위팀 사람들은 우리들이 모르는 사이 뼈를 깎는 노력으로 인류 사회를 변화시켜 갑니다. 현주 양! 어머니의 꿈이 무엇인지 깊이 이해하고 지지해 드리세요. 완벽주의 전위팀은 하늘과도 같이 신뢰하는 극히 소수의 사람에게만 자기 마음의 문을 연답니다. 또 완벽주의 전위팀은 나이만큼(시간만큼), 이상의 폭이 크면 큰(그릇의 크기)만큼 꼭 결과가 있습니다.

아들이 너무 친구들 비위만 맞추려 해서 안타까운 어머니에게

미국 유학중에 만난 남편과 결혼해 남매를 두었습니다. 대학 교수인 남편도 저도 자녀 교육에 남다른 노력을 기울입니다만, 아들의 성격 때문에 고민입니다. 친구들과 노는 걸 보면 잘 어울리는 건 좋은데, 어쩔 땐 친구들의 비위를 너무 맞추려드니 안타깝습니다. 비굴하게 보일 수도 있으니 그러지 말라고 해도 듣질 않습니다.

젊은 주부가 자녀의 분주한 몸놀림에서(사람의 기질 중의 하나인) 상대 영합성과 함께 어딘지 비굴함을 보았다면 대단히 객관적인 관찰을 하신 겁니다. 이 관찰에서 한 걸음 더 나가면 자녀의 얼굴에 어떤 우수(憂愁)가 어려있음을 발견하게 될 것입니다. 댁의 자녀는 남의 비위를 맞추어서 성취를 하는 기질을 생명체의 능력으로 갖추었습니다. 그 결과 얼굴에 어딘지 그늘이 보이는 겁니다.(맬랑꼴리)

이 성분을 몸에 갖추면 아이 어른 없이 남의 비위를 맞추어서 일을 성취합니다. 그러니 내 아이는 그런 능력을 가졌구나 하고 인정하세요. 이런 기질을 가진 아이가 커서 대통령이 된다면 겉보기엔 통솔력도 없고 좀 약해 보여도, 상대 비위를 잘 맞추는 기질로 눈에 띄는 성과를 국민 앞에 내놓습니다. 특히, 외교 면에서 세계 강대국들의 틈바구니에서 요령 있게 대처하며, 국민들의 비위도 잘 맞춰 가면서 순조로운 일처리를 하지요. 가수 조영남 씨의 좀 어눌해 보이는 표정과 말투가 시청자들에겐 인기가 있습니다. 조영남 씨의 상대 영합적인 기질이 성숙해 마음에 뜨거운 에너지를 시청자들에게 불어 넣어 주는 것입니다.

댁의 아들에겐 왠지 모를 허전하고 고독하고 쓸쓸한 성분이 있습니다. 이 우수(憂愁)성분을 음악에 잘 활용하면 독특한 작곡을 하게 되고, 작가이면 이런 자기 우수가 창작에 절대적인 도움을 줄 것입니다. 다만 사춘기 이전에 준비된 가치관, 곧 골육화된 감각기준의 방향에 따라 결과는 달라집니다. 이 가치관에 따라 어떤 사람과 상대영합을 할 것이냐가 결정되기 때문입니다.

심성이 좋고 공부도 열심히 하는 좋은 친구들과 어울린다면야 무슨 걱정이겠습니까? 그러나 준비된 가치관이 어떻느냐에 따라서 요즘 문제시되는 학생 폭력 집단 같은 데에 들 수 있으니 주의해야 합니다. 댁의 자녀가 지닌 상대 영합 성분이 자녀가 헤쳐 나아갈 삶에 긍정적이려면 올바른 가치관을 가져야 합니다. 이 가치관은 생식기능이 준비되어 자율의 눈을 뜨기 전에 형성된다는 점에 유의해야 합니다.

부모의 입장에서 보지 말고, 내가 저만한 나이일 때 어떠했는가 돌이켜 보세요. 가령, 청소년들은 남이 자기 머리를 쓰다듬는다든가 동의 없이 나이든 사람이 자기를 스킨십하면 불쾌하게 느낍니다. 왜냐하면 어린이 취급이 싫은 것입니다. 스스로의 생명체를 보호하려는 책임감에 눈을 뜬 것이지요. 부모의 일방적인 보호를 받던 시간은 이제 끝난 겁니다. 자율의 눈을 뜬 것입니다. 생식기능이 없는 어린이에서 생식기능이 있는 남자와 여자가 됐다는 것입니다.

난자와 정자 생산 능력이 있다는 건 스스로의 선택에 책임을 자신이 져야 한다는 신호입니다. 어린이일 때는 잘못하면 보호자가 책임 추궁을 당합니다만, 자율의 눈을 뜨고 자기 선택에 책임을 지게 되면 자기 가치관은 자신이 알아서 할 일입니다. 그러니 성인들의 교육 프로그램에서 가치관을 변화시킨다는 말은 억지에 가깝다 하겠습니다.

"마음에 썩 들어", "마음이 영 내키지 않아서" 같은 말은 생명체 선택의 갈림길에서 길잡이가 마음이라는 것을 알게 합니다. 이 마음이 어디 있을까요. 눈에 보이지도 않고 언제 어디서 누가 무슨 일로 어떠한 처신을 하필이면 그렇게 하는가, 육하(六何)선택의 방향타는 과연 어디에 있을까요.

"내 마음 나도 몰라", "허 참, 내가 왜 그랬지?" 하는 말을 흔히 듣습니다. 내 마음의 방향 감각은 멘스와 정액 신호가 있기 이전의 생명체의 내면에 뼈와 살 속에 골육화가 되어 숨어 있어서 눈으로 볼 수가 없습니다.

그러니 부모의 역할은 자녀들의 가치관이 굳어지기 전에 가장 크게 작용합니다.

내 자녀에게 좋은 교육 환경을 만드는 일도 어린이일 때 잘 해야겠지요. 스트레스가 쌓이면 풀어야 하는 건 당연합니다. 그런데 요즘 제대로 말도 못하는 어린이를 데리고 노래방 같은 델 가는 젊은 부모들이 적지 않다고들 합니다. 그러나 부모들의 즐거움을 찾아 요란스럽게 스트레스를 푼다면 아이들은 어찌될까요. 어린이의 가치 형성에는 나쁜 영향을 미칠 수도 있음을 알아야 합니다. 어린이들이 보고 느끼는 강력한 느낌은 뼈에 사무쳐 평생을 간다는 걸 알아야 할 것입니다.

댁의 자녀는 우수에 젖어 있는 외로운 마음에서 상대 영합을 하는 것입니다. 그러니 지성적인 영향을 받을 수 있는 대상(사람)에게 의지하도록(상대 영합) 배려하시고 스킨십도 슬쩍 해주세요. 성취 목적이 없는 상대영합은 눈에 띄게 줄어들 것입니다.

어느 좌석에서 중년 신사 한 분이 "딸을 신혼 여행 보낸 날, 밤이 깊어 부인 곁으로 다가섰다"는 말을 했습니다. 아마도 상대 영합을 한 모양입니다. 부인이 "왜 그래요?" 하자, "여보, 아이가 떠나고 나니 내 마음이 허전해서"라고 했답니다. 말을 듣던 사람들이 귀를 쫑긋 세우는 참인데 누군가 "그래서요?" 하고 물었지요. 대답이 걸작이었습니다.

"집사람이 날 안아 줬어!"

와와! 하는 좌중의 안도가 흐뭇한 느낌이 들게 했습니다. 예기치 않는 순간 배우자의 손이 머리카락만 만져도 우수 성분이 있는 남녀에게는 에너지 주입의 효과가 나타난답니다. 상대 영합 기질을 지닌 사람들에게 스킨십의 중요함을 깨닫게 하는 이야기지요.

아버지와 어머니가 공부를 하는 분들이니, 댁의 아들이 보고 듣고 느껴서 상대 영합 대상이 어디쯤에 있는가 관찰하셔서 차근차근 하게 배려하세요.

기본적으로 상대와 화합하려는 성격을 지닌 아이입니다. 물론 다른 사람의 눈으로 보면 이상할지 모르지만, 아이의 그런 삶은 가치관이 긍정적일 때 훌륭한 성과를 이뤄낼 수 있습니다.

제대를 앞두고 앞날을 고민하는 군인에게

저는 가까운 시일에 제대를 앞둔 공군야전부대 정비병입니다. '군중 문고'에서 '행복'을 읽고 할머니를 알게 되었습니다. 이곳에서의 생활이 얼마 남지 않은 지금 저는 오히려 제대 후의 생활이 걱정입니다. 특별히 진로도 결정되지 않아 제대를 앞두고 막연한 불안감에 마음이 답답합니다. 저의 답답한 마음을 풀 수 있는 도움 말씀을 주시겠습니까.

경험은 누구에게나 평등합니다.

공군야전부대 정비병으로 노고가 많습니다. 바쁜 군대 생활 중에 보내 온 편지 잘 읽었습니다. 젊은 청년들이 의식주가 보장된 복무 기간이 끝이 나고 제대할 즈음이면, 당당하게 의무를 다했다는 대견함보다 이제 새로이 시작되는 진로에 대해 막연한 불안감 같은 것이 느껴진다는 상황을 할머니는 두 아들을 입대시킨 경험으로 이해합니다.

사랑하는 가족이 기다리고 있는 돌아가는 곳에도 많은 상황이 있을 수도 있고, 복교하는 곳에도 확실하지 않은 현실이 있습니다. 하지만 청년들은 앞날에 대해 불안감을 거두세요. 왜냐구요. 여러분의 '젊음'을 보세요. 그리고 앞날이 보장된 시간을 읽으세요. 지구가 멸망해도 영원히 유구하게 흘러가는 시간, 젊은 사람들 앞날에는 보장된 시간이 있습니다.

흘러가면 되돌릴 수 없는 시간이 있기에 '시간은 금이다'라고 합니다. 만인 앞에 평등한 시간입니다. 주어진 만큼 소중히 관리해야겠습니다. 청년 여러분은 준비된 자 앞에 경험의 찬스는 평등하게 열려 있음을 믿으세요.

사람은 경험하는 바가 달라서 경험 고통의 질을 달리하나 경험 고통의 양에 있어서는 만인이 동등합니다. 해서 늙어서는 경험에 상관없이 똑같이 늙음에 도달하지요.

여기 도표를 보세요. 여러분의 시간대는 갈등과 회의의 골짜기입니다. 70세 할머니의 시간대의 위치를 참고하면 많은 노인들이 대견한 경험자들이고 대견한 긍지 속에 늙어 있음을 알 수 있을 것입니다. 여러분의 곁에 있는 늙은 경험자들이 '세파는 견딜 만하다'를 증명합니다. 가슴을 펴고 창공을 바라보고 젊은 자신의 새로운 출발을 스스로 축복하세요. 이 도표는 자주 들여다보면 나의 처지, 타인의 처지가 훤하게 보입니다. 알고 보면 인생은 그렇게 괴로운 것만은 아닙니다.

〈인생의 도표〉

사춘기	20세	30세	40세	50세	60세	70세
PR경험	자유의눈 / 떫은맛	진출 / 신맛	기술 / 단맛	신뢰 / 발효	존경 / 주액	은인 / 향기
준비경험	이상 / 회의	갈등 / 미숙	전문성 / 숙련	모범 / 노련	궁지 / 거사	자중 / 공즉시색 / 회귀

좋아하는 친구 앞에만 서면 말 못하는 여고생에게

저는 81년생 학생입니다. 이름은 미연이라고 해요. '행복'에서 할머니를 알게 되었어요. 그런데 할머니, 저에게는 참으로 큰 고민이 있습니다. 제가 우리 반에서 제일 좋아하는 영숙이라는 친구가 있는데 저는 이상하게도 영숙이 앞에만 가면 말이 안 나옵니다. 그런데 그 친구는 제가 자기를 싫어하는 줄 알고 있나 봐요. 영숙이는 다른 친구들과 굉장히 잘 어울려요. 며칠 후에 시험이 있는데 할머니 저는 그 생각 때문에 가슴이 답답하고 공부가 잘 안됩니다.

사랑할 수 있다는 것에 감사해 보세요.

81년생 닭띠들은 영리한 판단력이 있습니다. 미연 양! 고등학생이 바쁜 학교생활 중에도 행복을 읽을 수 있는 여유가 있다니 참으로 반갑습니다. 경험은 좋은 경험, 나쁜 경험에 상관없이 양쪽에 모두 교훈이 있습니다. 우선은 책을 많이 읽을 수 있는 자신의 경험을 자랑하세요.

미연 양! 사람과 사람 사이에는 '사랑의 큐피드 화살'이 날아다니고 있습니다. 이 화살을 맞으면 아릿한 감각 작용이 일어납니다. 왜 TV드라마에서 사랑을 고백할 때 자주 등장하는 꽃다발이 있지 않습니까? "나는 당신을 사랑합니다"라는 의미를 지닌 꽃다발을 잘 보세요. 사랑(꽃다발)을 보내는 쪽이 이상하게도 작아집니다. 노래가사에도 '당신 앞에만 서면 나는 왜 작아지는가'라고 있지요. 미연 양은 영숙 양을 좋아하니까 영숙 양 앞에만 서면 작아지는 겁니다.

우리 주변을 한 번 보세요. 아내를 사랑해서 작아지는 아버지들도 있고, 남편을 사랑해서 작아지는 엄마들도 있습니다. 사랑이 없는 사이에서는 이런 작아지는 현상이 일어나지 않습니다. 지금 미연 양은 사랑하는 마음을 경험하고 있는 것입니다.

그러니 미연 양 이렇게 생각해 보세요.

"나는 너를 사랑하기 때문에 너 앞에만 서면 작아진다"고 "좋다, 나에게는 사랑하는 사람(친구)이 있다. 감사합니다" 하고 하늘을 쳐다보고 양팔을 올려 소리를 질러보세요.

아마도 자신의 이같은 경험을 대견하게 칭찬하는 마음이 생기면서 밝은 눈을 뜨게 될 것입니다.

사람이 살아가면서 자신이 누군가를 진정 사랑할 수도 있고 사랑받을 수도 있다는 경험은 용기가 되어 몸에 뜨거운 에너지로 축적이 되면서 행복한 마음이 되지요.

미연 양, 파이팅!

결혼이란 중대한 선택을 앞두고 고민하는 두 젊은이들에게

저는 65년생으로 '행복'을 정기 구독하는데, 할머니 소개 기사를 읽고 펜을 들었습니다. 얼마 전에 진급도 했고, 회사도 날로 발전하고 있어 큰 어려움은 없습니다. 하지만 아직 장가를 들지 못해 부모님을 안타깝게 합니다. 집들이다 아기 돌잔치다 친구들의 초대를 받으면 '내게도 때가 오겠지' 하지만 마음 한편에 초조가 있어 괴롭습니다. 결혼한 친구들은 나름대로 어려움을 호소하지만 제겐 행복한 비명처럼 들립니다. 결혼하지 말라는 친구도 있습니다. 마음에 드는 여성은 절 마다하고 저쪽에서 마음을 주면 저는 물러서는…, 몇 년째 결혼을 하려고 기를 쓰는데도 벌써 서른세 살입니다. 사귀는 여성과 많은 이야기를 나누고, 연극을 같이 보기도 합니다만 결정적일 때 서로를 사로잡지는 못합니다. 아무하고나 마음에도 없는 결혼을 할 수도 없고….

「인천에서, 음력 8월 29일에 태어난 노총각」

사랑 속에 함정이 숨어 있습니다.

달마다 '행복'을 읽는다는 데서 청년의 마음 한자락을 읽었습니다. 행복한 삶을 누리려는 마음에서 정기 구독을 하겠지요. 이처럼 마음이 내켜야 행복감에 도달합니다. 그러니 아무하고나 결혼할 수는 없지요. 65년에 태어난 청년은 화려함을 추구하고 남들에게 돋보이려는 마음을 가졌습니다. 그 결과 (남들에게) 현시(顯示)하고 싶은 여성에게 눈길을 보냅니다. 거기다 8월생인 청년은 귀티가 나고 이기적이라서 상대 여성에게 무엇인가 천하지 않은 이득을 기대합니다. 이런 감각으로 상대를 찾으니 차질이 생길 수밖에 없지요.

"나는 화사함을 추구하고 남보다 돋보이고 싶어한다. 무엇은 잘하고 무엇은 못한다. 천하지 않으며 귀티가 있으니 다분히 이기적인 선택을 한다…." 이렇게 상대에게 자신과 관련된 정보를 정직하게 드러내면 마음에 꼭 맞는 상대를 만날 것입니다. 지금처럼 화사하고 돋보이기를 좋아하는 상대를 배우자로 고르려고 했을 때, 결혼 초기엔 남에게 뽐낼 수는 있어도 그것은 허상일 뿐입니다.

어떤 여성이 필요합니까? '얼굴이 예쁜 여자'인가요, '모델 뺨치게 키가 큰 여자'입니까? 해마다 봄이 오면 거리엔 아리따운 여성들이 쏟아져 나옵니다.

'처가가 부자였으면…'하는 바람입니까? 처가 덕을 보고 떳떳한 남자는 없습니다. 되로 받으면 훗날엔 말로 갚아야 하지요. 그 보다는 "마음씨가 곱다", "눈썰미가 있다", "소견머리가 높다", "듣는 귀가 밝다"…, 옛어른들이 남긴 선택기준은 어떻습니까? 선인들이 후세에게 참으로 놀라운 말을 남긴 이유는 무엇일까요.

감각을 가치관이라 했고, 안목이라고 하고, 품위가 있다・없다・귀하다・천하다 하는 것들을 통틀어서 '상식(COMMON SENSE)'이라고 합니다.

미국이 오늘날의 눈부신 발전을 한 것은 미국인들의 '커먼센스' 덕분이라는 말을 합니다. 모든 결과는 선택하는 이의 안목에 따라 달라집니다. 지금 '행복'을 읽는 청년이 훗날 이루고자 하는 결과는 어떤 품격과 격조를 갖춘 것입니까. 청년의 안목에 따라 상대방의 내면에 있는 보이지 않는 커먼센스를 관찰해 보세요. 사랑해서 결혼을 했는데 우리 내외는 말이 없고 대화가 없다는 부부를 자주 만납니다. 가치 감각이 다르면 공동의 관심사에서 차질이 생깁니다. 공동 관심이 없으면 자연 대화가 없어지고 참으로 가깝고도 먼 사이가 됩니다. 국제적인 모임에서 공감 어린 표정들을 보세요. 생년월일도 다르고 민족, 나라가 달라도 서로 공감하면 환하게 웃는데 행복해 보이지요.

남자친구에 대한 고민

9개월쯤 사귀다가 입대한 남자가 제대하고 복학을 했는데, 어느 날 그의 삐삐에 다른 여자의 신호(?)가 들어 있어 혼란스럽습니다. 그는 날이 갈수록 거칠고 욕지거리를 해대며 폭력까지 휘두릅니다. 죽고 싶다는 충동을 느끼기도 했습니다. 만나지 말자 잊어버리자 다짐을 합니다만 전화를 하거나 찾아오면 언제 그랬냐는 듯 그를 대하고 있으니 괴롭습니다. 아직도 그를 무척이나 사랑하고 있습니다.

「부산 수영구에서, 34세 직장여성」

> "사랑이란 사랑하는 것이에요, 사랑 받는 것이 아니에요"라는 시구를 생각해 보세요. TV화면에서, 길을 가다가, 집안에서, 직장에서 스치고 지나는 사람과 사람 사이에는 사랑의 화살이 날아다니고 있습니다. 스치는 순간, 만나서 생활하는 순간순간에 생명체는 "느끼는 대로" 본능적인 인력과 원심력 작용을 합니다. 당기고 밀어내는 작용이지요.

아가씨(a)가 청년(b)에게 사랑의 화살을 쏘면 청년은 보이지 않으나 아련한 "감응"을 느낍니다. 아가씨는 사랑의 화살을 맞은 청년이 순간적으로 '감응 작용'을 보일 때 흐뭇한 에너지가 몸에 가득 차면서 "아아, 나는 사랑을 했어!"라는 행복감에 도달합니다. 그 순간 청년은 "사랑을 받았다"는 걸 알게 되지요. 할아버지가 손자에게, 아버지가 딸에게, 직장 상사가 부하 직원에게, 국가가 국민에게 쏘아 보내는 사랑의 화살을 '내리사랑'이라고 하고 그 반대가 '치사랑'입니다.

놀라운 점은 사랑을 보내는 쪽은 사랑을 받는 쪽 앞에 "사랑하는 죄로 자꾸만 작아진다"는 것입니다. "그대 앞에만 서면 나는 왜 작아지는가"라는 노랫말에는 사랑의 원리에 숨은 함정이 담겨 있습니다. 왜 그렇게 되느냐구요? 아가씨(a)가 청년(b)을 사랑의 볼모로 잡았기 때문입니다. 세상에는

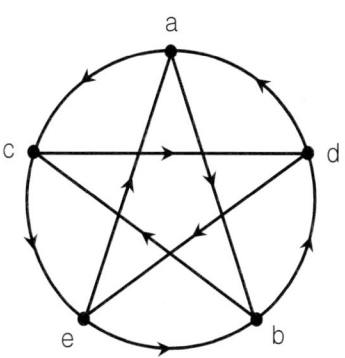

사랑의 포로로 '볼모잡힌 사람'과 '볼모를 잡은 사람'이 있을 뿐 서로 '사랑을 주고받는' 관계가 없습니다.

a가 b에게 보낸 화살을 b는 c에게 c는 d에게 d는 e에게 보내고 e는 다시 a에게 보냅니다. 이렇게 사랑의 별자리가 형성됩니다. 돌고 돌아서 만인에게 고루 미친 사랑은 생명체의 에너지원으로 충전됩니다. 이것이 자연의 원리이며 사랑의 원리입니다. 모든 생명체(곧 상대는) 스스로의 에너지 충전을 위해 자기 감각, 꼭 마음이 내키는 방향으로 움직이는데 이쪽('나')은 속수무책인 것입니다.

남성과 달리 결혼을 앞둔 선택에서 여성이 무시해서는 안 되는 절대적인 것이 있습니다. 왜 결혼을 하느냐입니다. 시집을 가는 것이 아니라 남자와 만나서 둘이서 사는 것이 결혼이라고 생각한다면 자유연애

를 하고 혼자 살아야지요. "여자가 땅이고 남자가 씨앗"이기에 결혼을 하는 것입니다. 시댁의 시어미에게 그녀가 품질 개량한 아들이라는 씨앗을 받아 새로운 아들딸을 낳아서, 곧 품질을 개량해서 다음 주자인 며느리에게 바톤을 건네주려고 결혼을 합니다. 결혼은 분명한 목적이 있는 비즈니스이고, 결혼은 이런 계약을 이행하는 일입니다. 이처럼 결혼을 앞둔 여성에겐 남성과는 분명히 다른 소명감, 곧 자녀의 가치관 형성에 책임이 있는 것입니다. 그러니 결혼은 신중해야 합니다.

스스로에게 물어보십시오. 왜 그 남자와 결혼하려고 하는지, 거기에 답이 있습니다.

글을 마치며

동산에 살면서 이웃이 나누어 준 수세미 한 개를 얻어와 수세미 씨앗을 대여섯 개 심었다. 잘 모르는 것은 이웃에게 물어가면서 잘 보살폈더니 아주 훌륭한 테라스 장식이 됐다. 쳐다보는 마음이 기쁘고 흐뭇하여 왠지 그것이 대견했고 그러다 보니 정들게 됐다.

제일 첫 번째 자리 수세미는 3미터쯤 된 마디에 길이가 50센티쯤 되는 주머니 속에 아주 훌륭한 씨앗을 한 주머니 남기고, 가을이 오기 전에 스스로 할 일을 다했다는 듯 마른 줄기를 푸른 잎들 사이에 남기고 테라스에 안쓰럽게 시들어 낙엽지고 말았다.

두 번째 자리의 수세미는 테라스 상부가 전부 자기 차지인 듯 '청춘아 날 살려다오' 하며 젊음을 구가하듯 활기차게 동서남북으로 꽃을 피우며 뻗어갔으나, 늦가을에나 들어 자질구레한 열매를 맺었으니 그 씨앗도 채 성숙되지 못한 채 첫서리를 맞고 푸른 줄기가 무참히 되고 말았다.

셋째와 넷째 등 나머지는 상의라도 한 듯 올망졸망 보통 성장으로 여름과 가을을 자기 조절하듯, 성장과 성숙이 조화를 이루어 바라보는 눈을 즐겁게 해 주고 계절을 따라 순리대로 여러 개의 중간쯤 되는 수세미를 다수 남겼다.

설거지용으로 쓰겠다고 나누어 받기를 원하는 이웃과 함께 수세미 가족의 자라나는 모양과 결과에 대해 담소하는 자리에서 "어쩌면 같은 수세미 주머니에서 같이 자란 씨앗이 모두 다른 모습으로 개별 성장 성숙을 하는지 너무나 놀랍다"는 말에 좌중의 박씨 아저씨의 말은 간단했다.

"다섯 손가락과 같아요. 길이가 다르고 하는 일이 다르잖아요?"

흙에 발을 딛고 흙과 벗하며 살아가는 농부가 흙을 만지면서 식물의 삶을 눈여겨 본 자연적 합리에서 얻은 진리인 것이다. 이 수세미 가족은 많은 것을 생각하게 했다. 수세미 성장의 개별 차는 사람의 삶의 개인 차이에 대한 진리의 답을 구하는 데 어떤 관계가 있을 것인가.

종자가 뿌려져서 생명을 찾아 성장하고 성숙하여 결과하고 단풍지고 낙엽 져서 흙으로, 화덕의 재로 돌아가는 식물의 삶과 정란자의 포자가 수태해서 생명체가 되어 성장 성숙하고, 인류 사회에 기여하고, 병들고 죽어서 흙으로, 또 화덕의 재로 변하는 인간의 삶이 너무나 같아 씨앗이 종자 잠을 자는 기간부터 출발, 관찰해서 조사하여 인간의 삶에 대입 대비해서 이 책을 만들어 보았다. 황사 현상으로 날아온 듯 작년에는 없었던 노인수염같이 실 같은 풀이 금년에는 무성했고, 재작년까지는 개미만큼이나 많았던 땅을 기는 많은 벌레가 없어졌다. 작년 금년에는 달팽이와 굼벵이가 식물들을 공격하며 자생하고 있어서 자연 도태의 위력에 겸허할 뿐이다.

  자신을 구체적이고 객관적인 시각으로 진단하는 방법을 참고할 일이다. 나 아닌 다른 사람의 선택과 소명을 서로 이해하고 위로 격려하는 데 일조가 되었으면 다행이다. 이것을 더욱 연구 분석해서 세부적인 자연 소관의 결과와 현상 분석까지 진입을 하는 경우, 자연인이 아닌 자신이 구속된다는 것을 염려하면서 이 글을 줄인다.

질문을 받습니다.
031-618-1541

時代人의 役割 陣容表

자기를 확실히 알아야
타인이 보인다.
나의 陣營은 어디인가?

본서의 내용 중 궁금한 사항은
지은이에게 무료 강의를 신청하세요.

자기 포지션

前衛
Fantasy

S' 求愛 誘惑 M'

S 비정의 관망의 눈   온정의 꺽쇠의 눈 M